高等院校人力资源管理专业规划教材

Compensation Management

薪酬管理

◇ 主 编 郭爱英 张立峰
◇ 副主编 谭志欣 董晓宏 杨春昭
　　　　 张红霞 伦关臣

Compensation

Management

ZHEJIANG UNIVERSITY PRESS
浙江大学出版社

图书在版编目（CIP）数据

薪酬管理／郭爱英，张立峰主编．—杭州：浙江
大学出版社，2011.4（2020.1重印）
ISBN 978-7-308-08571-7

Ⅰ．①薪… Ⅱ．①郭…②张… Ⅲ．①工资管理
Ⅳ．①F244

中国版本图书馆 CIP 数据核字（2011）第 061596 号

薪酬管理

郭爱英　　张立峰　主编

丛书策划	朱　玲　樊晓燕
责任编辑	朱　玲
文字编辑	李峰伟
封面设计	联合视务
出版发行	浙江大学出版社
	（杭州市天目山路 148 号　邮政编码 310007）
	（网址：http://www.zjupress.com）
排　　版	杭州中大图文设计有限公司
印　　刷	杭州良诸印刷有限公司
开　　本	787mm×1092mm　1/16
印　　张	14.5
字　　数	360 千
版 印 次	2011 年 4 月第 1 版　2020 年 1 月第 5 次印刷
书　　号	ISBN 978-7-308-08571-7
定　　价	36.00 元

前 言

　　改革开放 30 多年来,我们一直在思考、实践如何解放生产力、发展生产力。而人是所有生产要素中的第一位,因此解放和发展生产力主要在于释放人的活力,充分调动人的积极性和创造性。要做到这一点,我们必须深入地研究人,了解人的心理及行为,发现其中的规律,进而指导我们的实践。理论研究及实践表明,薪酬是员工非常关心的一方面,要想更好地激励员工,就必须高效运用薪酬这一工具,因此进行薪酬管理方面的研究具有极其重要的理论及实践应用价值。可以这样说,薪酬管理一直是人力资源管理中的焦点、难点问题。

　　为解决上述问题,国内外理论界及实际工作者进行了大量的实践,相关出版物陆续出版,种类繁多。综观相关出版物,主要存在以下问题:一是理论体系不够完整;二是偏重理论,忽视实践,可操作性不强。本书的作者是活跃于薪酬管理本科教学一线的教师,有多年的薪酬管理专业教学经验,有较高的理论水平;同时参与了多家企事业单位薪酬管理实践,有比较丰富的实践经验。我们在总结多年教学心得的基础上,结合我国企事业单位的实际,编辑出版本书。希望本书的出版能起到抛砖引玉的作用。

　　本书的特点有:

　　一是注重理论体系的完整性。从现代薪酬管理基础概念、基本原理、基本方法出发,全面阐述了现代薪酬管理体系,包括薪酬体系、薪酬结构、薪酬水平、薪酬沟通与控制、特殊群体的薪酬管理等内容。每一部分都对专门的术语进行明确的概念界定,阐述其意义、作用、步骤程序、方法技巧等,并注意吸收最新理念和知识。

　　二是有比较强的可操作性和实用性。本书的编写者拥有丰富的薪酬管理实践经验,因此在编写相关内容时,融入了大量的实际操作经验;同时辅之以大量的本土化案例,进一步强化实用性。

　　三是理论与实践相结合。本书自始至终都与企业的实际密切相关,不仅每章都有企业的案例,而且全书所阐述的内容大多与企业的实际紧密结合。既可为高等院校、研究机关所应用,又可为职业经理人及专职人力资源经理提供参考。

　　四是紧密联系我国热点问题。近年来,参军、考公务员、进事业单位等成为大学生就业的"新宠儿",也成为社会的热点问题。因此机关事业单位的薪酬成为大家关注的焦点。本书作者非常敏锐地注意到了这点,因此专门用一章的内容对上述问题进行专业解答。

　　本书由郭爱英总体设计,并统稿修改完成。具体撰写分工为:前言由张立峰编写;第一章由郭爱英、宋朝利和伦关臣(石家庄经济学院)编写;第二章由董晓宏编写;第三章由张立峰编写;第四章由韩森编写;第五章由杨春昭编写;第六章由张红霞编写;第七章由谭志欣(河北经贸大学)和李然(中国铁路工程总公司党校)编写;第八章由张桂清(河北政法职业学院)、宋长生编写;第九章由张胜辉(河北劳动关系职业学院)编写;第十章由郭爱英、宋朝利和孟庆子(石家庄职业技术学院)编写。张淼和刘文艳为本书的完成收集整理了大量资料,并参与部分内容的编写。

　　需要指出的是,薪酬管理是一门实践应用性极强的学科,需要在实践中不断完善和创新。在编纂本书的过程中,我们参阅、借鉴和引用了国内外学者的一些研究成果,在此表示衷心的感谢。另外,由于编者水平、时间以及材料有限,书中疏漏之处难免存在,恳请广大读者提出宝贵意见。

编　者

2011 年 2 月

薪酬管理

目 录

薪酬管理

第一章 薪酬管理总论

学习目标

1. 理解薪酬的定义及薪酬构成；
2. 掌握薪酬的相关概念；
3. 明确薪酬的功能；
4. 掌握薪酬的基本制度；
5. 熟悉薪酬的相关理论；
6. 掌握薪酬管理的概念与原则；
7. 明确薪酬管理体系与内容。

案例导入

以下是某杂志记者就薪酬问题对一些企业中的人所做的采访记录。

某连锁超市培训主任张先生：薪酬固然重要，尤其是对于已经在职场上拼了近10年的人来说，但并不是唯一重要的。如果企业给予你充分的发展空间、成就感，就可以连同薪酬综合来考虑。在单纯因为薪酬的原因想离开企业之前，一定要自问一下，什么对你是最重要的。

北京某空调公司副总经理：作为公司的创始人之一，发工资时，我总在想什么时候才能多发一些工资给大家。因为我觉得，企业所有的利润不是老板个人创造的，而是所有人共同创造的，是团队创造的，只是不同的角色所起的作用不同。所以，我们提出一个观点：处理好左腿与右腿的关系。如果你是老板，发薪酬是先迈右腿的话，那你就先迈左腿，只要你肢体是健康的，左腿一定会跟上去的。我们这样做了，结果得到了相应的回报，大家的工作积极性提高了，利润增长了。当然，需要做好的一件事情，就是要有相应的考核工作，设定明确标准，让人人争取达标；规定细致的奖罚条件，以保证薪酬制度的顺利实施。

某通讯公司总裁夏先生：企业发展到一定阶段后，很多老总会觉得可能薪酬不是最重要的，最重要的是给员工发展空间。但前提应该还是要在给予充足的薪水下再给他空间，毕竟，薪酬是留人很重要的一方面，一定要意识到这一点。公司以前发生过一件这样的事情，新上任的一个部门经理，在第一个月领薪水时发现数字不对，和当初与人事部门谈的薪酬差了几百块钱，数目不大，他鼓足勇气找到直线经理再找到我这里，我发现原因是人力资源部门的工作疏忽造成的，就立即签字把薪水补发了。这种情形，虽然企业付出了同样的成本,但在员工心里,他已经感觉到这是他争取来的,而不是企业愿意给他的,觉得与开始承诺的不符合,心理上别扭了好长一段时间。现在我们发薪水时有一个小小的"伎俩":比如我在和你面谈的时候我确定给你这个薪酬,但真正付给你的比这个数目适当地高一点,这样员工的感受就会完全不一样,因为你给出的薪酬超过他的期望值。薪酬设计要很清晰,但如果支付的薪酬超出他的预算一点,效果是不一样的。公司付出少,起到的激励作用却是成倍放大的。

上海赵先生:1997年,我的第一份工作是在一家国企。定位很明确,就是为了多学点东西。虽然一个月只有1000多元(后来变成2000元左右),也不觉得怎样。能多见识些东西,多和各个方面接触就会觉得很兴奋,感到自己在成长。第一次换工作时,可以说没怎么考虑薪酬的因素。当时是一家国内知名的软件公司。面试结束时就特意观察了一下公司,我看到的是一张张年轻的踌躇满志的面孔,公司的氛围、工作方式以及节奏等都让我有一种"相见恨晚"的感觉,所以义无反顾地投身进去。那时的薪水是2500元左右。尽管一年以后离开了那地方,但还是觉得那是一家很不错的公司。这些年又陆续换了几家公司,薪水维持在5000~6000元,但是却不像以前那么满足了。必须承认,现在我再换工作的时候,除了公司的发展前景、规模、文化以外,薪酬水平也是一个必须考虑的因素。毕竟自己已经不再年轻,要承担更大的家庭责任。而且,某种程度上,薪酬水平代表公司对你工作的认可程度。

(资料来源:改编自何志毛."薪"故事:边做梦,边赶路.经理人,2003(21).)

薪酬管理是人力资源管理的重要职能之一,在现代企业管理中,薪酬已不仅仅是具有传统的企业生产成本支出功能的载体,而是已经与企业人力资源开发战略紧密相连的管理要素。薪酬管理从早期的工资理论到现在最新提出的奖薪管理,一路走来,伴随其发展的是不断更新的经营理念和管理哲学。薪酬管理必须从企业战略出发,以"激励"的特征引导、塑造员工行为,在一定的薪酬预算范围内,做到吸引、激励和保留企业关键人才。

第一节　薪酬概述

一、薪酬的内涵

1.薪酬的含义

(1)对薪酬概念的界定会因时代不同而有所区别

曾经使用工资、薪金、薪水或薪资等概念,直到20世纪80年代,更多看到的是"薪酬"这个词,20世纪90年代以后将所有薪酬形式囊括在"整体薪酬"或"总薪酬"(total compensation)范畴内。

工资是劳动者付出劳动以后,以货币形式得到的劳动报酬。国际劳动组织《1949年保护工资条约》中把工资定义为:"'工资'一词系指不论名称或计算方式如何,由一位雇主对一位受雇者,为其已完成和将要完成的工作或已提供或将要提供的服务,可以货币结算并由共同协议或国家法律或条例予以确定而凭书面或口头雇用合同支付的报酬或收入。"我国原劳动部在《关于贯彻执行〈中华人民共和国劳动法〉若干问题的意见》中把工资定义为："用人单位依据国家有关规定或劳动合同的约定，以货币形式直接支付给本单位劳动者的劳动报酬，一般包括计时工资、计件工资、奖金、津贴和补贴、延长工作时间的工资报酬以及特殊情况下支付的工资等。"由此可见，"工资"是劳动者劳动收入的主要组成部分。

薪金又称薪俸、薪给、薪水。薪水，按《辞海》的解释，旧指俸给，意谓供给打柴汲水等生活上的必需费用。一般而言，劳心者的收入为薪金，劳力者的收入为工资。在日本，工资被认为是对工厂劳动者的给予，薪金是对职员的给予；在我国台湾地区，薪金与工资统称为薪资；在美国，薪金指的是那些免于《公平劳动标准法案》中关于加班规定管制的员工所获得的基本报酬。这些员工主要是管理人员和专业技术人员，他们的报酬采取年薪或月工资的形式，不采取小时工资制，因此也没有加班工资。因此，薪金和工资是基本报酬的两种表现形式，都是工作的报酬，在本质上并无差别。只是工资是以小时或周来计算基本薪酬的，以这种方式得到基本薪酬的人主要是一些蓝领工人，这些人如果加班是要拿加班工资的。不过，近些年来，美国的一些企业，比如惠普以及 IBM 等公司则将所有员工的基本薪酬都定位在 salary 上，从而来支持这样一种管理哲学：所有的员工都是以团队的形式在进行工作的，因此他们不应该被人为地划分为薪金工人和工资工人。

薪资是比工资和薪金内涵更广泛的一个概念，它不仅包括以货币形式支付的劳动报酬，还包括以非货币形式支付的短期报酬形式，如补贴、工作津贴、物质奖励等。

(2)对薪酬概念的界定会因观察角度不同而有所区别

美国当代薪酬管理学者乔治·T. 米尔科维奇(Gerge T. Milkovich)界定的薪酬是指雇员作为雇佣关系中的一方所得到的各种货币收入，以及各种具体的服务和福利之和。这一概念清楚地界定了薪酬的主客体之间的关系以及薪酬支付的内容和形式，并体现了薪酬的基本内涵。

金萍认为薪酬是员工向其所在单位提供劳动或劳务而获得的各种形式的酬劳或答谢。

苏列英认为薪酬是指员工从事某企业所需要的劳动从而得到的货币形式和非货币形式的补偿，是企业支付给员工的劳动报酬。

闫大海认为薪酬是指企业针对它的员工给企业所作的贡献，包括他们实现的绩效，付出的努力与占用的时间以及他们的学识、技能、经验与创造，所付给的相应的回报或答谢。

周文认为薪酬是员工为企业提供劳动而得到的回报的总和。薪酬包括物质回报(硬报酬)和非物质回报(软报酬)两个部分。

这些对薪酬概念的界定，表达详尽程度不同，但其实质是一样的，即薪酬是一种公平的交易或交换关系，是员工在向组织让渡其劳动或劳务使用权后所获得的报偿，只是报偿的形式有多种。

本书沿用刘昕的观点，即薪酬是指员工因为雇佣关系的存在而从雇主那里获得的所有各种形式的经济性报酬以及有形服务和福利。

2.报酬

(1)报酬的含义

为更清晰地理解薪酬的内涵和外延，我们需要引出另一个非常重要的概念——报酬，即广义的薪酬。我们将一位员工因为为某一组织工作而获得的所有各种他认为有价值的东西统称为报酬。

（2）报酬的分类

依报酬本身对工作者所产生的激励强化形式，分为外在报酬、内在报酬。外在报酬指员工因劳动付出而获得的各种形式的收入，分为货币薪酬和非货币薪酬两类：货币薪酬包括工资（薪资）、奖金、福利、津贴、股票期权等，非货币薪酬包括非货币性的服务以及各种间接以货币形式支付的福利等，如医疗保险、带薪休假等。内在报酬指由于员工努力工作而受到晋升、表扬或受到重视等，从而产生的工作荣誉感、成就感、责任感。外在报酬的优点是相对较容易定性及定量分析，在不同个人、公众和组织之间进行比较也较好操作，对于那些从事复杂性劳动的员工来说，如果对外在报酬产生不满，就可以通过增加薪酬来解决。因此，在目前所有比较现代化的激励手段中，货币无疑仍是最重要的激励因素。内在报酬的特点是难以进行清晰的定义，不易进行定量分析和比较，没有固定的标准，操作难度比较大，需要较高水平的管理艺术。管理人员或专业技术人员对于内在报酬的不满难以通过提薪获得圆满解决。

依报酬是否以金钱（货币）的形式表现，分为经济性报酬和非经济性报酬。经济性报酬指工资、奖金、津贴等直接的经济性报酬，福利待遇培训、退休计划、保险计划、无息贷款、餐饮等间接的经济性报酬，带薪休假、休息日（弹性工作时间）、病事假等其他经济性报酬。非经济性报酬指员工对组织及对工作本身在心理上的一种感受。如工作方面的有感兴趣的工作、挑战性、责任感、成就感等，企业方面的有参与企业管理、被尊重、社会地位、个人成长（升迁）等，其他的还有友谊及关怀（良好的人际关系）、舒适的工作环境、便利的生活条件（如企业为职工排忧解难）、良好的企业文化等。

报酬的内容如图 1-1 以及表 1-1、表 1-2 所示。

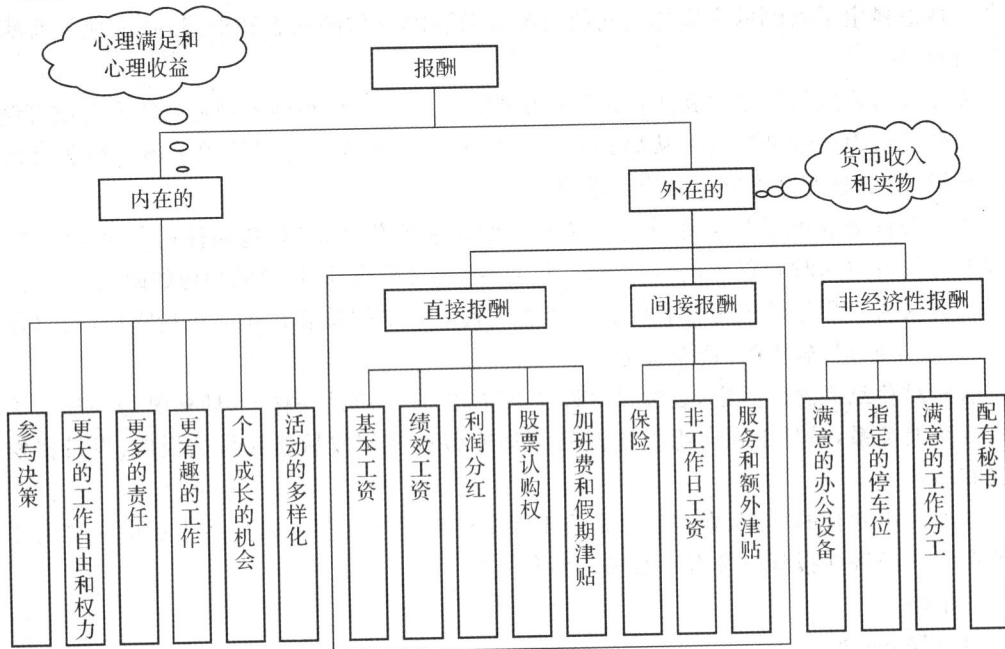

图 1-1　报酬构成图

薪酬管理

表 1-1　报酬的构成分类

	外在报酬	内在报酬
经济性报酬	• 直接报酬:基本工资、加班工资、津贴、奖金、利润分享、股票认购 • 间接报酬:保险/保健计划、住房资助、员工服务及特权、带薪休假及其他福利	无
非经济性报酬	• 私人秘书 • 宽大的办公室 • 诱人的头衔	• 参与决策 • 挑战性的工作 • 感兴趣的工作或工作任务 • 上级、同事的认可与内部地位 • 学习与进步的机会 • 多元化的活动 • 就业的保障性 • 个人成长和发展机会 • 参与决策管理

资料来源:刘昕.薪酬管理.北京:中国人民大学出版社,2002.

表 1-2　组织中的报酬(加拿大)

货币报酬	额外福利	身份标志	社会报酬	任务本身的报酬
• 工资 • 增加工资 • 股票期权 • 利润分享 • 奖金或圣诞奖金 • 公司设施的提供与使用 • 延期支付,包括其他避税保护 • 参加工作相关的培训计划与研习班的工资支付与假期 • 医疗计划,包括免费体检 • 公司交通设施 • 养老金交款 • 折价产品计划 • 旅游度假	• 剧院和体育运动入场券 • 娱乐设施 • 专门的公司停车场 • 工作间歇 • 安息日的休假 • 俱乐部成员及特惠打折购买 • 优惠利率的个人贷款 • 免费法律咨询 • 免费提供个人理财建议 • 免费家庭保障——偷盗保险 • 防盗设施和个人安全保护 • 迁移费用 • 住房购买援助	• 办公室面积大小和位置 • 带玻璃窗的办公室铺有地毯 • 窗帘 • 手表 • 油画 • 戒指 • 公开领奖或认可 • 墙壁装饰板	• 友好问候 • 非正式认可 • 表扬 • 微笑 • 评估反馈 • 祝贺 • 非语言信号 • 拍拍背 • 邀请喝咖啡或午餐 • 工作后的社交集会	• 有兴趣的工作 • 成就感 • 更具重要性的工作 • 工作多样化 • 工作绩效的反馈 • 自我认同 • 自我表扬 • 安排自己工作的机会 • 工作的时间 • 对组织中新的冒险性工作的参与 • 地理位置的选择 • 工作中的自由度

资料来源:网上下载PPT。

3.薪酬的作用

薪酬是员工从事劳动或工作的物质利益前提,它与员工的切身利益密切相关,是影响和决定员工的劳动态度和工作行为的重要因素之一。对大多数企业来说,薪酬是企业总成本的重要组成部分,一些企业的工资成本占企业总成本的30%或更多。薪酬是能够为企业带来预期收益的资本,是用来交换劳动者活劳动的一种手段。薪酬作为企业生产成本,是资本的投入,企业期望获得一定的资本回报。因此如何设计和管理薪酬的整个分配和运作过程——评价员工的工作绩效、促进劳动数量和质量的提高、激励员工的劳动积极性,使企业获得最大限度的回报,成为管理者的重要职责。

对员工来讲,薪酬是他们从企业获得相对满足的过程,是维持生活、提高生活质量的重要前提。据权威机构近20年的研究资料显示:在所有的工作分类中,员工一直都将工资收益视为最重要的工作指标。因此,薪酬能极大地影响员工的行为和工作绩效。

薪酬在任何企业都是非常基础而且非常重要的,一个企业不仅需要有一定竞争力的薪酬吸引人才,还需要有一定保障力的薪酬留住人才。如果薪酬水平太低或与外界的差异过大,员工肯定会选择到其他地方寻找高收入的机会,从而造成人才流失。经济性报酬会在中短期内激励员工并调动员工的积极性,却不是万能的;而非经济性报酬对员工的激励是中长期的,才是最根本的。企业应把经济性报酬和非经济性报酬结合起来激励员工,让员工感受到自己的价值并看到自己的发展前景,从而为企业努力工作。

在市场经济条件下,员工通过在企业的生产和劳动行为换取薪酬,以满足个人及其家庭的生活需求。合理的薪酬制度和薪酬水平,可以使员工有一种安全感和对预期风险的心理保障意识,从而增强对企业的信任感和归属感;反之,则会使员工产生不公平和不信任的感觉,从而影响员工积极性。

二、薪酬的构成

一般而言,员工的薪酬由多部分构成,主要包括基本薪酬、可变薪酬和间接薪酬三大部分。

1.基本薪酬

基本薪酬是指一个组织根据员工所承担或完成的工作本身或者是员工所具备的完成工作的技能或能力而向员工支付的稳定性报酬。

在这里,给出了三种确定基本薪酬的标准:第一,大多数情况下,企业是以员工所承担的工作本身的重要性、难易度、责任大小或者是对企业的价值来确定员工的基本薪酬,即职位薪酬制。它是根据职位的工作性质支付基本薪酬,只反映工作本身的价值。第二,有些情况下,企业对于一些专业技术人员或者所有员工,根据其所拥有的完成工作的技能水平来确定基本薪酬,即技能薪酬制。例如在为科技人员确定基本薪酬时,企业按照员工所拥有的技能或教育经历而不是员工所承担的工作性质来决定基本薪酬。第三,有些情况下,企业根据员工完成职位工作所应具备的能力(含技能、知识、能力、行为特征、个性特征等)高低,来确定基本薪酬,即能力薪酬制,反映员工因为经验或工作态度而引起的对企业贡献的差异。实际上,第一种情况是基于职位的薪酬体系,后两种情况是基于任职者的薪酬体系。本书将在第三章介绍。

基本薪酬是一位员工从企业那里获得的较为稳定的经济报酬,因此,这一薪酬组成部分对于员工来说是至关重要的。原因有:①基本薪酬的数额是以企业所确定的基本薪酬等级标准为依据,而等级标准在一定时期内相对稳定。②基本薪酬是劳动者在法定工作时间内和正常劳动条件下所完成的定额劳动报酬,可变薪酬是超额劳动报酬。③基本薪酬具有综合性的特点,员工完成的工作只有在全面考核合格后才能取得相应的报酬;其他薪酬属于单一性的,用于衡量工作完成的标准有成本节约、产品数量、产品质量、税收、投资收益、利润增加等。④基本薪酬能较全面地实现薪酬的各项职能,对调动员工积极性、激励员工努力完成生产或工作任务及刻苦钻研业务、提高员工的素质具有重要意义。⑤基本薪酬具有基准性的特点。基准性包括两层含义:第一,基本薪酬是其他薪酬模块的计算基准,其他薪酬模块的数额、比例及其变动均以基本薪酬为基准。第二,为保证员工的基本生活需要,政府对员工基本薪酬的下限作强制性规定,推行最低工资保障制度。因此,对不能保证获得其他薪酬的员工,其基本薪酬的数额不能低于法定的最低工资标准。

基本薪酬也会有变化和调整,它的变动主要取决于以下六个方面的因素:一是总体生活费用的变化或者是通货膨胀的程度。二是其他企业支付给同类员工的基本薪酬的变化。三是国家政策的变化,如最低工资标准的调整。四是同类劳动力市场供求状况的变化。五是企业所处的行业、地区以及企业所在产品市场竞争程度等。六是员工本人所拥有的知识、经验、技能的变化以及由此而引起的员工绩效的变化。这是最重要的一种基本薪酬变化方式,即是与员工的绩效有关的加薪,因此,称根据员工的实际工作绩效确定的基本薪酬增长为绩效加薪。由于这是一种用来承认员工过去的令人满意的工作行为以及业绩的基本薪酬增长方式,因此,绩效加薪往往与企业的绩效管理制度紧密联系在一起。

2. 可变薪酬

可变薪酬是企业对员工提供的超额劳动或劳务的报酬,包括奖金、红利、利润分享、股票认购等,也称绩效薪酬。其具有以下几个特征:①超常性。可变薪酬的支付客体是超额劳动,是突出的劳动业绩。也就是说,可变薪酬仅支付给提供了超额劳动或突出劳动绩效的员工。②浮动性。可变薪酬的数额随超额劳动量或劳动绩效的变动而上下浮动。③多样性。可变薪酬的表现形式包括红利、利润分享及通常所说的奖金等。④考核的单一性。考核的业绩可以是成本节约、产品数量(或销售量)增加、产品质量提高、税收增长、投资收益、利润增加、新增客户,也可以是资产增值等,只要某一方面超出定额任务或标准,即可获得相应报酬。

可变薪酬对于员工具有很强的激励性,对于企业绩效目标的达成具有非常积极的作用。它有助于企业强化员工个人、员工群体乃至企业全体员工的优秀绩效,从而达到节约成本、提高产量、改善质量以及增加收益等多种目的。

在现代企业薪酬中,根据可变薪酬支付的时限,可以把可变薪酬分为短期和长期两种。短期可变薪酬一般都是建立在非常具体的绩效目标基础上的,其主要表现形式是奖金。奖金是企业对员工超额劳动或突出绩效以货币方式支付的奖励性报酬,目的是激励员工提高劳动效率和工作质量。而长期可变薪酬的目的则在于鼓励员工努力实现跨年度或多年度的绩效目标。许多企业的高层管理人员和一些核心技术人员所获得的企业股权以及与企业长期目标(如投资收益、市场份额、净资产收益率等)的实现挂钩的红利等,都属于长期可变薪酬的范畴。与短期奖励相比,长期奖励能够将员工的薪酬与企业的长期目标实现联系在一起,并且能够对一个企业的组织文化起到一种更为强大的支持作用。

在现代薪酬管理中,可变薪酬尤其是长期可变薪酬越来越成为薪酬管理的重心。本书第六章将对可变薪酬进行详细介绍。

3. 间接薪酬

间接薪酬又称员工福利与服务。间接薪酬与基本薪酬和可变薪酬存在明显的不同,间接薪酬不是以员工向企业供给的工作时间为单位来计算薪酬的,其表现形式主要是企业为员工提供的各种与工作和生活相关的物质补偿和服务形式，包括：国家法定福利、企业福利和员工个人福利等。法定福利，主要是指社会保险和社会保障制度；企业福利，主要指企业举办或者通过社会服务机构举办的、供员工集体享用的福利性设施和各种工作生活服务，例如住房计划、企业年金和保健计划、带薪休假、集体生活设施和服务以及满足员工多种需求的培训等；员工个人福利，主要指对特殊岗位和特殊身份的员工所提供的某些福利，不具有全员性质。

一般情况下，间接薪酬的费用由企业全部支付，但有时也要求员工承担其中的一部分。从支付形式看，传统的员工福利以非货币形式支付为主，如员工个人及其家庭服务（儿童看护、家庭理财咨询、工作期间的餐饮服务等）、健康以及医疗保健等，但随着企业部分管理职能的社会化，一些间接薪酬也以货币的形式支付，如社会保险、人寿保险、特殊津贴、交通补贴、电话补贴、餐饮补贴、住房补贴、出差补贴、节日费等。

间接薪酬支付方式有其独特的价值：首先，由于减少了以现金形式支付给员工的薪酬，因此，企业通过这种方式能达到适当避税的目的；其次，间接薪酬为员工将来的退休生活和一些可能发生的不测事件提供了保障；第三，间接薪酬是调整员工购买力的一种手段，使得员工能以较低的成本购买自己所需的产品，比如健康保险、人寿保险等；第四，间接薪酬可以满足员工多种工作和生活需求，具有货币薪酬所不能比拟的提供服务、增强企业凝聚力等功能，是一种"柔性薪酬"。因此，近些年来，间接薪酬成本在国外许多企业中的上升速度相当快，许多企业还采取了自助餐式的福利措施来帮助员工享受更多更适合自己的福利和服务。

三、薪酬的功能

薪酬的功能是指薪酬作为生产投入和分配的结果，作为市场经济的杠杆和企业的激励机制，在社会经济活动中客观上应当发挥的功能。

薪酬既是组织对员工提供的收入，同时也是企业的一种成本支出，它代表了企业和员工之间的一种利益交换关系。对双方来说，这种经济交换关系非常重要。下面我们从员工、企业和社会三个方面来介绍薪酬的功能。

1. 员工方面

（1）补偿功能

所谓补偿功能是指单位对劳动者在提供劳动、消耗脑力和体力、运用知识和技能而进行补偿的一种功能，它是薪酬的基本职能。

从经济学的角度讲，薪酬实际上就是劳动力这种生产要素的价格，其作用就在于通过市场将劳动力尤其是具有一定的知识、技能和经验的稀缺人力资源配置到各种不同的用途上去。它表现为企业和员工之间达成的一种供求契约，企业通过使用员工的劳动来创造价值，员工得到相应的经济补偿。

在当前情况下，劳动是人们主要的谋生手段，物质利益仍然为人们所追求，它对于劳动者及其家庭生活所起到的保障作用是其他任何收入保障手段都无法替代的。劳动者在劳动过程中脑力与体力的消耗、劳动力的代际延续、抚养家庭子女等都要借助于薪酬的补偿职能来实现。劳动者只有得到有保障的、稳定的收入，才能安心工作，增加对企业的信任感和归属感。而且，薪酬对于员工的保障并不仅仅体现在它要满足员工吃、穿、用、住、行等方面的基本生存需要。还体现在它要满足员工在娱乐、教育、自我开发等方面的发展需要,在现代社会,员工只有持续地接受教育培训,才能适应产业结构变化和技术更新的挑战。总之,薪酬水平的高低对于员工及其家庭的生存状态和生活方式所产生的影响极大,既要保障现时的生活需要,又要保证后续劳动力素质的提升、要养育子女、要实现劳动力的增值再生产。因此,劳动者的薪酬收入是保证企业劳动力生产和再生产的基本因素,也是保障社会劳动力生产和再生产的必要条件。

(2)激励功能

所谓激励功能是指单位用来激励员工按照其旨意行事而又能加以控制的职能。它的优点在于有利于发掘人才、提高员工潜能,缺点在于计算非常复杂、管理比较困难。薪酬是企业激励员工(包括中高层管理者)的重要方式,但管理实践告诉我们,一味的高薪并不能激励所有的员工。因此,要使薪酬的激励功能充分地发挥出来,就应该区分薪酬对于不同层次员工各异的激励作用。

①普通员工。对于企业中的普通员工来说,生存需要是第一位的,因此他们对于薪酬待遇的刺激比较敏感,薪酬的改善可以带给他们极大的激励。

②知识型员工。以高智商和强学习能力为特征的知识型员工,对激励手段的偏好已经开始由物质刺激转向精神激励。对于他们而言,自尊、信任和自我实现的需要是最主要的,除非外在薪酬的差距非常大,否则薪酬的激励作用是很有限的。换言之,用"薪"买"心"是很难成功的。

③核心员工。核心员工一般都希望自己的能力能够得到充分发挥,自己的工作能够得到企业的认可,追求事业上的成就感和满足感。尽管他们还是希望能够得到与其业绩相符的外在薪酬,但是这种薪酬本身已不再是激励他们的最重要的因素,取而代之的应该是给予他们"一片天空",使其充分实现自我价值。

④高层职业经理人。多数高层职业经理人往往将薪酬的重要性排在第三或者第四的位置。对于他们而言,薪酬只是一个数字——个人价值体现的数字,他们已经拥有了豪华住宅、高级轿车,所以他们更看重个人发展的空间以及更大的成就感等方面。

(3)自我价值实现功能

按照马斯洛的需求层次论,自我价值的实现是员工追求的最高目标。在当前社会,薪酬水平能在一定程度上反映个人价值的实现程度。高薪酬是员工优秀工作业绩的显示器。它不仅代表了企业对员工工作能力和水平的认可,也是对个人价值实现的回报,还是晋升和成功的信号。它反映了员工在组织中的相对地位和作用,能使员工产生满足感和成就感,进而激发出更大的工作热情。

2.企业方面

(1)控制企业成本功能

由于企业所支付的薪酬水平高低会直接影响到企业在劳动力市场上的竞争能力,因此,企业保持一种相对较高的薪酬水平对于企业吸引和留住员工来说无疑是有利的。但是,较高的薪酬水平又会造成企业产生成本上的压力,从而对企业在产品市场上的竞争产生不利影响。因此,一方面,企业为了获得和留住企业经营过程中不可或缺的人力资源不得不付出一定的代价;另一方面,企业由于产品或服务市场上的竞争压力又不能不注意控制薪酬成本。面对这一矛盾,企业必须设计适当的薪酬水平,从而起到控制成本的作用。

（2）价值增值功能

①薪酬既是企业购买劳动力的成本，也是用来交换劳动者活劳动的手段，同时还是一种人力资本投资。它能给企业带来预期的大于人力成本的收益。这种收益的存在，成为企业雇用劳动力、投资劳动力的动力机制。

②薪酬对员工的工作行为、工作态度以及工作业绩有直接的影响。薪酬不仅决定了企业可以招募到的员工的数量和质量，也决定了企业中的人力资源存量；同时，它是企业向员工传递的一种特别强烈的信号，通过这种信号，员工会了解什么样的行为、态度以及业绩会受到鼓励，是对企业有贡献的，从而引导员工的工作行为、工作态度以及最终的绩效朝着企业期望的方向发展，从而使企业的价值增值，也使员工自己的价值增值。

（3）资源配置功能

在企业内部，薪酬的配置功能主要表现在两个方面，即员工数量的配置和素质结构的调整。企业一方面可以通过调整内部薪酬水平来引导内部的人员流动，另一方面则可以利用薪酬的差异来吸引急需的人才或人力。另外，企业由于经营战略调整，产品结构、技术结构和产业结构的变化，对员工的素质（技能）结构的适应性也提出了越来越广泛的要求，因此，员工素质（技能）结构方面的供求失衡是经常出现的现象，在这种情况下，薪酬就能从供求两个方面来调节员工素质（技能）结构，使供求达到相对平衡。

3.社会方面（社会信号功能）

薪酬作为劳动力价格信号，是一种非常灵敏的社会信号，它调节着社会劳动力的供求和流向，可以促进社会劳动力的合理流动和配置。薪酬的这种社会信号功能又可以称为薪酬的调节功能。

在现代社会中，客观上存在着地区之间、部门之间、产业之间、企业之间、职业之间在工作环境、劳动轻重、劳动难易，以及收入多少上的差别，也存在着劳动力稀缺程度的差别。人们总是在物质利益的驱动下愿意到薪酬高、环境好的地方（地区、部门、企业）就业。根据劳动经济学理论，那些在社会中供小于求、对国民经济发展有重要作用的专业（工种等）薪酬水平会较高，可以引导劳动者学习这方面的知识和技能；而那些供大于求的专业（工种等）薪酬水平会较低，可以引导劳动者学习社会需要的知识和技能（包括转岗培训），从而使得社会劳动力素质结构合理化，甚至选择退出该领域，引导劳动力资源合理流动。具体而言，薪酬的调节功能体现在三个方面：一是劳动力流向的合理调节；二是劳动力素质结构的合理调整；三是劳动力价值取向的有效调节。

第二节　薪酬管理概述

一、薪酬管理的内涵

1.薪酬管理的含义

薪酬管理是指企业在经营战略及发展规划的指导下，综合考虑内外部各种因素的影响,确定自身的薪酬体系、薪酬水平、薪酬结构和薪酬形式,并进行薪酬调整、薪酬控制以及制定薪酬政策的整个过程。

薪酬管理作为一种持续的组织过程,企业还要持续不断地制订薪酬计划,就薪酬管理问题与员工进行沟通,同时对薪酬系统的有效性作出评价,尔后不断予以完善。

薪酬管理在企业人力资源管理中占有非常重要的地位。首先,企业人力资源管理的前提是企业与员工之间的劳动合同关系,必须注意的是,劳动合同关系中最重要的条款就是劳动与报酬的交换关系;其次,企业人力资源管理可运用的杠杆是很有限的,薪酬管理是其中最重要的杠杆之一;再次,其他人力资源管理措施,大多数都需要与薪酬联系起来才能更有效。

2. 薪酬管理的内容

根据薪酬管理的含义我们不难看出,薪酬管理包括以下七个方面的内容。

(1)薪酬体系:是确定企业的基本薪酬以什么为基础。目前通行的薪酬体系有三种,即职位薪酬体系、技能薪酬体系以及能力薪酬体系,其中以职位薪酬体系的运用最为广泛。

(2)薪酬水平:是指企业内部各类职位以及企业整体平均薪酬的高低程度。它反映了企业支付薪酬的外部竞争性。

影响薪酬水平的因素可分为:外部因素、内部因素和个人因素。外部因素主要有:社会经济环境、社会生活成本指数、地区和行业通行的薪酬水平、劳动力市场供求状况、劳动力潜在替代物、产品的需求弹性、工会的薪酬政策、风俗习惯、与薪酬相关的法律法规(最低工资标准);内部因素主要有:工作性能、企业负担能力、企业经营状况、企业远景(导入期/初创期、成长期、成熟期、衰退期)、企业薪酬政策、企业文化、企业的人才价值观;个人因素主要有:职位差别、技能水平、工作数量和质量、工作表现(行为)、资历、工作年限(经验)等。

(3)薪酬结构:是指同一企业内部的薪酬等级数量以及不同薪酬等级之间的薪酬差距大小。它反映了企业支付薪酬的内部一致性(内部公平性)。

(4)薪酬形式:是指计量劳动和支付薪酬的方式,主要有:计时工资、计件工资、奖励薪酬、间接薪酬(福利)等。薪酬的各个构成部分都有其特定的内容,也都有其特定的计量形式。例如,直接薪酬与员工提供的劳动量密切相关,劳动量可以按劳动时间计算,也可以按劳动产品数量计算,并直接以货币形式支付,称为计时工资、计件工资;间接薪酬则由企业员工普遍享有而不与其提供劳动量直接相关,并常常以非货币形式提供。

(5)薪酬调整:是指企业根据内外部各种因素的变化,对薪酬水平、薪酬结构和薪酬形式进行相应的变动。如可根据国家最低工作标准的调整而调整薪酬水平;可依据员工的绩效变动,进行绩效加薪;可根据员工职位变动而调整其薪酬标准。

(6)薪酬控制:是指企业对支付的薪酬总额进行测算和监控,以维持正常的薪酬成本开支,避免给企业带来过重的财务负担。

(7)薪酬政策:是企业管理者对企业薪酬管理运行的目标、任务和手段的选择和组合,是企业在员工薪酬上所采取的方针策略。基于特定的企业发展战略和人力资源战略,企业在薪酬管理政策上需要进行合理选择。例如,企业的薪酬水平策略;薪酬体系和薪酬结构是着重于稳定员工收入,还是激励员工绩效;薪酬关系是促进平等化,还是体现差异化;对特殊群体的薪酬如何进行专门设计。

二、薪酬管理的原则

薪酬管理对几乎任何一个企业来说都是一个比较棘手的问题,不同企业有不同的薪酬管理制度,同一个企业,在不同工作部门、不同生产环节,也有不同的薪酬管理办法。但是作为一个整体的经济组织,企业的薪酬管理必须体现统一原则和精神,而且薪酬管理系统一般还要同时达到公平性、有效性和合法性三大目标,这样才能使企业的薪酬管理成为一个有机的整体。因此,企业的薪酬管理遵循以下七项原则。

1. 补偿性原则

补偿性原则要求补偿员工恢复工作精力所必要的衣、食、住、行费用,和补偿员工为获得工作能力以及身体发育所先行付出的费用。

2. 公平性原则

公平性原则是指员工对于企业薪酬管理系统以及管理过程的公平性、公正性的看法或感知。这种公平性涉及员工对于本人薪酬与企业外部劳动力市场薪酬状况、与企业内部不同职位上的人以及类似职位上的人的薪酬水平之间的对比结果。

公平性原则是一个企业薪酬分配是否合理的重要标准。薪酬管理的公平性原则,主要包括外部公平性(竞争性)、内部公平性(一致性)和薪酬管理过程的公平性。

(1)外部公平性:是指企业的薪酬水平与劳动力市场中的薪酬水平相当。重视外部公平,是企业薪酬管理的一个重要要求。在自由竞争的劳动力市场中,员工的薪酬水平是由劳动力市场的供求状况决定的,而市场正是通过薪酬的上下浮动,把人力资源合理地配置于各行业和各企业之中。在这种情况下,企业如不根据劳动力市场的薪酬水平进行薪酬管理,就很难吸引和留住自己所需要的人才。

(2)内部公平性:是指同一企业中每人所得报酬与其他人所得报酬相比,应该公平合理。既包括同种职位、同等绩效下薪酬是相同的,也包括不同职位、不同绩效下的薪酬是不同的。在我国企业中,强调薪酬分配的内部公平,其实就是坚持按劳分配原则,而这一原则的贯彻,主要是通过薪酬差异制度实现的。员工的薪酬差异要根据劳动的复杂程度、技能水平、责任大小、贡献多少而定,通过这种差异体现多劳多得的原则。

(3)薪酬管理过程的公平性:是人们对决定薪酬的过程是否公平的反应。薪酬分配程序包括岗位评估、员工绩效评估、薪酬制度实施、员工反馈等步骤,这每一个环节都应该是透明、公平的。员工能够参与企业的决策可以使员工更好地了解企业赋予他们的任务、目标和期望。员工参与制定薪酬分配决策能够改善他们对薪酬分配决策程序公平性的看法,提高员工感觉中的薪酬分配公平性程度。相对公开、透明的薪酬制度能传递出一种积极信息,表明这个制度是公平的、这个组织对人是信任的,这样企业才能获得广大员工的信任与支持。

3. 有效性原则

有效性原则是指薪酬管理系统在多大程度上能够帮助组织实现预定的经营目标。这种经营目标并不仅仅包括利润率、销售额、股票价格上涨等方面的财务指标,还包括客户服务水平、产品或服务质量、团队建设以及组织和员工的创新和学习能力等方面的一些定性指标的达成情况。

薪酬
管理

4.合法性原则

合法性原则是指企业的薪酬管理体系和管理过程是否符合国家的相关法律规定。从国际通行的情况来看,与薪酬管理有关的法律主要包括最低工资立法、同工同酬立法或反歧视立法等。在我国,企业在制定薪酬政策时必须要以不违背国家的法律法规为基本前提,理解并掌握劳动法规如《中华人民共和国劳动法》、《中华人民共和国劳动合同法》、《工资支付暂行规定》和有关最低工资标准、薪酬支付行为规范等方面的规定,这是对人力资源管理者特别是薪酬制定者的起码要求。

5.竞争性原则

竞争性原则包含两重意思:第一,薪酬水平必须高到可以吸引和留住员工。如果本企业的薪酬与其他企业同等情况相比不平等的话,不仅雇不到人,而且会导致本企业员工离职。第二,如果人工成本在企业的总成本中所占比例较大,就会直接影响这个企业的产品价格——企业会将成本转嫁到商品或服务上。人工成本必须保持在企业所能容许的提高生产产品和劳务效率的最大限度上。因此,实现富有特色、具有吸引力且成本可控的有效的薪酬管理才是真正把握了竞争性原则。

6.激励性原则

有效的薪酬管理应能够刺激员工努力工作、多作贡献,有助于实现吸引、保留和激励员工。薪酬管理系统的重点就在于创立这样一种系统,即将企业支出的费用变为高度激励员工取得良好绩效的诱因。企业薪酬激励的手段有货币奖励和实物奖励两种方式。另外,薪酬方案必须公开,能让员工了解自己从中得到的全部利益,了解其利益与其贡献、能力、表现的联系,以利于充分发挥物质利益的激励作用。

7.成本控制原则

薪酬是产品成本的一个组成部分,薪酬标准设计过高,虽然具有了竞争性和激励性,但也不可避免地带来人工成本的上升。因此,设计薪酬方案时,应进行薪酬成本核算,尽可能用一定的薪酬资金投入带来更大的产出效益。

从表面上看,成本控制原则、竞争性原则和激励性原则是相互对立和矛盾的——提高企业的薪酬水平,固然可以提高其竞争性与激励性,但同时不可避免地导致企业人力成本的上升。但实际上三者并不对立也不矛盾,而是统一的。当三个原则同时作用于企业的薪酬系统时,竞争原则和激励原则就受到经济原则的制约。这时企业管理者所考虑的因素就不仅仅是薪酬系统的吸引力和激励性了,还会考虑企业承受能力的大小、利润的合理积累等问题,找到其间最佳的平衡点。从这一角度来看,企业在确定员工薪酬的合适水平时,应该遵循最优化的原则。

三、薪酬管理的流程

一般情况下,企业的薪酬管理系统是否能够正常运行、发挥正常功能,在相当大的程度上取决于薪酬管理的流程是否科学、有效。从图1-2中我们可以看出,在现代市场经济条件下,企业的薪酬管理是一个市场化和个性化的过程。薪酬管理立足于企业的经营战略和人力资源战略,以劳动力市场为依据,在考虑到员工所从事的工作本身的价值及其所要求的资格条件的基础上,再加上团队对于个人的绩效考核与评价,最后才形成企业的薪酬管理系统。这种薪酬管理系统必须达到外部竞争性、内部一致性、成本有效性以及合理认可员工的贡献、遵守相关法律规定等有效性标准。

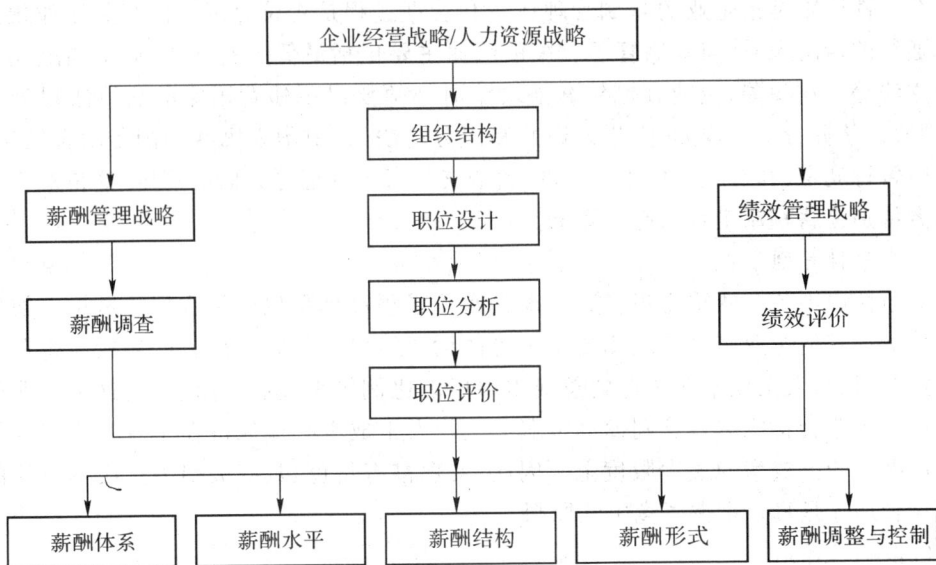

图 1-2　企业薪酬管理流程

资料来源:改编自刘昕.薪酬管理.北京:中国人民大学出版社,2007.

第三节　薪酬管理理论概述

一、早期的工资理论

1.生存工资论

在现代西方薪酬理论发展史上,形成的第一种薪酬理论,被人们称之为生存工资论(subsistence wages theory),也有人把它叫做糊口工资论或者工资铁律(iron law of wages)、工资铜律(brazen law of wages)。这种理论是由早期西方经济学家在18世纪末19世纪初提出来的。最早的古典经济学家魁奈(F. Quesnay,1694—1774)和杜尔阁(A. Turgot,1727—1790)等人在他们的经济学著作中就已经对这种理论作了一定的论述。其后,古典学派的大师亚当·斯密(A. Smith,1723—1790)和大卫·李嘉图(D. Ricardo,1772—1823)等对生存工资论作了更多的论述,为这个理论的确立奠定了基础。

生存工资论的要点是:从长远看,在工业化社会中,工人的工资等于他的最低生活费用。也就是说,工人的工资只能保持在维持其生存的水平上,只能保持在使其勉强糊口的水平上。亚当·斯密曾明确概括了他所观察到的这种现象。他发现,随着经济的波动,工人的工资最终总会降低到维持生计的水平上。对此,李嘉图作了进一步总结,工资就是劳动的自然价格。而劳动的自然价格是使工人基本能够生存下去的价格,并且是能够在人数上不增不减地延续其后代所需要的价格。这也就是维持生存的工资的基本含义。

薪酬管理

　　这些经济学家认为,如果由于某种原因,工资提高到维持生存的水平之上,即资本家付给工人的劳动价格高于劳动的自然价格,就会出现工人的生活资料的增加。而工人的生活资料多了,就会使工人生的孩子增多,就会刺激工人人口的增长,这样一来,下一个周期的劳动力人数就会增加。西方资本主义经济是一种自由竞争型的市场经济,劳动力供给增加了,劳动力需求相对减少,就一定会导致工资下降。换句话说,从长远看,只要人们通过某种努力或由于某种其他原因使工资上升到高于生存需要的水平之上时,潜在的劳动力人数就会由于工人获得的生活资料的增加而增加,而劳动力增加的结果是在市场力量的作用下使工资下降,使工资又回到仅仅维持生存的水平上,回到劳动力的自然价格上去。反之,如果资本家在某种形势下利用某种条件把工资压到低于劳动力的自然价格水平之下时,就会出现相反的情况,工人获得的必要生活资料就会减少,其直接后果是导致工人陷入饥饿、营养不良和疾病中,导致工人最基本的生活环境进一步恶化,由此,工人的死亡率,特别是工人家庭的婴儿死亡率就会上升。这样,只要工资低于工人的生存需要,就必然导致劳动力供给直接或间接减少(即在下一个周期减少),这种结果又会导致劳动力市场上工资的上升。所以,不论影响工资水平的因素怎样变动,最终工资将保持在维持工人生存的水平上。

　　2. 工资基金论

　　19 世纪中叶,随着生存工资论的日趋没落,一种新的工资理论——工资基金论(wages-fund theory)开始登上舞台。工资基金论的主要倡导者约翰·穆勒(John S. Mill, 1806—1873)指出,工资基金论主要是为了弥补生存工资论的不足。这个理论的要点是:①工资不是由生存资料决定的,而是由资本决定的。工资是资本家全部资本的一部分,是资本家的资本用于补偿机器设备消耗、购买原材料等生产资料耗费以后的剩余部分。资本的这一部分在一般情况下是固定不变的,构成了一个社会的工资基金(也叫做劳动基金)。工资高低首先取决于工资基金的高低。②在工资基金确定后,工人的工资水平就取决于工人人数的多少。也就是说,工资的总量确定了,如果工人人数多,每个工人的工资就少;反之,工人的人数少,每个工人的工资就高。工资实际上取决于工人和资本的比例。

　　工资基金论强调,一个国家在一定时期内的资本总额是一个固定的量(C),其中用来支付工资的部分(即工资基金或劳动基金)也是一个固定的量(W)。而工资是资本的函数,即

$$W = f(C)$$

　　穆勒认为,在每年的产品收入中,必须先扣除用于补偿和追加生产资料和资本以及利润后,剩余部分才用于劳动者的工资。如果用于劳动者的部分多了,工资的增长影响了资本的增长,就必然影响生产的发展,从而使用于下一个生产周期的资本和工资减少。所以,工资的增长绝不能影响资本的增长。

　　显然,这个工资理论提出了这样一种思想,就是工人所能得到的工资总量是固定不变的,这个不变量构成了工资基金。这种情况意味着,工人阶级为提高工资所做的任何努力都是没有意义的。因为工资基金已经确定不变,通过种种努力,比如通过组织工会、组织罢工,把这一部分工人的工资提高了,那就造成了另一部分没有参加工会、没有参加罢工的工人的工资下降。按照穆勒的理论,国家制定最低工资法也是没有意义的。制定最低工资法保护了少数收入最低的工人,却损害了多数工资比较高的工人的利益。这就是工资基金论的结论。

二、薪酬决定理论

1. 边际生产力薪酬理论

约翰·贝茨·克拉克(J. B. Clark,1847—1938)是19世纪末20世纪初美国著名经济学家,他运用边际分析的方法,在《财富的分配》一书中创立了边际生产力薪酬理论。

克拉克认为,劳动和资本都是生产力,劳动的生产力遵循生产递减规律,即在资本量不变的条件下,劳动的生产力随劳动者的增加而递减。最后增加的单位劳动者就是边际劳动者,他所生产的产品就是劳动的边际生产力。由于边际劳动者处于资本集约利用的边界上,因此,若在此基础上再增加劳动者,则雇主支付的薪酬将不能从劳动者提供的产品中得到补偿。所以,薪酬取决于劳动的边际生产力,即雇主雇用的最后那个单位的工人所增加的产量等于付给该工人的薪酬。

2. 供求均衡薪酬理论

英国著名经济学家阿尔弗雷德·马歇尔(A. Marsha,1842—1924)在吸收了边际效用价值论和边际生产力薪酬论等成果的基础上,提出了供求均衡薪酬理论。马歇尔认为,边际生产力薪酬论只从劳动力需求方面研究了薪酬的形成,没有反映劳动力供给方面对薪酬的作用和影响,因此,这个理论并不全面。薪酬是由劳动力的供给价格和需求价格相均衡时的价格决定的。劳动力的供给价格取决于劳动者的生活费用,即维持劳动者自身及其家庭生活所需的最低费用;劳动力的需求价格取决于劳动的边际生产力,即取决于边际劳动者生产的产品。

从劳动力需求方面看,需要劳动力的是从事生产经营活动的雇主,他们是劳动力的买者。由于劳动力的边际生产力递减,因此,劳动力的需求曲线与劳动的边际生产力曲线一样,是一条从左到右逐渐下降的曲线。这一曲线表明:随着雇主雇用劳动力数量的增加,劳动力的边际生产力不断下降,雇主愿意付出的薪酬水平也下降。

从劳动力供给方面看,提供劳动力的是劳动者,他们是劳动力的卖者。他们提供的劳动力的供给价格决定于劳动力的生产成本,包括劳动者养活自己和家庭、接受教育、训练所需要的费用,以及劳动对劳动者的负效用。显然,劳动力的供给曲线和劳动力的需求曲线正好相反,即随着薪酬水平的提高,劳动者愿意提供的劳动不断增加。

马歇尔认为,无论劳动力的需求曲线还是劳动力的供给曲线都不能单独决定薪酬水平,薪酬水平取决于两者的均衡,也就是说,是由这两条曲线的交点,即供需均衡决定的。在这一点上,劳动力的需求量和劳动力的供给量相一致,劳动力的需求价格和劳动力的供给价格相一致。

3. 集体谈判薪酬理论

集体谈判也称集体交涉,它是指以工会为代表的工人集团为一方,与以雇主或雇主集团为另一方进行的劳资谈判。早在18世纪,包括亚当·斯密在内的一些早期经济学家,就注意过劳动力市场上集体谈判及其对薪酬决定的影响,后来,像克拉克和庇古(A. C. Pigou,1877—1959)等经济学家对此也有过研究。但那时由于工会的规模和影响比较小,集体谈判对薪酬水平的实际影响不大,人们对之并没有给予更多的重视。

第二次世界大战前后,工会势力在美国等发达资本主义国家迅速增长,工会会员人数达到产业工人总数的1/4左右,再加上许多未参加工会的工人收入实际也受到工会活动的影响,因此,工会在薪酬决定中的作用被高度关注,集体谈判薪酬理论应运而生。对集体谈判薪酬理论作出过重要贡献的经济学家有英国经济学家莫里斯·多布(M. H. Dobb,1900—1976)、美国经济学家邓洛普(J. T. Dunlop,1914—)、张伯伦(N. W. Chamberlain,1915—)、厄尔曼(L. Ullman,1920—)、里斯(A. Rees,1921—)等。

集体谈判薪酬理论的产生与发展是工会发展的产物。在工业化发展的初期,薪酬谈判是在企业主和劳动者个人之间个别进行的。随着工业社会的发展,由于工人无法遏制自己相互之间的竞争,因而无法抵抗薪酬下降的趋势,所以工人只能组织起来,通过工会代表自己的更高利益与雇主或雇主集团作斗争,于是,工会组织在许多行业中出现;与此同时,雇主方面通过资本积聚和集中,不断形成了大型企业和企业集团,从而遏制了雇主之间的竞争,于是,自由竞争的劳动力市场让位于有组织的劳动力市场。在有组织的劳动力市场上,一方是日益强大、在劳动力市场上具有买方垄断地位的雇主集团,另一方是在劳动力市场上具有卖方垄断力量的工会组织,因此,劳资双方的谈判采取了规模日益扩大的集团化方式,薪酬水平也就越来越取决于双方力量的对比。

集体谈判薪酬理论认为,短期薪酬水平决定于劳动力市场上劳资双方的力量对比。由于在薪酬水平的决定中存在"强制性攀比"效应,即某一行业和厂商的工人总是以其他可比较工人的薪酬作为参照物来确定自己的薪酬水平,当其他厂商的薪酬水平提高时,与之相近行业或厂商的工人就会认为自己的薪酬水平也应获得同样的提高,而不管其经济后果如何。代表工人利益的工会组织也将以此为由与资方进行集体谈判。在集体谈判中,如果经济处于繁荣时期,产品需求通常较旺,劳动力市场表现为供不应求,这时谈判将有利于工会组织;如果经济处于萧条时期,产品需求疲软,对劳动力的需求减少,就业压力增大,这时,集体谈判将有利于雇主集团。

集体谈判薪酬理论与边际生产力薪酬理论之间是内在统一并相互补充的。通过集体谈判确定的短期薪酬水平有时会高于或低于边际生产力水平,但边际生产力是现实薪酬水平运动的中线。如果通过集体谈判确定的薪酬在短期内高于边际生产力,那么雇主就会力图恢复薪酬与边际生产力之间的平衡;如果短期内薪酬低于边际生产力,劳方就会采取行动,力图恢复薪酬与边际生产力之间的平衡。

4. 效率薪酬理论

效率薪酬理论是20世纪70年代后期产生的一种薪酬理论。这种理论不是将薪酬视为生产率的结果,而是倾向于将薪酬视为促进生产率提高的手段。效率薪酬理论认为,薪酬与生产率之间是相互依赖的。传统的薪酬决定模型是建立在劳动同质并隐含薪酬水平不改变劳动的边际产出和劳动力需求曲线位置基础上的,因此,任何薪酬水平的变化只会导致劳动力需求量的变化,而不会导致需求曲线本身位置的移动。然而在劳动是异质和薪酬与生产率之间相互依赖的情况下,雇主降低薪酬不一定会增加利润,提高薪酬也不一定会减少利润。进一步讲,雇主可以通过支付较高的薪酬水平来降低每单位有效劳动的费用,此时薪酬可以成为增加利润的有效手段。

效率薪酬理论以具有不完全信息的异质劳动力市场为分析对象,以劳动力市场存在失业为分析前提。效率薪酬理论不仅从理论上打开了不完全信息世界的大门,而且它还打破了传统的供求定律。依据效率薪酬理论,如果存在劳动力的超量供给,任何雇主都不会因此而降低薪酬或以更低的薪酬率增雇劳动者,否则将直接导致劳动成本的上升。因此,在竞争性劳动力市场中,传统的供求定律失效了。那些通常被认为是保证价格灵活性、消除长期供求失衡及长期薪酬差别的竞争性力量,在这里却正是造成薪酬刚性、失业和薪酬差别的直接原因。

效率薪酬理论的另一项创新是提出了一种新的非瓦尔拉均衡概念。传统理论把供求相等作为市场均衡的定义之一,而在效率薪酬论中,均衡状态指的是一种任何经济主体都没有改变其行为的动力的状态。效率薪酬理论开辟了薪酬理论研究的新视野,此后,薪酬不再是一种被动的东西,而是作为促进生产率增长的一个重要工具进入我们的研究视野。

三、薪酬分配理论

1. 按劳分配理论

按劳分配是马克思在批判地继承前人优秀文化的基础上,在创立科学社会主义理论体系的过程中所确立的社会主义社会个人消费品的分配原则。马克思确立的按劳分配原则具有以下几方面特征:①实施范围的全社会统一性;②按劳分配的社会直接性;③分配形式的实物性;④劳动时间作为消费品分配依据的唯一性;⑤等量劳动领取等量报酬(个人消费资料)的绝对性。按劳分配理论从社会生产条件的分配入手探索产品的分配方式,从根本上否定了不劳而获的剥削分配制度,促使劳动者成为生产过程的主体,确立了以劳动为依据的分配关系。在按劳分配过程中既反对剥削,也反对平均主义,且按劳分配的对象是社会总产品中扣除补偿基金、积累基金、公共消费基金、后备基金、与生产无关的社会管理费用、社会保障基金后的剩余产品。

2. 分享经济理论

20 世纪 30 年代,资本主义世界经历了历史上最严重的大危机,社会生产总量突然下跌了 1/3,大约 1/4 的工人被抛向街头。短短几年间(1929—1933)造成的经济损失相当于第二次世界大战造成的破坏。在这场大危机中,传统经济理论完全破产,资本主义依靠"市场的奇迹"能够自动保持生产繁荣和充分就业的金科玉律成为谎言。在这样的历史条件下,约翰·梅纳德·凯恩斯(J. M. Keynes,1883—1946)在 1936 年发表了一部当时被认为是异端,以后却使他享有世界声誉的名著——《就业、利息和货币通论》(以下简称《通论》)。在《通论》中,他尖锐地指出,资本主义制度并不是像传统经济学所说的是一种能自动实现自我调节、保持经济均衡的制度。即使资本主义经济中确实存在着一只"看不见的手",存在着一种趋于均衡的、基本的、自然的力量,可以自动调节社会经济过程,但这种力量的调节动作太缓慢了,调节过程太痛苦了。因此,需要一种作用快、痛苦小的力量,作为这种力量的补充。这就是伸出一只"看得见的手",实行政府干预,建立"混合经济",运用国家政权的力量,人为地调控社会经济过程。

凯恩斯的这一套理论在第二次世界大战后 20 多年的实践中发挥了明显的效用,它为战后西方经济的复兴和高速发展作出了重要贡献。但是,从 20 世纪 60 年代中期以后,西方发达国家产生了工人失业和通货膨胀并发、经济衰退和物价飞涨共存的现象,这种现象被"后凯恩斯主流经济学"主要代表人物、美国著名经济学家、诺贝尔经济学奖获得者萨缪尔森(P. A. Samuelson)称为"滞胀"(stagflation,停滞与膨胀的合写)的长期问题。曾经屡试不爽的凯恩斯调控手段在这种险恶局势面前失灵了,凯恩斯主义遇到了新的挑战。从此反滞胀成为西方经济学界乃至整个西方世界的首要任务。西方薪酬理论的发展,也同样围绕着反滞胀这个中心。分享经济理论就是在这种背景下出现的影响最大的新理论之一。

分享经济理论是美国麻省理工学院经济学教授马丁·魏茨曼（Martin Weitzman, 1942—）在1984年提出的。分享经济论的核心认为，传统的资本主义经济的根本弊病不在于生产，而在于分配，特别是在雇员报酬制度上。在传统的雇员报酬制度中，工人的工资同雇主的经济活动无关，只同雇主所无能为力的一些要素（比如货币发行量、生活费用指数等）有关。由于工资固定，劳动成本固定，雇主按照利润最大化原则，对市场总需求的变化作出的反应总是在产品的数量方面，而不是在产品的价格方面。因为价格一般是按照成本加成的方法确定的，成本不能动，价格也就不能动。一旦市场需求收缩，雇主只能减少生产，不能降价，在成本不能动时降价会赔本。因此，在市场收缩、产量减少时，必然出现工人失业。这时，如果采取凯恩斯主义的扩张性财政政策和货币政策来消灭失业，必然导致通货膨胀。

基于上述原因，魏茨曼认为：要摆脱滞胀，就需要新的手段，就必须对导致滞胀的根源——工资制度动大手术，把工资制度改为分享制度，把工资经济改为分享经济，非如此不能使现代西方经济从根本上摆脱困境。所谓分享经济，是一种劳动的单位成本随着就业的增加而下降的经济，也是一种劳动的边际成本小于劳动的平均成本的经济。把工资制度改为分享制度、把工资经济改为分享经济的具体过程并不复杂，其要点是把固定的工资改为与某种反映雇主经营状况的指数相联系。这样，工人和雇主在劳动市场上达成的就不再是规定每小时多少工资的合同，而是工人与雇主在企业收入中各占多少分享比率的协议。

四、薪酬运用理论

1. 薪酬公平理论

公平理论（equity theory）由斯达西·亚当斯（J. Stacey Adams）提出。这一理论认为，决定员工对薪酬认可的往往不是绝对薪酬，而是相对薪酬以及本人对薪酬的认识。如果员工感到不公平，则会影响他工作的努力程度。

亚当斯认为，公平感与满足感既有区别又有联系。满足感取决于已经获得奖励的数量和仍然希望进一步得到的数量；公平感取决于员工所获得的奖励和他所作出的贡献之比与某一衡量标准相比是高还是低。这种衡量标准既可以是企业内的其他员工或企业外部的员工获得的奖励与他们的贡献之比，也可以是自己在不同时期得到的奖励与贡献之比，还可以是对自我价值的估价或者是企业所作出的许诺之比。标准的选择取决于信息的获得成本与标准以及个人的相关程度。在企业中，员工的满足感固然很重要，但是更重要的是每个员工都认为自己所得到的报酬是公平的，都希望自己被公平地对待。这里所谓的公平指的是员工对自己在工作中的投入与自己从工作中得到的收益两者之间的平衡。员工的投入包括教育、工作经验、特殊技能、努力程度和花费的时间。员工得到的收益包括薪酬、福利、成就感、认同感、工作的挑战性、工作的名声和任何其他形式的报酬。根据公平理论，一个员工要估计自己的收益与投入的比率与别人的收益与投入的比率是否相等，以此来确定自己是否被公平地对待。如果别人的收益—投入比高于自己的收益—投入比，这个员工就会觉得对自己的补偿不足。在这种情况下，有可能导致以下结果：员工要求提高自己的报酬水平；员工减少自己的投入，降低努力程度；在极端的情况下将发展为辞职。

2. 薪酬激励理论

激励是现代管理学理论中的一个重要概念。所谓激励,是指人们朝着某一特定目标行动的倾向,员工在特定地点和岗位上怀有的特定动机,对企业生产率的影响。换句话说,激励实质上是促使员工发生某些有利于企业目标的行为。

行为科学对薪酬的激励效应进行了大量的研究,它揭示了员工绩效、能力和激励三者之间的关系。即:

$$绩效 = f(能力,激励)$$

上式表明绩效是能力和激励的函数,绩效与员工的能力有关,但能力能否转化为绩效,还取决于激励的作用。激励理论主要有两种模式:一是内容型激励理论。它主要研究人们行为的动因,说明什么因子能激励人们采取行动,其中一个关键问题是金钱是否能引导员工付出更多的努力。如在销售人员薪酬制度中的佣金制就是依赖这个假设。金钱确实是一个激励因子,对很多人来说,金钱是一个诱发较高绩效水平的因素。内容型激励理论的主要流派有马斯洛的需求层次理论、麦克利亚的成就激励理论、赫茨伯格的双因素理论。二是过程型激励理论。它主要研究影响人们行为的因素之间的关联以及相互作用的过程,主要强调员工是如何被激励去努力工作的。这一理论的主要流派有期望理论、X-Y 理论、强化理论,甚至包括公平理论。

3. 委托代理理论

委托代理问题的现代意义最早是由罗斯(S. Ross)给出的,后来米尔里斯(J. Mirrless)和斯蒂利茨(J. E. Stiliz)进一步发展了委托代理理论。委托代理理论是以信息经济学为基础的,并与企业发展的过程相一致。企业发展的最初阶段——业主制阶段,企业的股东只有一个人,企业的全部资产也就是业主个人的财产,业主个人进行独立经营,承担企业经营的所有风险,对企业的债务承担无限责任,同时也享有企业资产经营的全部利益,在此阶段是不存在委托代理问题的。但是随着公司规模的扩大和采用股份制公司等形式,企业的所有者与企业的经营者逐步分离,从而产生委托代理问题。由于委托人与代理人之间信息往往是不对称的,即委托人对代理人的行为往往是不能直接观察到的,或不能全部观察到,因此极易出现代理人的“道德风险”及“逆向选择”等,这些现象就是“代理风险”。委托人为了控制代理人的行为,就必须花费一定成本收集信息和对代理人的行为进行监督(包括委托人对代理人激励、约束、监督等制度安排而造成的各种损失),这一成本决定着对代理人经营行为的控制程度。为此,委托代理理论认为,正是由于信息不对称和代理成本导致了“委托代理问题”的出现,而委托代理问题的核心就是如何以一定的监督成本来控制代理人的行为,使代理人的行为能保证委托人的利益最大化。这样,委托代理问题就进一步转化为激励约束问题。

委托代理理论认为,解决委托代理问题的关键是委托人应采取什么样的方式在代理人实现自己的效用最大化的同时实现委托人效用的最大化,即实现激励相容。这包括三个方面的内容:第一,委托人如何设计一份合约能够促使代理人实现委托人的预期效应最大化;第二,代理人在所设定的合约条件约束下,他的行为如何实现自己的预期效用最大化;第三,所给定的合约代理人是否愿意接受。

4. 战略薪酬理论

战略薪酬理论要求从战略角度理解薪酬。战略意义上的薪酬不同于传统的薪酬,其内涵包括以下方面:①薪酬不只是对员工贡献的承认和回报,它还是一套把企业的战略目标和价值观转化为具体的行动方案,以及支持员工实施这些行动的管理流程;②薪酬是连接雇主与员工的纽带,薪酬体系不但能帮助企业吸引和留住成功所必需的人才,还能够影响员工的责任感和他们为企业付出努力的程度;③薪酬体现的是企业内全新的价值观和实践方法,它是企业战略和文化的组成部分,它以自己特有的方式改变着企业的精神面貌,改变着雇主与员工的关系以及企业的竞争力和活力;④薪酬是不断的革命,它通过创造新的方法和形式让员工分享其成果,推动企业变革,使员工成为企业竞争与发展的战略伙伴;⑤战略薪酬计划是指能够增进员工积极性并促进其发展,同时使员工的努力与企业的目标、理念和文化相一致的薪酬计划;⑥战略薪酬计划不仅仅是根据市场薪酬水平来支付员工薪酬,它还有目的地将员工薪酬与企业的使命和整体目标结合起来;⑦战略薪酬计划把将向员工支付的报酬与特定的人力资源管理功能结合起来,例如,在招聘新员工时,薪酬高低会增加或限制申请人数,如果薪酬比较高,便可吸引足够数量的人员来申请这项工作,从而企业可以提高选择标准,聘用到高素质的员工,反过来又可降低企业的培训成本。

本章小结

　　薪酬与薪酬管理是人力资源管理的重要内容,随着企业人力资源管理理论的不断发展,对薪酬管理理论及方法的研究也不断得到完善。薪酬的构成主要有基本薪酬、可变薪酬和间接薪酬(福利);薪酬可在员工方面、企业方面和社会方面发挥其功能;薪酬管理是一个系统的过程,在这个过程中要作好薪酬体系、薪酬水平、薪酬结构、薪酬形式等决策,并进行薪酬调整、薪酬控制以及制定薪酬政策;薪酬管理要遵循一定的流程和原则,实现规范管理,激发员工的积极性。另外,薪酬管理理论从早期的工资理论到战略薪酬理论,学者们的不断研究和完善,符合时代要求和特点。

思考题

1. 如何理解报酬的含义?
2. 什么是薪酬?
3. 薪酬由哪几部分构成? 各部分的含义是什么?
4. 薪酬的功能有哪些?
5. 薪酬管理的内容有哪些?
6. 薪酬管理的基本流程是怎样的?
7. 薪酬管理应遵循哪些指导原则?
8. 了解各阶段的薪酬管理理论。

案例分析

　　×公司是一家小型高科技民营企业,拥有120多名员工,年销售额3000多万元。该公司成立已有10多年,产品技术已经成熟,顾客群也比较稳定。但员工对公司的薪酬抱怨很大,工作积极性不高,流动频繁,公司几乎每隔两个月就要去人才市场招人。

公司将员工分为技能和管理两种类型。公司对每位员工通过综合评分法确定其薪酬等级，其中，岗位价值占总分数的80％，工作经验占总分数的10％，教育背景及工作年限各占总分数的5％。

公司中，高层员工和普通员工在薪酬方面的差距不是太大，但前者对公司所起的作用和所要担负的责任却非常大，公司又没有给予这些骨干们其他的补偿。这些"顶梁柱"普遍认为公司的薪酬"非常不公平"。

公司采取保密的薪酬制度。公司规定所有员工不得打听别人的薪酬，也不能任意公开自己的收入情况，但这并不能杜绝员工私下讨论薪酬问题，而且这种私下的讨论和交流得到的往往是错误的信息，或者是被别人欺骗，或者是自欺欺人。错误信息的传播使员工互相猜疑，对管理层也缺乏必要的信任。

公司仅给员工买了工伤保险及失业保险，而且没有什么文娱活动。员工短期打工心理较强，有机会就跳槽，流失率居高不下。×公司决策层以前都是从事技术工作的，现在很多精力放在生产、销售等具体的事务上，对管理不太重视。公司高层对员工流失一直抱着"走了你一个，还有后来人"的态度。

一、存在的问题诊断及成因分析

根据以上论述，我们可以看出，×公司存在以下两个方面的问题：首先，员工流失严重，公司作为一个团队，根本谈不上什么凝聚力，公司决策层根本没有意识到问题的严重性。其次，薪酬设计不合理，主要体现在：没有与绩效、贡献挂钩；按薪酬的要素结构划分过于简单，而且也没有科学依据；员工的保健因素没有得到保证。

公司对人力资源管理工作不重视，最终导致了人员"进""出"频繁，增加了公司的管理成本。人力资源是第一资源，把人管好了，钱、财、物才会管得好。中小企业在发展到一定程度之后，逐步建立并不断完善制度成为企业做大做强的关键。×公司薪酬管理或人力资源管理方面存在着比较严重的问题，具体有以下几点。

1. 公司决策层对员工作用认识不足。×公司频繁去人才市场招人，且对流失员工抱有"走了你一个、还有后来人"的态度，这首先与决策层的思想观念有关。这也是许多中小企业领导的通病。他们不能意识到内部管理不善也会使刚刚成长起来的企业后劲不足，不能意识到员工不断流失对公司其实也是一种损失。招聘、培训、福利等，这些对公司来说都是一笔不小的开支。更为不利的情况是，刚把一个员工培养好，却由于薪酬原因去了竞争对手那里，公司担当了"为别人做嫁衣"的角色。长此以往，公司的声誉将受到影响，公司的发展也会遇到障碍。

2. 社会保险体系不健全，激励员工的保健因素得不到保证。很多中小企业在厂房设备方面的投资热情很高，但给员工买社会保险却心有不甘，进行"节约"。实际上×公司法律规定的养老保险、医疗保险及生育保险都没有给员工买，属于违法行为。由于社会保险体系不完善，×公司员工的安全感、归属感不强，员工大多抱着"做一天和尚，撞一天钟"的心态。社会保险是员工的保障因素，只有一套完善的社会保险体系才能解除员工的后顾之忧，提高员工的士气和战斗力。另外，完善的社会保险体系还能维持和谐的劳动关系，提升企业形象。

3. 公司薪酬结构不合理。员工的薪酬水平必须反映其岗位责任和能力的大小。在×公司中，高层员工和普通员工岗位责任相差较大，但他们在薪酬方面的差距不是太大。此外，×公司的薪酬计量方法尽管考虑了员工的工作岗位、工作年限和教育背景，但与绩效没有多大关联，而且，没有把不同的要素对不同的岗位的不同作用体现出来。×公司能力强、贡献大、责任大的员工，与普通员工相比，其额外承担的责任、额外作出的贡献没有得到公司的肯定与回报，他们的人力资本价值得不到充分体现，"劣币驱逐良币"，跳槽就成为他们的必然选择。

4.薪酬体系透明度差，员工对公司缺乏信任。保密的薪酬制度不仅割开了薪酬与绩效的直接联系，也难以避免管理者在薪酬分配中用个人好恶来替代绩效标准，这为小道消息的产生和传播创造了有利条件。

5.公司不重视内在薪酬，员工满意度低。广义的薪酬可分为外在薪酬与内在薪酬两个部分。外在薪酬，主要是指为受聘者提供的可量化的货币性价值。外在薪酬需要企业在经济方面付出相应的代价，其作用只是消除员工不满，但不会让他们满意。内在薪酬则是指那些给员工提供的不能以量化的货币形式表现的各种奖励价值。比如，对工作的满意度，培训或提高个人名望的机会，吸引人的公司文化以及公司对个人的表彰等。外在的金钱激励方式虽然能显著提高效果，但是持续的时间不长久；而内在的心理激励，虽然激励过程需要较长的时间，但一经激励，不仅可以提高效果，更主要的是具有持久性。

二、×公司薪酬管理的改进措施

现阶段，×公司薪酬管理应该采取以下改进措施。

1.尽快为员工补齐社会保险。保证保健因素，使员工没有后顾之忧，全身心地投入到公司的工作中去。

2.尽快建立充分反映岗位价值与工作绩效的薪酬体系。岗位薪酬的特点是员工必须在一定时间内按质按量完成工作定额，同时领取相应的薪酬。在确定岗位薪酬之前，企业必须采用一套科学的方法，对各岗位的价值进行评估，并最终由岗位价值来确定岗位薪酬。此外，公司还要建立科学的绩效考核制度，将员工的工作质量和岗位要求进行对比，从而确定奖罚。

3.增加薪酬的透明度。公开的薪酬信息，不仅使员工了解薪酬制度和计薪标准等内容，更利于他们判断自身绩效与所获薪酬之间的关系。这种开放式的制度将更容易获得员工的支持和信任。公开的薪酬制度可以使管理层与员工相互交流意图，员工对于薪酬的设想和期望能被政策制定者了解，从而真正成为薪酬设计的重要考虑因素。相应地，员工会更加容易理解和接受企业出台的政策，促进员工与管理者之间的相互信任。企业与员工之间建立了充分的沟通渠道，一旦薪酬制度出现问题，也可以较快地得到反馈并及时得到解决。一种相对公开、透明的薪酬制度能传递出一种积极信息，表明这个制度是公平的，这个组织对人是信任的，这样它才能获得广大员工的信任与支持。

4.充分发挥内在薪酬的作用。×公司应当从以下三个方面加以改进：①加强企业文化建设，增强企业的核心竞争力。②充分授权。如果管理者能够对下属充分授权，不仅可以训练员工处理问题时的应变能力，同时，也将员工的创意、潜能激发出来。授权本身就是一种基于对员工信赖的表现，这种做法会使得员工感受到企业的尊重及重视，从而更加激发工作的热情。③给予员工晋升和发展的机会。有所成就是每个人的愿望，企业必须正视员工的这种需求，明确指出员工能够达到的目标。员工需要有发展的空间，而公司能够提供这种空间，那么他就会选择留下。

（资料来源：《人力资源管理》2010年第4期）

第二章　战略性薪酬管理

学习目标

1. 掌握战略性薪酬管理的内涵和作用；
2. 理解战略性薪酬管理的特征；
3. 能够区分传统薪酬战略与全面薪酬战略之间的差异；
4. 掌握基于不同企业战略的薪酬战略内容；
5. 了解制定战略性薪酬管理的步骤。

案例导入

IBM 公司在 20 世纪 70 年代和 80 年代早期一直是行业中的佼佼者，但是到了 20 世纪 80 年代后期，它开始从占据本行业的主导地位逐渐转入危机时期。IBM 原有的薪酬制度与以绩效为导向的价值观和企业战略是不一致的。公司原来的薪酬系统有如下四个方面的特点。

第一，与薪酬的外部竞争性相比，它更为强调薪酬的内部公平性。为了避免内部关系紧张，公司会把市场营销经理和生产经理的工资水平定在同一档次上，而并不考虑在外部市场上两种工作的薪资水平是否相同。

第二，原有的薪酬系统严重官僚化，系统中一共包含 5000 多种职位和 24 个薪资等级。

第三，管理人员在给手下雇员增加工资方面的分配自主权非常小。

第四，单个雇员的工资收入大部分都来源于基本工资，只有很少的部分是与利润和股票绩效等此类风险性因素联系在一起的。

从 20 世纪 90 年代中期开始，IBM 公司采取措施，结合公司的战略规划，实施了战略性的薪酬管理，使薪酬制度在多个方面都发生了根本性的改变。

第一，强调市场驱动性，注重外部竞争性。在 1994—1995 年，公司从以前单一的工资结构（对非销售人员）转变为不同工作类别的差别薪酬结构和绩效预算。

第二，更少的工作岗位，在更宽的等级差别上估计。放弃了原有的计点要素工作估计系统和传统的薪酬等级，用 3 个要素（技能、领导能力需求和工作范围）代替了原来的 10 个要素，薪酬制度中仅剩下不到 1200 种职位和 10 个变动范围更大的薪资等级。

第三，加强对管理者的管理。把薪资决策方面的权力分散到管理人员身上，赋予他们以员工的个人工作绩效支付不同工资的权力。

第四，对利益相关者的高回报。到 1997 年，全世界范围内的 IBM 员工都有 10% 或更多的现金报酬与绩效相挂钩。新系统中只有 3 个绩效评价等级，高绩效等级的员工比低绩效等级员工的奖励高 2.5 倍左右。

第五，裁员与福利改革。像许多其他大公司一样，通过削减雇员数量来达到降低成本的目的。该公司的雇员人数已经从 20 世纪 90 年代初期的 40 多万人下降到了目前的大约 30 万人。公司还废除了家长式福利制度，引导员工培养全新的工资待遇理念，并通过浮动工资计划、认购公司股份和期权计划以及建立在绩效基础上的加薪计划来实现。

（资料来源：根据"IBM 企业文化和战略薪酬管理"（金源网，2008 年 2 月）及相关资料整理编写。）

与传统薪酬管理思路相比，战略性薪酬管理是从企业战略层面制定并实施薪酬管理，更加注重企业管理的系统性和协调性。这一薪酬管理的思路不仅增强了人力资源管理的战略性地位，也相应地建立健全了人力资源开发体系，充实了体系内容，提升了体系效能。

第一节　战略性薪酬管理概述

一、战略性薪酬管理的内涵

战略性薪酬管理是以企业发展战略为依据，根据企业某一阶段的内、外部总体情况，正确选择薪酬策略、系统设计薪酬体系并实施动态管理，使之促进企业战略目标实现的活动。因此，战略性薪酬管理不只是对员工贡献的承认或回报，还是一套把企业愿景、目标和价值观转化为具体行动方案以及支持员工实施这些行动方案的管理流程。

战略性薪酬管理实际上是一种看待薪酬管理这一管理职能的一整套新理念。它的核心是作出一系列的战略性薪酬决策。在通常情况下，企业首先需要作出一系列的根本性决策，即确定企业的战略：我们应该进入并停留在什么行业？我们靠什么赢得并保持在本行业或相关产品市场上的竞争优势？企业的整体人力资源政策应该如何设计？一旦企业的战略确定下来，企业需要接着回答的一个问题是：我们如何才能依靠薪酬决策帮助企业立于不败之地？这些关于如何帮助组织取得并保持竞争优势的相关薪酬决策就是我们所说的战略性薪酬决策。它主要需要回答以下几个方面的问题。

1. 薪酬管理的目标是什么？即薪酬如何支持企业经营战略？当企业面临经营和文化压力时，应该如何调整自己的薪酬战略？

2. 如何达成薪酬的内部一致性？即在本企业内部，如何对不同职位和不同技能或能力的员工支付不同的薪酬？

3. 如何达成外部竞争性？即相对于企业的竞争对手，企业在劳动力市场上的薪酬水平应该如何定位？

4. 如何认可员工的贡献？即基本薪酬调整的依据是什么？是个人或团队的绩效，还是个人的知识、经验增长以及技能的提高？抑或仅仅是生活成本的变化？是否需要根据员工的不同表现及其业绩状况制订不同绩效奖励计划？

5. 如何管理薪酬系统？即对于所有的员工而言,薪酬决策的公开和透明程度应该是怎样的？应该由谁来设计和管理薪酬体系？

6. 如何提高薪酬成本的有效性？即如何有效控制薪酬成本？如何提高薪酬成本的有效性？等等。

二、战略性薪酬管理的作用和意义

1. 对提升企业绩效的作用

(1)降低人工成本。人工成本一般要占企业整体运作成本的 20%～50%,服务行业人工成本的比重更大,甚至可以高达 60%～70%。因此,降低人工成本是增加企业竞争优势的重要来源。对于初创企业和处在困难时期的企业,依靠有效的薪酬管理可减少薪酬开支,对企业的生存与发展至关重要。

(2)吸引和留住人才。一方面,薪酬管理具有吸引与筛选人才的作用,较高的薪酬水平和较新的薪酬形式可以吸引和奖励企业稀缺人才和创新人才;另一方面,薪酬问题一直是员工流失的主要原因,尤其在人才市场竞争激烈的今天,如何建立公平、合理的薪酬激励体系对维系人才是十分关键的。

(3)引导员工行为。一个设计和实施优良的薪酬体系可以传达这样的信息:什么样的员工是企业需要和关注的？什么样的行为是企业认可并给予奖励的？比如,岗位薪酬约束员工的尽职尽责行为,技能薪酬奖励员工学习知识和掌握更多技能的行为,而绩效薪酬则鼓励员工为企业价值增加作出更大的贡献,企业可以根据对员工管理的需要,设计符合战略需求的薪酬体系。

(4)促进劳资和谐。薪酬管理是一把双刃剑,不科学或不公平的薪酬管理往往是劳资争议的焦点,但战略性薪酬管理是建立在合法的劳资关系基础之上的,它不仅有利于缓解劳资冲突,而且可以保证企业的持续发展。

2. 对增强企业竞争优势的作用

(1)价值性。即薪酬管理能否对控制人工成本、吸引和维系人才以及影响员工的态度和行为等有直接和较强的影响。应该说,对上述因素不产生影响或影响较弱的薪酬管理行为,不具有对企业竞争优势的显著价值性。也就是说,尽管工作评价是企业薪酬管理的基础性技术,但对它们的选择和使用无助于促进企业的竞争优势。

(2)难以模仿性。如果一个薪酬决策很容易被模仿,那么所有的企业都可以通过它来获得竞争优势,其优势也就不复存在。因此,为了使薪酬战略具有难以模仿性,必须使得薪酬管理具有企业的专属性特征——它根植于企业内部,内化为员工行为,最终与企业文化融为一体。

(3)有效执行性。战略性薪酬管理的关键不仅在于它的制定是否科学,更重要的是它能否得到贯彻和执行。唯有如此,才能为企业带来竞争优势。在当前的企业薪酬管理领域,从不缺乏有效的战略,缺乏的是战略执行,而薪酬的战略执行性又主要体现在企业全体成员对薪酬战略的理解能力和接受能力上。

3. 对促进企业可持续发展的作用

(1)实施战略性薪酬管理是应对企业外部环境变化的需要。市场需求的变化、竞争对手的变化、资源供应的变化、相关宏观政策的调整，都将引起企业生产经营管理的变化，都将对企业薪酬策略和整体薪酬管理带来重大影响。为此，需要及时调整薪酬管理策略以适应外部环境变化。

（2）实施战略性薪酬管理是适应深化企业改革的需要。企业改革已经进入攻坚阶段，改革是深层次的、根本性的。改革主要强调资源、资产、债务、股权、业务、机构、人员、利益关系八方面的重新组合，其中，利益关系的重组，要与前七个重新组合相匹配。所谓利益关系的重组，就是企业整体分配关系的调整，就是薪酬体系及其他分配制度的重建。

（3）实施战略性薪酬管理是加强科学管理的需要。企业使命和企业愿景决定了企业的发展战略，其中，制度建设对企业发展战略起到了巨大的支撑作用。这些制度主要包括：战略决策管理制度、生产运行管理制度、市场营销管理制度、技术研发管理制度、战略性薪酬管理制度、财务会计管理制度、新型用人管理制度等。在这些制度建设的基础上形成科学的管理体制，其中，战略性薪酬管理是科学管理制度的有机组成部分。

三、战略性薪酬管理的特征

战略性薪酬管理的特征主要体现在以下三个方面。

1.战略性薪酬管理是与企业总体发展战略相匹配的薪酬决策

薪酬战略作为企业总体战略系统的一个子战略，必须与企业总体发展战略的方向、目标相一致，必须体现和反映企业的发展模式与趋势，贯穿并凝聚企业文化和经营理念，反映和体现企业不同发展阶段的特征。它应依据企业总体发展战略来制定，根据企业总体战略来确定薪酬的水平与结构、薪酬的文化理念、薪酬的管理与政策。这样，战略性薪酬管理与企业总体发展战略才能形成一种整体协调、相互促进的互动关系。

2.战略性薪酬管理是一种具有总体性、长期性的薪酬决策与薪酬管理

总体性指的是对整个企业的薪酬从总体上构建一个系统性的决策与管理模式，而不是仅对某个部门、某些人员的薪酬决策与管理。长期性是指这种薪酬决策与管理模式的构建不能仅考虑企业目前的状态，还要考虑企业长远发展的趋势，适应企业长期发展的需要。所以，一个企业的薪酬战略要特别重视两个原则：一是系统性原则，二是动态发展原则。

3.战略性薪酬管理对企业绩效与企业变革具有关键性作用

并非任何薪酬决策都属于薪酬战略，只有那些对企业绩效与企业变革具有重大影响的薪酬决策才属于薪酬战略的内容。战略性薪酬管理对企业绩效与企业发展的关键作用主要体现为：强化对员工的激励，激发员工的积极性与创造力，增强企业的外部竞争力，强化企业的团队精神与凝聚力，提高薪酬成本的有效性。

第二节　薪酬战略的内容与实施

20世纪90年代以来，由于面临企业经营环境的变化，在国际企业界，传统薪酬战略逐渐让位于以全面薪酬战略为核心的新型企业薪酬战略。

一、传统薪酬战略的构成及其特点

在传统薪酬战略下,作为企业薪酬系统三大构成部分的基本薪酬、可变薪酬和间接薪酬分别呈现出不同的特点。

1. 基本薪酬的特点

在传统薪酬战略下,基本薪酬是员工为企业工作所获得的绝大部分报酬,而其决定因素则主要依赖于三个方面:员工所从事的特定工作;在企业内维持员工薪酬公平性的需要;与市场上、行业中或地区内的其他企业相比,支付具有竞争力薪酬的需要。其中特定工作的价值是决定员工薪酬水平的最关键因素,而对工作价值的评价通常是通过计点法等工作评价方法来完成的。在传统薪酬战略下,企业的基本薪酬往往划分成很细的数量较多的等级,以适应员工在企业内部的职位提升和获得加薪的需要。因此,在这种薪酬导向下,员工所关注的主要是职位的提升,而不是技能增长,即使是涉及技能的问题,员工所重视的往往也只是本职位所需技能的增长,而不是范围较宽的技能增长。对于那些我们今天认为非常重要的内在个人能力特征(灵活性、实践判断能力以及与他人合作的能力),企业也不支付报酬。这种薪酬战略所透露出的一个隐含契约就是:"只要踏踏实实干好你的活,我们就会照顾好你的。"

由于在传统薪酬战略下,基本薪酬在员工的总体薪酬收入中占据非常大的比重,所以在最初的基本薪酬确定以后,基本薪酬的增长对于员工来说就显得至关重要。传统上,员工基本薪酬的增长主要取决于晋升、绩效加薪或生活成本加薪。尽管后两种基本薪酬增长的依据是完全不同的,但是在传统薪酬体系中,两者之间的界限却变得越来越模糊。尤其是在企业的薪酬预算水平不高时,绩效加薪的水平可能会仅仅比生活成本加薪高出一点点,这样,绩效奖励的含义就被弱化了,员工会逐渐将绩效加薪也看成是一种像生活成本加薪一样天经地义的权利,而不考虑个人或企业的绩效水平是否达到可以加薪的程度。

2. 可变薪酬的特点

可变薪酬即奖金。在许多传统的美国企业中,除了企业的高层管理人员和销售部门人员有资格获得不确定的奖金或参与年度奖金计划之外,大多数其他员工都只能拿基本薪酬,再加上绩效加薪和生活成本加薪。事实上,这是传统薪酬战略最重要的特征之一。我国在计划经济体制时期基本上废除了奖金制度,改革开放以后,尽管许多企业也实行了浮动工资或者绩效工资计划,但是由于绩效管理难以落实,绩效工资也往往演化成了一种形式。对于员工而言,他们也同样将这种浮动工资或者绩效工资当成是自己的一种既得权利,而不是一种真正的绩效奖励或者是与企业分担风险的一种报酬。

3. 间接薪酬的特点

间接薪酬即福利。从国际上来看,员工福利和额外补贴主要是在第二次世界大战以后发展起来的,起初数量不大,发展也比较缓慢,但是后来已经成为雇主的一个重要成本开支项目,而对员工来说则成为一种重要的价值来源:用于儿童看护、卫生保健、学费报销以及弹性支出账户的成本有相当一部分是由企业承担的。但是,过去存在的一个主要问题是,许多企业在福利上花了不少钱,但是这种支出并未作为薪酬的一个重要组成部分来看待,没有认真研究和分析福利如何为企业的人力资源管理目标乃至企业的战略目标服务,结果导致企业在福利上花钱多,但是所起的效果并不明显。

二、传统薪酬战略所存在的主要问题

进入 20 世纪 90 年代以后,传统薪酬战略的弊端越来越明显,这主要表现在以下几个方面。

1.传统薪酬战略往往将目标界定在"吸引、激励和保留"员工方面,所采取的"战略"通常是支付市场化薪酬工资这种竞争性目标。由于不同的企业在目标以及结构方面存在很大的差异,因此仅仅说薪酬必须能够吸引、保留和激励员工,是无法保证薪酬战略成为企业的经营战略、财务战略以及人力资源管理战略的一种直接延伸的。其结果往往是无法在企业中保持目标的一致性,薪酬系统"自己过自己的日子",或者使薪酬体系成为对竞争对手进行简单拷贝的一种结果。此外,传统薪酬战略下的薪酬系统大多以利润最大化为单一目标,只关注于生产率和市场占有率等一些可量化的指标,这对于处于激烈竞争环境当中、需要达成多元目标的现代企业来说存在很大的局限性。

2.基本薪酬加上绩效加薪的战略对于强调稳定性和一致性的职能组织来说是非常适用的,但是这种将基本薪酬与特定的、单个的职位紧紧联系在一起的做法,对于强调流程和速度的企业来说却不适用。这是因为这种企业所依赖的是要求团队成员共同分享工作角色的跨职能团队,对于这种团队来说,强调单个职位价值的薪酬系统显然是不适用的。

3.20 世纪 90 年代以后的一个重大变化就是企业的组织结构开始从原来的金字塔状职能型结构向扁平型结构转移。而传统薪酬战略的基本薪酬部分所强调的却是保障性和职位的持续晋升,显然,这种薪酬导向是不符合扁平型组织的要求的。这是因为,在扁平型组织中,员工向上垂直流动或晋升的机会是非常有限的,个人和组织的成功也主要取决于绩效和员工的"横向成长"——即新的技能和能力的获得,而不是所谓的保障性。

4.新的竞争环境要求企业不断改善绩效和生产率,改善产品或服务的质量,同时改善员工的工作和生活质量,从而谋取竞争优势。而传统薪酬战略的激励性和灵活性却较差,尽管其中也有绩效加薪的成分,但是加薪的幅度很多时候每年仅仅能够维持在 3%～4% 这种几乎接近生活成本加薪的水平上,所以对员工和组织绩效的影响实际上并不明显。不仅如此,在传统薪酬系统中,除了福利部分之外,其他部分为员工所带来的价值增值是停滞的或者是下降的,这对于追求生活质量的新一代劳动者来说也非常没有吸引力。

三、全面薪酬战略的基本内涵及其主要特征

全面薪酬战略是指企业为达到组织战略目标,奖励为企业作出贡献的个人或团队的系统。它关注的对象主要是有助组织目标实现的行动、态度和成就。它的关键在于设计正确的薪酬计划组合,将传统的薪酬项目和新型的奖励项目结合起来,最大限度地发挥薪酬对企业战略的支持功效。全面薪酬战略摒弃了原有的科层体系和官僚结构,以客户满意度为中心,鼓励创新精神和持续的绩效改进,并对娴熟的专业技能人员提供奖励,从而在员工和企业之间营造出了一种双赢的工作环境。因此,在全面薪酬战略下,传统的薪酬构成要素所扮演的角色和发挥的作用也出现了变化。

1.全面薪酬战略与传统薪酬战略的区别

(1)基本薪酬的变化。在企业支付能力一定的情况下,尽量将基本薪酬水平紧密地与竞争性劳动力市场保持一致,以保证企业能够获得高质量的人才——利用基本工资来强调

那些对企业具有战略重要性的工作和技能。同时,基本薪酬还起着充当可变薪酬的一个平台的作用。

(2)可变薪酬的变化。全面薪酬战略非常强调可变薪酬的运用。这是因为,与基本薪酬相比,可变薪酬更容易通过调整来反映组织目标的变化。在动态环境下,面向较大员工群体实行的可变薪酬能够针对员工和企业所面临的变革和较为复杂的挑战作出灵活的反应,从而不仅能够以一种积极的方式将员工和企业联系在一起,而且为在双方之间建立起伙伴关系提供了便利,同时还能起到鼓励团队合作的效果。此外,可变薪酬一方面能够对员工所达成的有利于企业成功的绩效提供灵活的奖励,另一方面,在企业经营不利时可变薪酬还有利于控制成本开支。事实上,集体可变薪酬、利润分享、一次性奖励以及个人可变薪酬等多种可变薪酬形式的灵活运用,以及由此而产生的激励性和灵活性,恰恰是全面薪酬战略的一个重要特征。

(3)间接薪酬的变化。全面薪酬战略之下的福利计划也是针对企业的绩效并且强调经营目标的实现的,而并非像过去那样单纯地为了追随其他的企业。全面薪酬战略强调为迎接未来的挑战而创新性地使用福利计划,要求企业必须重视对间接薪酬成本进行管理以及实行合理的福利成本分担。企业必须认识到,间接薪酬只是作为全面薪酬管理的核心要素的基本薪酬和可变薪酬的一种补充,而不是其替代者。因此,在全面薪酬战略的引导下,许多企业的收益基准制养老金计划已经被利润分享计划或缴费基准制的养老金计划所代替,原有的许多针对性不强的福利计划也逐渐被弹性福利计划所取代。

2.全面薪酬战略的特征

与传统薪酬战略相比,全面薪酬战略强调的是外部市场敏感性而不是内部一致性;是以绩效为基础的可变薪酬而不是年度定期加薪;是风险分担的伙伴关系而不是既得权利;是弹性的贡献机会而不是工作;是横向的流动而不是垂直的晋升;是就业的能力而不是工作的保障性;是团队的贡献而不是个人的贡献。具体来看,全面薪酬战略具有以下几个方面的特性。

(1)战略性。全面薪酬管理的关键就在于根据企业的经营战略和企业文化制定全方位的薪酬战略,它着眼于可能影响企业绩效的薪酬的方方面面,它要求运用所有各种可能的"弹药"——基本薪酬、可变薪酬、间接薪酬——来达到适当的绩效目标,从而力图最大限度地发挥薪酬对于企业战略的支持功效。

(2)激励性。全面薪酬管理关注企业的经营,是组织价值观、绩效期望以及绩效标准的一种良好传播者,它会对与企业目标保持一致的结果和行为给予报酬(重点是只让那些绩效足以让企业满意以及绩效优异的人得到经济回报,对于绩效不足者,则会诱导他们离开企业)。实际上,关注绩效而不是等级秩序是全面薪酬战略的一个至关重要的特征。

(3)灵活性。全面薪酬战略认为,并不存在适用于所有企业的所谓最佳薪酬方案,甚至也不存在对于一家企业来说总是有效的薪酬计划。因此,企业应当能够根据不同的要求设计出不同的薪酬应对方案,以充分满足企业对灵活性的要求,从而帮助企业更加适应不断变化的环境和客户的需求。

(4)创新性。与旧有薪酬制度类似,全面薪酬管理也沿袭了譬如收益分享这样一些传统的管理举措;但在具体使用时,管理者却采取了不同于以往的方式,以使其应用于不同的环境,并因时因地加以改进,从而使它们更好地支持企业的战略和各项管理措施。全面薪酬战略非常强调的一点是,薪酬制度的设计必须取决于企业的战略和目标,充分发挥其良好的导向作用,而不能是机械地照搬原有的一些做法,或者是简单地拷贝其他企业的薪酬计划。

(5)沟通性。全面薪酬战略强调通过薪酬系统将企业的价值观、使命、战略、规划以及企业的未来前景传递给员工,界定好员工在上述每一种要素中将要扮演的角色,从而实现企业和员工之间的价值观共享和目标认同。此外,全面薪酬战略非常重视制定和实施全面薪酬管理战略的过程,这是因为它把制订计划的过程本身看成是一种沟通的过程,企业必须通过这样一个过程使员工能够理解,企业为什么要在薪酬领域采取某些特定的行动。

四、基于不同企业战略的薪酬管理

在不考虑具体职能战略的情况下,企业战略通常可以分为两个层次:一是企业的发展战略或公司战略,二是企业的经营战略或竞争战略。当企业采取不同的战略时,企业的薪酬水平和薪酬结构也必然会存在差异。

1.适用于企业不同发展战略下的薪酬管理

(1)成长战略。成长战略是一种关注市场开发、产品开发、创新等内容的战略,可以分为内部成长战略和外部成长战略。对于追求成长战略的企业来说,其薪酬管理的指导思想就应是企业与员工共担风险,共享收益。企业的薪酬方案是在短期内提供相对低的基本薪酬,而从长期来讲,企业将实行奖金或股票选择权等计划,使员工得到较为优厚的回报。因为企业更强调创新、风险承担以及新市场的开发等。同时,由于企业的扩张导致员工所从事的工作岗位本身在不断变化,因此,薪酬系统对员工的技能比对他们所从事的具体职位更为关注。

(2)稳定战略或集中战略。稳定战略是一种强调市场份额或者运营成本的战略。采用稳定战略的企业一般处于比较稳定的环境。从人力资源管理的角度来讲,就是要稳定现有的掌握相关工作技能的员工。因此在薪酬管理方面,薪酬决策的集中度比较高,薪酬的确定基础主要是员工从事的职位本身,在薪酬结构上基本薪酬和福利所占的比重较大,从薪酬水平来说,一般采取市场跟随或略高于市场水平的薪酬,但长期不会有太大的增长。

(3)收缩战略或精简战略。采取这种战略的企业一般都面临困境,其薪酬管理的指导思想主要是将企业的经营业绩与员工收入挂钩。因此在薪酬结构上基本薪酬所占的比例相对较低,一些企业还试图实行员工股份所有权计划,以鼓励员工共担风险。

2.适用于不同竞争战略下的薪酬管理

(1)创新战略。创新战略是以产品创新及缩短产品生命周期为导向的。采取这种战略的企业强调的是产品市场上的领袖地位及客户满意度。因此,与此相对的薪酬体系非常注重对产品创新、技术创新和新的生产方法给予足够的报酬或奖励,其基本薪酬以劳动力市场的通行水平为准且略高于市场水平。

(2)成本领先战略。即成本最低战略,是指在产品本身的质量大体相同的情况下,以低于竞争对手的价格向客户提供产品。采取这一战略的企业往往追求的是效率最大化、成本最小化。在薪酬水平方面以竞争对手的薪酬为准,在薪酬结构方面奖金部分所占的比例相对较大。

(3)客户中心战略。一种以提高客户服务质量、服务效率等来赢得竞争优势的战略。

采取这一战略的企业强调的是客户满意度。因此，相对应的薪酬体系往往会根据员工向客户所提供服务的数量和质量来支付薪酬，或者根据客户对员工或员工群体所提供服务的评价来支付奖金。

3. 全面薪酬战略

全面薪酬战略是一种摒弃了原有的科层体系和官僚结构，以客户满意度为中心，鼓励创新精神和可持续的绩效改进，并对娴熟的专业技能提供奖励，从而在员工和企业之间营造出一种双赢的工作环境的薪酬战略。与传统薪酬管理相比，全面薪酬战略更强调战略性、激励性、灵活性、创新性和沟通性。

建立全面薪酬战略主要可以分为四个步骤：一是评价薪酬的含义，即在全面了解企业自身所处的内、外部环境的基础上确定企业战略；二是制定与企业战略相匹配的薪酬决策，包括薪酬体系、薪酬水平、薪酬结构、薪酬管理过程等方面的决策；三是执行战略性薪酬决策，通过设计薪酬制度将决策转化为行动；四是对薪酬系统的匹配性进行再评价，管理者必须根据企业经营环境和企业战略不断对薪酬系统进行重新评价并加以适时更新。

五、战略性薪酬的设计步骤

一般而言，战略性薪酬体系设计要经过以下几个步骤。

1. 寻找企业发展战略瓶颈

不同的行业，不同的企业，不同的发展阶段，不同的市场环境，企业发展的战略瓶颈是不同的。战略性薪酬设计的第一步就是要找到企业发展的战略瓶颈之所在。发现企业的战略瓶颈有许多方法，成功关键因素分析法和标杆分析法是其中十分得力的分析方法。

关键成功因素指的是对企业成功起关键作用的因素。关键成功因素法就是通过分析找出使得企业成功的关键因素，然后再围绕这些关键因素来确定系统的需求，并进行规划。每一个行业都有不同的成功关键因素（一般而言，对于高科技行业而言，研发能力、营销能力等是其成功的关键因素；而对于制造业而言，成本控制技术、供应链管理能力等是其成功的关键因素），如果行业中的某企业在成功的关键因素上有缺陷时，该缺陷往往构成该企业的发展战略瓶颈。

标杆分析法是目前应用较多的一种衡量企业运营状况的方法。它通过与行业中运营最好、最有效率的企业进行比较，从而获得需要改进的信息。

2. 分析相应的人力资源瓶颈

当找到公司发展战略瓶颈后，就要分析该战略瓶颈部门存在的人力资源瓶颈。战略瓶颈部门存在的人力资源瓶颈通常表现为数量不足、质量不高、配置不当、缺乏激励等各种现象中的一种或几种的组合。

3. 制定相应的战略性薪酬体系

企业的发展瓶颈有时会表现为一个或几个部门，有时则会表现为一个或几个部门的部分岗位。比如，某公司营销部门虽然不是公司的战略瓶颈部门，但营销部门中的渠道管理人员仍然十分稀缺，属瓶颈之一，可以称这些岗位所需要的人力资源为核心人力资源。

战略性薪酬设计的要点在于，薪酬要向企业的瓶颈部门和核心人力资源倾斜，企业可以为其战略性人力资源建立"薪酬特区"，以便吸纳、滞留与激励战略性人力资源，进而为突破企业发展战略瓶颈提供人才保障。

4. 动态分析企业发展瓶颈及其带来的人力资源瓶颈,并前瞻性地制定战略性薪酬政策

应该说,上面提到的三个步骤已经构成了一个相对完整的战略性薪酬的实施过程,但以一种动态的眼光来看,企业面临的市场环境复杂多变,企业内部组织也在不断调整之中,因此企业的战略瓶颈也是不断变化的。因此,意图获得持续竞争优势的企业,必须前瞻性地分析企业的战略瓶颈及其人力资源瓶颈,并制定具有前瞻性的战略性薪酬政策。

六、战略性薪酬的设计原则

实践证明,战略性薪酬在吸纳、滞留和激励企业战略性人力资源方面具有突出的功效,能够很好地为实现企业的发展战略服务;但它却是一把"双刃剑",如果运用不当,会带来极大的负面影响。因此,在实施战略性薪酬体系的时候,企业应基于以下几项原则。

1. 必须保持战略性薪酬体系设计的动态性

企业战略管理本质上就是一种动态管理,因而为企业战略服务的战略性薪酬必然具有动态性。可取的方式之一是,结合企业生命周期来设计战略性薪酬体系。企业就像生命体一样,也要经过出生、成长、成熟、衰退直至死亡或转型等不同阶段。处于生命周期不同阶段的企业具有不同的发展战略瓶颈与核心人力资源,因此需要不同的薪酬系统来适应其战略条件。

2. 审慎处理由战略性薪酬带来的较大薪酬差距问题

实行战略性薪酬体系所带来的必然结果之一就是薪酬差距拉大,有可能损害企业内部薪酬的公平性。众所周知,公平原则也是薪酬设计必须遵循的原则之一。一个企业内部如果薪酬差距过大,虽然可能激励了享受高薪的群体,但容易在企业内部造成对立局面,大大打击其他群体的工作积极性,进而影响企业的整体团结与士气,最终造成企业生产率下降和管理混乱。

如何避免由实施战略性薪酬带来的薪酬差距拉大问题呢?可取的对策之一是,对战略性薪酬体系中的薪酬倾斜进行"隐性"处理,以补偿原则来替代性地作为薪酬倾斜的理论依据——战略瓶颈部门的员工和核心人力资源要有更长的工作时间,更大的工作强度,更高的工作压力,因此他们应该享有较高的薪酬补偿。隐性处理薪酬倾斜和内部公平之间的矛盾,显得更为理性,而且实施起来阻力也较小。

3. 合理选择战略性薪酬体系的调整时机

企业发展战略的特性之一是对企业发展的把握具有前瞻性。这客观上要求战略性薪酬体系的调整亦具有前瞻性,即薪酬不仅向当前对企业发展具有决定性作用的部门和人力资源倾斜,同时也须前瞻性地向即将成为企业发展瓶颈的部门和核心人力资源倾斜。

通过这样一种平滑的过渡,一方面可以使战略性薪酬的调整具有缓冲性,不至于明显打破企业内部的薪酬平衡;另一方面可以向员工和应聘人员显示有关该前瞻性瓶颈部门和关键岗位之重要性的信息,从而提高该部门和岗位的吸引力。

本章小结

传统薪酬管理的内涵和制定方式已经无法适应时代环境对企业可持续发展提出的新要求,因此本章引入战略性薪酬管理的思想,将企业战略与薪酬管理紧密结合,根据企业发

展的不同阶段、不同经营模式的需求来制定企业薪酬管理的策略和方法,增强了企业薪酬管理对企业经营绩效的贡献度。具体来说,本章从战略性薪酬管理的内涵、特征、作用三个方面界定了什么是战略性薪酬管理;从传统薪酬战略与全面薪酬管理的对比分析中说明战略性薪酬管理的必要性和现实性;从全面薪酬战略的基本内涵及特征、基于不同企业战略的薪酬管理、战略性薪酬的设计步骤、战略性薪酬的设计原则四个方面详细介绍了战略性薪酬管理的具体内容。

思考题

1. 什么是战略性薪酬管理?
2. 比较传统薪酬战略与现代薪酬战略特点的异同。
3. 阐述不同企业战略引导下的薪酬战略的内容。
4. 简述制定战略性薪酬管理的步骤。

案例分析

康贝思公司成长之痛

康贝思公司是一家在20世纪90年代中期创办成立的集研发、生产和销售为一体的民营家电企业,主要产品为燃气用具、厨房电器、家用电器等家电产品。自成立以来,公司抓住市场机遇,以高科技为先导,高起点、高标准引进吸收国内外先进的燃具生产技术和工艺,严格按照质量标准组织生产,通过建立自有营销渠道网络进行产品销售。经过10余年的发展,公司现有员工1000多人,总资产8亿元,净资产3亿元,年销售额达到10多亿元。

近年来,由于燃具行业竞争的不断加剧、技术的快速更新、政府法规的严格管制,以及不断变化的、多样性的客户需求等因素,康贝思公司所处的经营环境发生了巨大变化。因此,企业进行了公司远景规划——不断追求创新的方法来改进所提供产品和服务的质量;不断优化和培植公司的员工队伍,伴随公司的发展不断成长;在公司的员工、供应商和客户之间体现一种团队精神,以使公司在竞争中处于优势;以公司的产品和服务,使公司的客户享受美好生活。基于公司远景,重新制定了公司战略——以颇具竞争性的价格,为公司的客户提供最优的产品和服务;超越同比市场增长,在5年内使公司市场份额进入行业前三名,以使公司股东和员工获得合理回报;在公司内建立系统运营管理平台和塑造团队协作精神,为公司可持续发展奠定坚实基础。但最近一年多以来,公司出现产品开发跟不上消费者需求变化和开发周期过长、向客户提供产品不及时、生产成本与竞争对手相比居高不下、销售业绩停滞不前等现象。为了应对新环境对公司产生的影响,康贝思公司和当前大多数企业一样,也进行了业务重组、流程优化、组织精简等变革措施,以期提升企业的经营业绩。然而,迄今为止,令人遗憾的是公司付出的这些努力都没有取得预期的效果。

最近,公司在内部进行了一次员工民意调查,调查结果清晰地反映出几个主要问题:除了高层管理者外,员工大多不清楚公司的远景和战略,更不知公司如何有效实施战略,也不知公司战略和自己有什么关系;公司在实施变革后,员工工作责任发生变化,但薪酬还是老样子;员工薪酬的升降只与职务的等级有关;员工的薪酬获取虽说以绩效考核确定,但绩效考核既没有显示与公司战略的连接又缺乏相应的客观标准,基本上全由上级说了算等。虽然调查结果不能令管理层满意,可管理层看到了问题所在,这有利于他们采取有针对性的措施来改变现状。

（根据刘大东的"基于企业战略的薪酬体系设计实例"（中国人力资源开发网,2005 年 12 月）改编。）

讨论题：

1. 为什么该公司的薪酬管理没有发挥预期的作用？

2. 如何做好以企业战略为导向的薪酬管理？

第三章　基本薪酬体系

📖 学习目标

1. 了解国内外薪酬体系的演变；
2. 掌握职位薪酬体系的内涵及特点；
3. 掌握职位薪酬体系的实施条件；
4. 掌握职位薪酬体系的设计流程。
5. 了解基于任职者的薪酬体系产生的背景；
6. 掌握技能和能力薪酬体系的内涵及特点；
7. 熟悉能力的概念；
8. 掌握技能和能力薪酬体系实施所需的条件；
9. 熟悉技能和能力薪酬体系各自的优缺点；
10. 掌握技能和能力薪酬体系的设计流程。

🔍 案例导入

管理独木桥

小王大学毕业已经几年了，所学专业是会计。毕业后小王进入了一家颇有名气的国有企业，收入也不错，同学们都认为他找到了一个好工作。在进入企业的最初几年，小王也这么认为，因为在这里工作不仅收入高，而且财务经理对他很器重，经常分配给他一些具有挑战性的工作。

刚开始时小王做得非常卖力，渐渐地他的干劲就不高了，因为他发现虽然自己的收入不错，但是部门同事的收入水平也都差不多，一些在公司时间长的同事虽然专业水平一般，但是收入却在他之上。小王发现除非做管理工作，比如晋升到部门主管或经理之类的职位，否则提高收入水平几乎不可能。但是，自己所在部门管理职位有限，没有空缺，自己怎么能升职呢？

除了管理这条路，看来提高收入的机会微乎其微，况且想走管理独木桥的还不止他一个！小王开始为自己的前途担忧。

（案例来源：刘爱军. 薪酬管理：理论与实务. 北京：机械工业出版社，2008.）

问题：

1. 这家企业的薪酬体系的基础是什么？
2. 分组讨论如何解决小王的难题。

　　不管在何种组织中,基本薪酬都是组织薪酬体系中最基础的组成部分,它不仅反映了薪酬与组织之间的联系,而且是可变薪酬甚至是部分福利项目的给付基础。因此,基本薪酬在整个薪酬体系中居于十分重要的地位。

　　一般而言,组织主要可以从职位、技能、能力三种要素中选择一种作为确定其薪酬体系中基本薪酬的支付依据,即在实践中形成了职位薪酬体系(基于职位价值确定基本薪酬)、技能薪酬体系(基于员工所拥有的技能价值确定基本薪酬)以及能力薪酬体系(基于员工所具备的能力价值确定基本薪酬)。下面分三节对其进行阐述和分析。

第一节　薪酬体系的演变

　　现代薪酬观念认为,薪酬本质上是对员工为企业所创造价值的回报,同时还兼有满足员工内在需求、激励员工工作积极性、传递组织价值观等功能。薪酬体系设计的目标是在参照外部劳动力市场价格的基础上,根据员工对企业的价值和贡献进行薪酬分配。员工对企业的价值和贡献可以归结为员工的业绩,而业绩的形成又离不开员工的知识、能力、技能及所处的职位。因此薪酬的决定要素主要有四个:职位、业绩、技能和能力,对薪酬决定要素的不同组合就形成了不同的薪酬体系。当今比较通行的薪酬体系有四种:以职位为基础的薪酬体系、以技能为基础的薪酬体系、以能力为基础的薪酬体系和以绩效为基础的薪酬体系。在这些薪酬体系中,职位薪酬体系在过去几十年中被企业广泛采用,已成为成熟的薪酬模式。而基于技能/能力的薪酬体系是企业近年来为适应知识经济的特点而产生的新兴的薪酬模式。

一、国外薪酬体系的演变

　　薪酬体系的设计一直是企业管理,特别是人力资源管理的重要内容。薪酬体系的相关理论随着企业薪酬管理实践的发展而不断发展。从工业革命对早期工厂制度带来冲击开始,到今天知识经济引发的管理变革,薪酬理论和实践经历了一个演变的过程。对薪酬管理理论的发展脉络进行分析,理解其演变的逻辑过程,对企业薪酬管理具有十分重要的意义。

　　从工业革命时期到 20 世纪中期,管理者逐渐认识到薪酬的重要作用,在企业管理中越来越重视薪酬体系的设计,再加上职位分析、工作设计、职位评价、绩效考核等技术逐步成熟,企业逐步建立起了成熟完善的职位薪酬体系。

　　第二次世界大战后,科学技术飞速发展使企业外部环境的不确定性增强和变化加快,传统上严格、细致的职位薪酬体系已经不太适应现代企业组织结构扁平化、团队工作方式等一系列全面、深化的变革。这时,以任职者的技能、能力为基础的付酬方式和以绩效为基础的付酬方式在企业中逐步确立并流行起来。

　　从薪酬体系演变的过程来看,由于商业环境和工作性质的变化,包括员工关系、技术、企业战略、组织结构、工作设计等,薪酬体系发生了一系列的变化。传统的薪酬体系根据职位价值确定报酬。随着职位从以个体为主、以工作为基础的工作性质向更加灵活的团队取向的工作环境转化,企业开始寻找新的合适的薪酬体系。因此,结果或能力导向、团队水平的新薪酬体系逐渐受人欢迎。下面介绍几种目前常用的薪酬体系。

1. 职位薪酬体系

以职位为基础的薪酬体系主要依据职位在企业内的相对价值为员工付酬,职位的相对价值高,其薪资等级也高,反之亦然。在这种薪酬体系下,员工薪资的增长主要依靠职位的调整。实施这种薪酬体系要求员工的工作范围和内容比较固定,从而能够对职位价值进行准确的评价。采用这种薪酬体系的企业组织结构通常为金字塔形,越到上级人员越少,但职位价值越大,薪酬也越高。职位薪酬体系传递了职位价值贡献大小决定薪酬高低的价值取向,同时相对于其他薪酬体系它还具有操作简便的优点,目前大多数企业都普遍采用这种薪酬体系;但也有一定的局限性,由于严格的职等职级,并对应严格的薪酬等级,容易形成管理独木桥,员工晋升的机会较小、成长的通道较窄,影响了员工工作的积极性、主动性和创造性。虽然传统的职位薪酬体系有诸多弊端,但许多企业根据自身特点对职位薪酬制度加以改进,具有很强的实用性。目前职位薪酬体系仍然在企业薪酬体系中占有很重要的地位。

2. 技能薪酬体系

技能薪酬体系是指组织根据员工掌握的与工作有关的技能、知识支付基本薪酬的薪酬制度。这种薪酬制度通常适用于从事比较具体且易界定的工作的操作人员、技术人员、管理人员等。在这种薪酬体系下,组织更多的是依据员工所拥有的工作相关技能而不是其承担的具体工作体系职位的价值来对他们支付薪酬,并且员工的薪酬上涨取决于员工个人所掌握的技能水平的上升或者是已有技能的改善。技能薪酬体系对管理要求比较高,短期内会带来成本上升,企业要做好应对因薪酬成本上升所带来的负面影响的准备。20 世纪 90 年代以来,技能薪酬计划已经成为一种重要的薪酬决定方式,它应用的范围也由蓝领工人扩展到白领和专业技术人士,应用的行业也从传统的制造业扩展到通信、销售、银行、保险等服务业公司。

3. 能力薪酬体系

相比技能薪酬体系,能力薪酬体系是近年来新兴的尚未完全成熟的薪酬体系。在能力薪酬体系中,决定薪酬的因素是实现高绩效所需的绩效行为能力(competency)。它不仅包括知识和技能,还包括行为方式、个性特征、动机等因素。这些对实现高绩效至关重要的能力构成了薪酬支付的基础。能力薪酬体系强调依据员工具有的工作能力来确定员工的报酬。由于能力薪酬摒弃了职位晋升与薪酬高低的关系,在价值取向上主要倡导提升个人能力;与传统薪酬体系相比,能力薪酬体系更有利于实现组织的目标,对于逐步转向扁平化、团队化以及因环境的复杂多变而使得工作不再稳定的企业或组织更合适。基于这点,目前一些欧美企业开始大力发展能力薪酬模式。但也有一些局限性,其最主要的局限性在于它在操作上有一定的技术难度,它要求企业必须建立一个具有操作性的员工能力评价体系。同时如果稍有操作不慎就会陷入等级薪酬模式的论资排辈;如果控制不好,企业的薪酬成本也会越来越高。

4. 绩效薪酬体系

基于职位、技能、能力的薪酬体系容易陷入只考虑职位、技能、能力对于企业的静态价值,而忽略了员工实际工作绩效对企业的动态价值。为了把薪酬与绩效联系起来,鼓励员工更加努力地工作,出现了绩效薪酬体系。在这一体系中,薪酬由员工的工作业绩来决定。业绩是一个综合的概念,比产品的数量和质量内涵更为宽泛,它不仅包括产品数量和质量,还包括员工对企业的其他贡献。绩效薪酬体系关注的焦点主要是工作的产出,整个组织的注意力主要放在对员工实现绩效的奖励上,并希望能以此鼓励高效员工继续保持高绩效水平,激励低水平的员工更加努力或促使其离开公司。绩效目标及衡量标准的确定是实施以绩效为基础的薪酬体系的关键环节。绩效薪酬体系的特点是:有利于将激励机制融于企业目标和个人业绩的联系之中,有利于薪酬向业绩优秀者倾斜,提高企业效率和节省人工成本;但也有一些局限性,主要的就是对绩效指标的量化操作上难度较大,在追求短期绩效的同时会助长员工短期行为,而损害了长远利益,有时甚至在追求个人绩效时牺牲团队利益。根据支付基础的不同,绩效薪酬可分为组织奖励、团队奖励和个人奖励三种。

二、国内薪酬体系的演变

在我国,"工资"是薪酬的最重要部分。国有企业在整个社会经济中占有很大比重,因此我国薪酬体系的演变过程在很大程度上就是国有企业工资体系的改革过程。在计划经济体制下,我国的工资分配体系和分配方式主要是通过立法和行政手段来确定的。从 1956 年起,形成了集权型的工资体制,国家制定统一的工资制度、工资标准、晋升条件和工资形式,工资形式主要采用等级工资制。党的十一届三中全会以后,恢复了计件工资和奖金制度,企业的奖金按工资总额的一定比例提取。从 1985 年开始,国家对工资制度实行结构性改革,主要目标是建立正常的工资升级制度,理顺工资关系。20 世纪 90 年代初,部分企业开始对传统的等级工资制进行了改革,探索实行了新的基本工资制度——岗位技能工资制。自 2000 年始,随着现代企业制度逐步建立,国有企业开始实行以岗定薪、岗变薪变的岗位工资制。至此国有企业内部工资分配制度由岗位技能工资制向岗位工资制转变。随着市场经济的发展和对西方薪酬理论的逐步认知与实践,我国企业加快了薪酬改革的步伐。特别是进入 21 世纪,各种形式的薪酬方案不断出台,推动企业薪酬管理逐步与国际接轨。

目前国有企业常用的薪酬制度包括:岗位工资制度、结构工资制度、岗位技能工资制度、岗位绩效薪酬制度等。

岗位工资制度:岗位工资是企业按照工作岗位的技术复杂性、劳动繁重性和责任大小规定的职工工资标准。这一制度要求每个岗位都要有明确的职责范围和技术要求,比较适合于机械、电子、化工等流水线作业岗位。

结构工资制度:根据工资的各种职能,将员工工资划分为几部分,分别确定劳动报酬的一种工资制度,这一工资制度带有比较强的计划经济特点。

岗位技能工资制度:企业采用以"投入"(包括知识、技能和能力)为衡量依据的工资制度,鼓励员工自觉掌握新的工作技能和知识,提高适应能力。该模式下工资由四个单元组成:基本生产工资、劳动技能工资、超额劳动工资和各种津贴。20 世纪 80 年代末、90 年代初大部分国企均采用这种工资模式。

岗位绩效薪酬制度:薪资按既定的个人或组织标准进行衡量,并随绩效的变动而变动。企业采用个人绩效与团队绩效、长期激励与短期激励紧密挂钩的灵活的薪酬制度,薪酬与绩效紧密结合。岗薪制是目前国企薪酬制度改革的方向,其含义是按照员工所在工作岗位的不同,并根据员工完成规定的岗位职责情况,通过绩效考核后支付劳动报酬的一种分配制度。

综观整个企业薪酬理论的发展和国内外薪酬体系的实践,企业无论采用何种薪酬体系,只有根据自身特点建立合理的薪酬结构,才能较好地发挥薪酬激励作用。

第二节　职位薪酬体系

一、职位薪酬体系的内涵

1.职位薪酬体系的概念

职位薪酬体系是一种成熟、稳定、运用广泛的基本薪酬制度,是根据职位内容和职位价值来决定职位薪酬水平的基本薪酬决定制度。具体而言,首先根据员工所处职位的工作难易程度、技术复杂程度、责任大小、劳动繁重程度等条件,对职位本身价值作出客观评价,然后再根据这种评价的结果来赋予承担这一职位工作的员工与该职位的价值相当的薪酬。

2.特点

职位薪酬体系是一种传统的确定员工基本薪酬的制度。它最大的特点是员工担任什么样的职位就得到什么样的薪酬。只考虑职位本身的因素,很少考虑人的因素,即不论个人的技术或能力差别有多大,只要从事的是同样职位的工作,就能获得与工作内容相对等的报酬,是真正的"对事不对人"的付酬方式,或者说实现了真正意义上的同工同酬。由于其付酬依据是员工所处职位在企业中的相对价值,因此,这种薪酬体系在建立之前必须进行职位评价。

3.优缺点

与技能、能力薪酬体系相比,作为一种传统的基本薪酬决定制度,职位薪酬体系具有自身独特的优缺点。

职位薪酬体系具有如下优点。

(1)分配相对公平。职位薪酬体系主要建立在严格的职位价值评价的基础上,基本反映了职位之间的相对价值,实现了内部公平;同时,在确定企业薪酬水平时,一般情况下会参考同行业、同区域的市场薪酬水平,基本能够做到外部公平。

(2)直观易懂、操作简便。按照职位系列进行薪酬管理,操作比较简单,透明直观,员工容易理解。因此,设计、推行薪酬体系都比较方便,同时管理的成本也比较低。

(3)薪酬与工作目标结合紧密。职位薪酬体系主要考虑的因素是职位内容和职位价值,而职位内容与工作目标又紧密相连,因此,该体系与工作目标结合比较紧密。

(4)职位结构和薪酬水平具有较强的逻辑关联。在薪酬水平整体调整、职位设置等发生变化时,很容易对已有的薪酬体系进行修改。

但是,职位薪酬体系也存在一些缺点。

(1)没有反映出同一工作上不同员工能力及劳动效果的差异,激励作用有限。职位薪酬体现的是某个职位在企业中的重要程度和相对价值，并不关心员工是否创造了价值，也不区别对待员工的不同业绩；只是将薪酬与工作内容相连，并非将薪酬与实际绩效相连。因此，以职位价值为基础确定薪酬，必须配合严格的绩效考核体系。

（2）不承认超出职位需要的个人能力或跨职位的其他技能，因而不利于充分发挥能力强的员工的积极性，不利于员工的能力发展与职业发展，也不利于及时反映多变的外部经营环境对工作的新要求。

（3）由于薪酬与职位直接挂钩，而高层职位又相对有限，因此当员工晋升无望时，他的基本薪酬会在相当长时间内保持原来的水平；员工获得较大幅度加薪的机会很少，其工作积极性会受挫，甚至会出现消极怠工或者离职的现象。

（4）对职位评价的合理性、公正性和准确性的要求很高。而这恰恰是职位薪酬体系成功与否的难点和关键所在。通常，员工对于这种薪酬模式的质疑大多集中在职位评价上，因为职位价值直接决定了该职位上员工可获得的薪酬水平，而职位评价本身在确定评价因素、各因素权重以及评定各种薪酬要素的级别上都不可避免地带有某种程度的主观性，这样就使评价缺乏完全客观和公正的结果。同时职位评价是专业性、技术性很强的工作，没有专家参与、资源投入是很难成功的。

二、职位薪酬体系的实施条件

为了更好地发挥职位薪酬体系的功效，必须更多地利用这种制度的优点并克服其缺点。因此，分析职位薪酬体系的实施条件是非常有必要的。为了更好地发挥职位薪酬体系的作用，企业在实施职位薪酬体系之前，要做到以下几个方面。

1. 职位的内容已经明确化、规范化和标准化

职位薪酬体系要求纳入本系统中的职位本身必须是明确的、具体的。因此，企业必须保证各项工作有明确的专业知识要求，有明确的责任，同时这些职位所面临的工作难点也是具体的、可以描述的。换言之，必须具备工作分析和评价的基本条件。

2. 职位的内容基本稳定，在短期内不会有很大变动

职位薪酬体系以各职位的工作内容为基础来确定职位等级。因此，只有当职位的内容保持基本稳定时，企业才能使工作的序列关系有明显的界限，不至于因为职位内容的频繁变动而使职位薪酬体系的相对稳定性和连续性受到破坏。

3. 企业具有按个人能力安排职位的机制

由于职位薪酬体系是根据职位本身的价值向员工支付报酬，因此，如果员工本人的能力与所担任职位的能力要求不相匹配，其结果必然会导致不公平的现象发生。故而企业必须能够保证按照员工个人的能力来安排适当的职位，既不能存在能力不足者担任高等级职位的现象，也不能出现能力较强者担任低等级职位的情况。当个人能力发生变动时，他们的职位也应随之发生变动。

4. 企业中存在相对较多的级别

在实施职位薪酬体系的企业中，职位的级数应该相当地多，从而保证企业能够为员工提供一个随着个人能力的提升从低级职位向高级职位晋升的机会。如果职位等级很少，大批员工上升到一定职位之后就无法继续晋升，其结果必然是阻塞员工的薪酬提升通道，加剧员工的晋升竞争，挫伤员工的工作积极性以及进一步提高技能和能力的动机。

5.企业的薪酬水平必须足够高

即使是处于最低职位级别的员工也必须能够依靠其薪酬来满足基本的生活需要。如果企业的总体薪酬水平不够高，职位级别又很多，则处于职位序列最底层的员工所得到的报酬就会非常少，无法获得最低生活保障。

三、职位薪酬体系的设计流程

职位薪酬体系是以员工所承担的职位价值来确定其基本薪酬的。因此，要建立职位薪酬体系必须首先进行职位分析和职位评价，其设计主要包括以下步骤。

1.开展职位分析

结合企业经营目标，在业务分析和人员分析的基础上，明确部门职能和职位关系，搜集企业内各职位的相关信息，进行职位分析并形成完整、清晰的职位说明书。职位说明书提供了相关的职位描述和任职资格的信息与说明，为职位评价奠定了基础。

2.进行职位评价

实行职位薪酬体系主要应解决好两方面的问题，即职位的正确评价与职位薪酬额的确定。对于以职位作为基本薪酬确定基准的薪酬体系来说，其核心工作是对职位本身的价值及其对组织贡献度的大小进行评价。这实际上是解决内部公平性或一致性问题，然后再根据这种评价以及外部劳动力市场的薪酬状况来确定应当对不同的职位支付的薪酬水平高低。而能够帮助企业确定不同职位在企业中的重要性高低或价值大小的技术就是职位评价。职位评价的主要目的就在于衡量企业内部每一项工作的价值，并建立各项工作价值间的相对关系。这也是职位薪酬体系设计的核心工作。

职位评价与职位分析之间有着密切的联系。职位分析得到的信息是进行职位评价的重要基础。在职位分析中，通过对职位的系统研究得到的职位说明书，包括职位描述与任职资格，这些有关职位的充分信息使我们能够对工作的复杂性、难度、责任和价值作出适当的评价，从而确定这些职位之间的相对价值。同时，识别、确定和权衡对各种职位应该给予补偿的因素。

由于工作性质的不同，职位不仅有等级之分，也有类别之分；不仅有纵向的比较，也有横向的比较。所以，职位评价不仅要考虑通常所说的不同职位等级之间的纵向公平性或纵向一致性，也要注意同一职位等级内部的横向公平性或横向一致性，尤其是将职位评价与薪酬联系起来以后，可能在两个方面都会产生公平问题。另外，部门因素也会影响到职位的相对价值评估。

3.建立职位结构

根据职位评价结果建立的职位结构体系，是保证薪酬内部公平性的重要环节，是建立薪酬结构的基础。职位评价的结果是要得到一个职位等级，即从企业中具有最高价值的职位到最低价值的职位的一个等级序列。虽然从理论上讲，每一职位根据其相对价值都可对应于一个工资值，但一职一薪过于繁琐且增大管理难度，况且，还可能有一些非典型职位并未参加职位评价。因而常常把职位价值相近的多种类型职位归并组合，形成职位等级，然后通过价值排序，形成职位等级序列或职位结构体系。

可见，在建立职位结构时，要确定职位等级的数量、级差、等级内部的变动范围等。其中，等级数量的多少与企业中的职位数量以及职位之间的差异大小有关，而等级级差和等

薪酬管理

级内浮动范围与等级数量也有关系。一般而言,职位等级的数量越少,等级级差和等级内浮动范围越大;职位等级越高,等级间的等级级差和等级内浮动范围越大。

4.进行薪酬调查

虽然职位评价为实现薪酬体系的内部公平性打下了良好的基础,但还要进行薪酬调查,以确保企业的薪酬水平在劳动力市场上具有外部公平性或竞争性。通过薪酬调查,可以建立起市场薪酬曲线,即在目前的劳动力市场上,企业中各职位应得到的薪酬标准。这样,企业就可以参照本地区或本行业其他企业(尤其是存在人力资源竞争关系的企业)的薪酬水平制定和调整本企业的薪酬水平。

5.选择薪酬定位策略

在分析市场或同行业的薪酬数据后,需要做的是根据企业的财力状况及战略需要选择不同的薪酬水平定位策略,如领先、跟随、滞后或是混合策略。这一过程通常是与下面7中所讲的薪酬结构设计同步进行的。

6.拟合薪酬曲线

为了根据企业薪酬哲学和薪酬定位的策略以及基准职位的市场薪酬数据对各职位等级进行“定价”,就要通过建立薪酬曲线,以明确各职位等级与薪酬等级的关系。

职位评价只是得到每一职位对本企业相对价值的顺序、等级、分数或象征性的金额。比如,采用排序法可得到企业内各职位的相对价值的排列顺序;采用分类法可得到企业内每一职位相对价值的等级,即属于何种级别;采用要素比较法可得到一个赋予企业内每一职位相对价值的象征性薪酬额;采用点数法可得到反映企业内每一职位相对价值的分数。这些都是企业内各职位的理论价值,还没有将它们转换为实际的薪酬额。职位等级只能说明,工作的完成难度越大,对员工的素质要求越高,对企业的贡献与重要性越高,就意味着该工作的相对价值越大,因此职位的薪酬标准也应该越高。

不同的企业有不同的薪酬价值观,不同的价值观决定了不同的薪酬结构。因此,要在考虑企业薪酬策略与价值观的基础上,将职位评价结果与市场薪酬调查结果结合起来,使职位的价值差异与薪酬差异相对应。也就是说,要将职位评价的结果与具体的实付薪酬数额建立起对应关系,把企业内各职位等级的理论价值(顺序、等级、分数或象征工资额),转换为实际的工资额,形成“薪酬曲线”。它是以职位相对价值为横坐标,以所付薪酬为纵坐标而绘制的二维曲线,反映着企业的报酬观或分配原则,如图3-1所示。

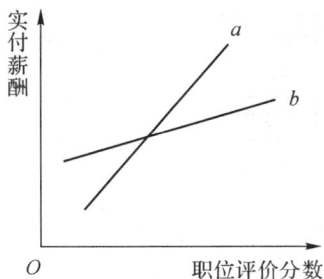

图 3-1　薪酬曲线

图3-1中,a线较陡直,斜率较大,表明企业偏向于拉大不同等级员工的收入差距;反之,b线较平缓,说明企业奉行平均主义。

可见,职位评价与薪酬的对应关系的设计是企业薪酬政策与管理价值观的集中体现。通过这个设计建立企业的薪酬体系,使每一职位的工资都对应于它的相对价值,因而充分体现薪酬的内在公平性。但是这种对应关系还要受到外部竞争性的影响,即使是在同一个企业内部,职位等级不同,对该职位所得薪酬的内部公平性和外部竞争性的考虑也会出现不同的侧重。一般情况是,职位等级越高,则对外部竞争性的强调可能会越多,而对内部公平性的强调会减弱。为了满足外部竞争性的要求,企业常常不得不打破原先建立的职位价值系列和内部公正性原则,而赋予某些竞争性强或流动率高的职位以更高的薪酬。

7.建立薪酬结构

由于职位级别决定薪酬级别,所以职位结构也在一定程度上决定着薪酬结构。由于同一职位等级内有一定浮动幅度(如点数范围),相应地,某一薪酬等级所对应的薪酬数额往往也会有一个上、下限的区间,而不只是一个点,它有利于增加职位薪酬结构的灵活性,使员工在不变动职位或职位等级的情况下,随着技能的提升、经验的增加、资历的增长而在同一职位等级内使薪酬有所提升。在建立薪酬结构时,还应根据职位结构确定薪酬各等级的薪酬范围,如起薪点、顶薪点、薪酬区间、相邻等级间的重叠程度等。在这个过程中,要参考在市场调查中得到的各职位薪酬等级的市场薪酬,再结合企业的薪酬定位策略对其进行领先、滞后或同步的调整,从而得到该职位薪酬范围的中点。在这个中点的两边可以根据职位的价值差异、员工资历的变化、绩效变动差异、职位等级的高低等因素,确定薪酬变动范围(或称薪酬区间)。薪酬变动范围一般会产生薪酬等级间的重叠问题,适度的薪酬重叠设计可以使较低职位等级的员工因资历、能力等因素的提高而获得比高职位员工更多的薪酬。

8.建立薪酬管理机制

建立薪酬管理机制是实现对基本薪酬的动态调整,不断完善薪酬结构的关键,主要包括两大机制:一是入轨机制,即如何使现有员工和新员工进入这样的基本薪酬框架;二是调整机制,即要明确如何根据员工绩效、能力和资历的变化以及其他相关因素(如通货膨胀、政府政策改变)对员工的基本薪酬进行调整。

职位薪酬体系的建立可用图3-2来说明。

薪酬管理

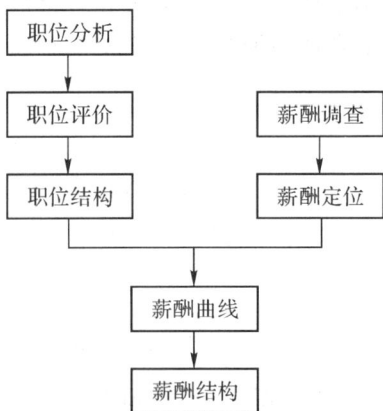

图3-2 建立职位薪酬体系的流程

在传统职位薪酬体系中,员工的薪酬取决于他们所在的职位,职位的价值决定员工的价值,而薪酬增长的前提则是上一级职位出现空缺。这通常会导致薪酬受职位所限,只侧重于对传统价值进行奖励,例如以工作职责范围所规定的目标完成情况作为一种衡量标准,不重视员工当前和未来的发展要求,因此可能与强调学习的组织文化相抵触。而当员工的需求已经随着经济和文化价值观念向前发展时,组织结构、人力资源政策和薪酬方案却无法保持同步,这必然导致薪酬方案起不到作用。如果企业的薪酬方案不能激励员工从工作中获得经验、能力和技能,得到提升及发展,那么这种薪酬方案的有效性是值得怀疑的。它可能导致企业花费了大量的人力成本,却没有产生相应的生产率和利润。

知识经济的迅猛发展使企业外部环境的不确定性增强和变化加快,更多的企业采用了扁平化的企业结构以提高灵活性和效率,这就使得通过职位晋升获得薪酬提升的机会变得越来越少。同时,企业建立核心竞争力的战略需要员工具有更高的能力、承担更大的责任、解决更复杂的问题,任务的完成更依赖团队合作和较少的直接监督。员工需要做的工作已经不再局限于工作说明书中指定的任务,他们必须懂得更多,想得更多,必须对工作后果承担个人的责任。企业不能再将员工的工作拘泥于特定的职位描述,必须鼓励他们尝试更多的工作,钻研更新的工作方法。因此,企业迫切需要新的薪酬制度来支持这种新的变化。与此同时,为了留住核心员工,新的薪酬方案必须给员工成长留出空间,必须有职位头衔之外的东西去激励员工。正是在这种背景下,许多公司改变了原来仅仅依靠职位决定员工薪酬的制度,引入了新的薪酬制度——基于任职者的薪酬方式,以满足上述要求。

基于任职者的薪酬体系(person-based pay)包括技能薪酬体系(skill-based pay)和能力薪酬体系(competence-based pay)。技能薪酬体系是根据员工所掌握的与业务相关的技能数量和水平来支付工资的。其假设条件是:具有较多知识和技能的员工工作效率更高而且更灵活,更容易使工作流程与人员配备水平相匹配。这种薪酬体系广泛运用于蓝领员工,这主要是因为在这些岗位,工作可以具体化和量化,识别并衡量工作中所需的技术是比较容易的。但对于白领员工,特别是知识工作者,技能薪酬体系就明显不适用了,因为他们的工作很少能提炼出操作性的技能,决定他们绩效的东西不是知识与技术,而是某些品质与特征。能力薪酬体系就适应了白领员工的这种特点。在能力薪酬体系中,支付个人薪酬的依据是员工所掌握的能力,薪酬增长取决于他们能力的提高和每一种新能力的获得。下面分别对技能薪酬体系和能力薪酬体系进行介绍。

第三节　技能薪酬体系

技能薪酬最初的出现是为了保证工厂生产的连续性,允许员工承担其他员工因缺勤而空置的工作,这样员工就不得不学会其他工作所需要的知识和技能,从而实现工作的扩大化。20 世纪 40 年代以来,它在工厂中和其他一些蓝领工作占主导地位的场合得到了广泛的运用。

据美国《商业周刊》一项关于技能薪酬的使用情况和效果的调查研究表明,技能薪酬已在全美 30％以上的公司中推广使用。在 1990 年,51％的美国大企业在至少一部分员工中实行了技能薪酬。国内也有越来越多的企业开始采用这种思路来进行薪酬制度的设计。

技能薪酬的使用一般能带来更高的员工绩效和满意度。《幸福》对1000家企业的研究发现，在1987—1990年间技能薪酬方案的使用迅速增加，并且在实行技能薪酬方案的公司中，有60%的公司认为该方案在提高组织绩效方面是成功的或非常成功的，只有6%的公司认为是不成功的或者是非常不成功的。同时，技能薪酬的使用范围已经从基层人员发展到白领阶层，甚至是管理阶层。

一、技能薪酬体系的内涵

1.技能

在基于任职者的薪酬体系中，通常会遇到这样一些基本概念，技能、能力以及胜任力。技能(skill)通常被定义为在运用知识的过程中表现出来的行为，或者通过学习获得的从事某种活动的熟练程度。相对于技能而言，能力则是一个比较抽象的概念。在本章中，所谓的能力是指绩效行为能力(competency)，而不是一般意义上的能力(ability)。绩效行为能力又称素质、胜任力，它是指与实现高绩效的行为有关的各种素质和能力，包括知识、技能、行为方式、价值观、个性特征和动机等要素。总的来说，技能往往是指蓝领工作以及事务性工作所需要的工作技能，而胜任力则通常在对管理人员、专业人员、技术人员以及其他白领工作进行讨论时才会被提到。

在技能薪酬体系中员工的技能包括以下三个维度。

(1)深度技能(depth of skill)。深度技能是指任职者掌握了与完成同一种工作有关的更多更深的知识和技能。员工要在某一职位上取得高绩效，除了需要胜任一些简单的体力活动，还需要从事一些较为复杂的脑力活动。

(2)广度技能(horizontal skill)。广度技能是指任职者在掌握本职位技能之外还掌握了其他相关职位(如本职位的上游职位、下游职位或者同级职位)所要求的技能。

(3)垂直技能(vertical skill)。垂直技能是指任职者能进行自我管理，掌握与工作有关的计划、领导、团队合作以及培训等技能。

2.技能薪酬体系的含义及特点

所谓技能薪酬体系或技能薪酬计划(pay for skill，skill-based pay)，是指组织根据企业的经营策略，以员工所掌握的与工作有关的技能以及知识的深度和广度来支付基本薪酬的一种报酬制度。这种薪酬决定体系的一个共同特征是，员工所获得的薪酬是与知识、技能而不是与职位联系在一起的。

技能薪酬体系与职位薪酬体系的区别在于：①前者强调的是员工方面的特征，而后者强调的是工作方面的特征。技能薪酬体系的设计目的就是把职位薪酬体系所强调的工作任务转化为能够被认证、培训以及为之付酬的各种技能。②前者以"投入"为关注点，企业更多的是依据员工所拥有的相关工作技能而不是其承担的具体工作或职位的价值来对他们支付薪酬，而后者是以职务或者工作的价值来确定报酬，关注的是工作的"产出"。

二、技能薪酬体系的实施条件

一个企业要顺利地实施技能薪酬体系必须具备下列条件。

1.健全的技能评价体系

实施技能薪酬体系首先要对员工的技能进行评价，从而确定出不同的等级，然后根据员工所处等级的不同分别给予不同的薪酬。因此,确定员工的技能等级也就成为技能薪酬体系实施的核心问题。

健全的技能评价体系,至少要包括以下三个方面:一是技能评价的主体,二是技能评价的要素,三是技能评价的等级。一般来说,技能评价的主体由企业资深专业人员和外聘专家共同组成,但在不同企业技能评价主体有所不同。技能评价的要素是指工作中运用到的、对工作绩效起直接作用的技能。确定技能评价要素要结合企业的实际情况,突出本企业的特点。技能评价的等级不宜过多,也不宜过少,过多,对技能的区分度就会大大降低,不利于薪酬制度的设计;过少,对员工的激励性又不够,会影响技能薪酬实施的效果。技能等级一般设定为3~5个,具体的等级数目则要根据企业的规模和工作特点灵活掌控。

2.扁平化的组织结构

扁平化的组织结构有以下特点:企业组织规模小型化,工作由生产团队在一种亲密的、相对简单的工作状态中完成,员工自主管理。扁平化的组织结构使企业对组织内外的变革反应更加灵活、快速、高效,而且为员工的参与和发展提供了良好的组织环境。在扁平化的组织中,员工将注意力从职位晋升和地位提高,转向技能的学习、运用和扩充,这正是实施技能薪酬体系所必需的基础。

3.工作结构性较高、专业性较强

一个组织采用技能薪酬体系的基本假定是掌握更多与工作有关的新技能的员工能为企业作出更大的贡献,理应得到更多的报酬。结构性较高的工作恰好符合这一假设。判断一种工作结构性的高低,主要是看这种工作的目标、内容、完成的方式及程序和结果是否确定,如果这种工作的诸多方面都是确定的,则说明该项工作的结构性较高;反之,则较低。就结构性较高的工作而言,其工作目标、内容、程度、完成方式乃至结果都是比较确定的,员工技能水平的高低将直接影响工作质量的好坏。因此,如果组织根据员工技能的高低来为员工发放工资,就可以促使员工不断努力提高自己的技能水平,从而实现提高工作质量的目标。

技能薪酬体系主要在从事专业性工作的员工中实行,而像管理工作这样的综合性工作是很难实行技能薪酬体系的。因为专业性强的工作,其所需技能较易确定,且较易测试和评价。

4.高度的员工参与

在设计和实施技能薪酬体系过程中,首先,需要从员工那里获得充分的信息反馈及建议,不断对方案进行修改。因为一线员工清楚地了解企业需要什么技能,而他们已经掌握了哪些技能,需要提高哪些技能,这些对完善技能薪酬体系是至关重要的。其次,实施技能薪酬体系后,员工的灵活性大大加强,技能水平不断提高,视野也越来越开阔,如果不能让他们通过对企业活动和工作设计的参与将所学到的东西进行应用的话,技能薪酬体系的效用就会被浪费,达不到预想的效果。

5.完备的培训机制

实行技能薪酬后,员工的薪酬就与其掌握的知识和技能产生了直接的联系,他们会格外重视学习和发展自己的技能。因此,员工对培训的需求必然会增大,这就要求企业有完备的培训机制为员工提供培训,并保证他们有时间参加这些培训。

三、技能薪酬体系的优缺点

1.优点

技能薪酬体系的优点主要表现在以下几个方面。

(1)激励员工不断提高知识和技能,使生产效率得以提升

技能薪酬是以员工按企业要求所掌握的工作技能,而不是某一特定职位所要求的技能来提供报酬。技能薪酬体系很好地适应了技术变革带来的技能宽化和技能深化趋势,向员工传递了关注自身发展和不断提高技能水平的信息。因此,它能够激励员工根据企业要求不断开发新的知识和技能,提高在完成同一水平层次以及垂直层次的工作任务方面的灵活性和多功能性。在这种薪酬体制下,员工通过不断地、自主地学习知识和技能,对本职工作和企业的整个生产流程了解得更加深入,从而有利于提高生产率和工作质量。与此同时,技能薪酬体系鼓励员工不断掌握新技能,给企业引入新技术带来较大的灵活性,这样有利于员工和企业适应市场上快速的技术变革,从而在市场竞争中赢得优势。

(2)在员工配置方面为企业提供了更大的灵活性

技能薪酬鼓励员工接受多方面培训,从而使员工技能得到提高和丰富,成为具备多种不同工作技能的"多面手"。能做更多工作的员工对一个企业具有更大的价值,他能够从事范围更广泛的工作,提高了适应环境的能力。由于员工技能领域的扩大,在人员配置方面给企业提供了很大的灵活性,削弱了由部分员工的不可替代性给企业生产带来的负面影响。随着员工自身技能的提高,掌握多种技能的员工将不再仅仅限于做整个工作的一部分。这样技能薪酬制就大大提高了企业内部员工的流动性,并为员工提供了很多的发展机会。员工不会被特定的工作描述所束缚,能方便地从一个职位流动到另一个职位。企业在员工配置、调换职位时将更为方便、灵活,也使企业在发生员工辞职、缺勤等意外情况时不必再花费财力、人力来应对,因为职位空缺能很快由掌握了多种技能的员工来顶替。这在公司规模较小、业务不稳定的情况下显得尤其重要。同时,员工技能的全面提升还有利于企业裁减人员,避免人浮于事的现象。技能薪酬体系比较适合员工参与度高以及灵活的组织结构设计。

(3)鼓励优秀专业技术人才安心本职工作

技能薪酬体系在一定程度上有利于鼓励优秀专业人才安心本职工作,而不是去谋求报酬尽管很高但是却并不擅长的管理职位,排除了因客观上职位无空缺而使员工失去发展动力的情况。在我国企业中过去长期存在"官本位"思想,大批优秀的工程技术人员最后以"当官"作为自己事业成功的重要标志,而不是技术水平的持续领先,结果企业出现在技术和管理方面的双重损失:一是因为失去优秀技术专家所招致的损失;二是由于接受了不良的管理者而受到的损失。出现这种情况在相当大的程度上就是由于企业的薪酬体系设计是以职位等级或行政级别为导向的,而不是以技能为导向的。

(4)有助于高度参与型管理风格的形成

由于薪酬是与员工对组织的价值而不是所完成的任务联系在一起,因此,员工的关注点是个人以及团队技能的提高,而不是具体的职位,并且技能薪酬体系的设计本身需要员工的高度参与。因此,这种薪酬体系有助于强化高度参与型的组织设计,提高员工的工作满意度和组织承诺度,从而在生产率提高、成本降低、质量改善的同时,降低员工的缺勤率

薪酬管理

以及离职率。

（5）满足员工的多种需要

技能薪酬制度为员工认知自身的特殊性、寻求自身多种需要的满足提供了有利的机会。薪酬与技能升级的联系使个人生存可以经由努力学习技能来获得保证；对多项技能的学习使得团队成员间共同兴趣点直线上升，随着团队的逐步形成，相互间平等交流成为可能，从而在很大程度上满足了员工人际交往的需要；全面技能的通晓使得个人的自我实现不再遥不可及。满足了以上需要的员工会更满意自己的工作，工作起来也会更为努力。

另外，在技能薪酬体系中，员工可能掌握更多的技能并且保持一定的熟练度，同时员工在工作中也拥有了相当程度的自由独立的处置权，因而员工的自我管理能力得到提高。另外也使得管理者和监督者摆脱了日常管理性事务，从事更能够增加企业价值的创新活动。这样就形成了一个更能够激励人的工作环境。

2. 缺点

技能薪酬体系也有其内在的弊端，主要表现在以下几个方面。

（1）忽略了工作绩效和能力的实际发挥程度等因素

知识、技能本身只是绩效的一种潜在决定因素，它的有效发挥和使用程度会影响实际业绩的大小。如果企业因花在培训和员工薪酬提高上的费用不能真正反映到企业生产效益的增长上，不能通过管理将这种人力资本投资转化为实际的生产力，则企业可能会因此而无法获得相应的利润。同时，这也会导致企业内部不公平问题的出现，比如，两个员工都做相同的工作，而其中一个人仅仅因为掌握更多的技能就能获得较多的薪酬，同工不同酬，这会引起获得较少薪酬员工的不公平感，甚至导致雇佣歧视的申诉。因此，员工的技能等级应尽可能与工作等级或工作职责相一致。

（2）增加了企业薪酬成本

技能薪酬的直接效应是刺激员工提高技能，而员工技能提高后必须提高他们的薪酬水平。由于工作本身并不决定薪酬，如果员工仅关注自己个人技能的提升，而没有致力于个人绩效和企业绩效的提高，这时员工技能的快速提升就可能促成短期内薪酬成本的上升。当然，技能薪酬计划所带来的长期收益很可能会抵消其短期薪酬成本的上升。

因此，一个技能导向的薪酬结构体系要发挥好的作用的前提，应当是其比较高的平均薪酬水平必须能够被规模相对较小的劳动力数量或比较高的劳动生产率所消化和吸收。

（3）增加了培训成本、管理成本

技能薪酬体系要求企业能准确把握真正所需要的技能，进行严格的技能鉴定，并对技能设定合理的薪酬标准，为员工提供必要的培训，等等，甚至还要设立相应的专门机构，从而导致培训成本、技能鉴定成本和管理成本的上升。尤其是对技能及其组合进行定价是很困难的事，因为几乎没有可供参考的市场数据，除非以技能为基础的薪酬结构已得到普遍实施。

（4）技能封顶后的激励问题

实施技能薪酬决定机制，有一个前提条件就是员工必须具有不断增加技能和知识的愿望。有研究发现，在技能薪酬体系下，普通工人平均只需要 3 年时间即可达到最高水平，也就没有了增加技能薪酬的余地，那么究竟用什么来保持员工的动力呢？这时，企业需要不断进行工作的重新设计来开发新的技能要求，或者利用利润分享等其他激励方式。如果对于那些已经达到企业中最高技术等级的员工没有采取合适的措施以激励其继续学习新的技能，那么员工和企业的发展空间将会受到限制。因此企业必须解决好对员工进行持久激励的问题。另外，如果所有员工的薪酬水平都处在上限，企业的人工成本势必过高。

（5）技能薪酬体系的设计和管理较复杂

技能薪酬体系的设计和管理要比职位薪酬体系更复杂，因此它要求企业有一个更为复杂的管理结构，至少需要对每一位员工在技能的不同层级上所取得的进步加以记录。为了保证技能薪酬制正常、有效地运作，企业在设计技能薪酬方案时必须确定员工提薪所需具备的新技能的数量和种类，并在实际执行中确认员工是否已真正具备了相应的技能。所有这些都给企业提出了很高的要求，但难以得到完全满足。

（6）技能薪酬体系可能会降低组织效率

技能薪酬体系具有强烈的导向性，一方面，员工在为了获取高报酬而不断学习新技能的过程中可能会出现忽视目前本职工作、好高骛远的情况，从而企业效率会大大降低。另一方面，如果企业不能为员工提供使用其新获得的技能的机会，那么企业就无法从新技能的应用中获得收益。另外，技能薪酬制度还可能会引起员工的不公平感从而降低员工的工作效率。

因此，尽管技能薪酬体系能够有效地对今天这种角色多元化和技能推动型的工作进行排序和提供报酬，最终帮助企业来改变员工的行为和改善绩效，但是它本身却并非是在现有薪酬基础上的一种激进的飞跃。员工在开始时可能看不到自己的薪酬出现任何变化，薪酬体系的运作方式与传统薪酬体系几乎是一样的。技能薪酬计划也不要求企业一定创建新的管理过程。事实上，技能薪酬的许多要素在传统薪酬体系中就已经存在了，它仍然需要利用对职位或工作的衡量来评价技能、为技能阶梯上的每一个台阶定价以及确定薪酬的范围。

四、技能薪酬体系的设计流程

技能薪酬体系的设计流程的重点在于开发出一种能够使技能和基本薪酬联系在一起的薪酬计划，并且这些技能能够和相对应职位的要求匹配起来。总的来说，技能薪酬体系的设计流程主要包括以下几个步骤。

1. 成立薪酬指导委员会和薪酬设计小组

技能薪酬体系的设计不能单方面由企业高层管理人员制定，而需要建立一个由企业高层管理人员组成的薪酬指导委员会和薪酬设计小组。这两个团体的组成和分工是不同的，他们相互配合，共同完成企业技能薪酬体系的建立和实施工作。

指导委员会的职责包括：①确保技能薪酬体系的设计与企业总体的薪酬管理哲学以及长期经营战略保持一致；②制定技能薪酬体系小组的章程并且批准计划；③对设计小组的工作进行监督；④对设计小组的工作提供指导；⑤审查和批准最终的技能薪酬体系设计方案；⑥批准和支持技能薪酬体系的沟通计划。在进行技能薪酬体系具体设计时通常应成立设计小组。设计小组的成员一般应包括：薪酬专家、业务专家、员工代表、部门主管、财务人员等，这些来自不同部门的5～7人组成工作团队开展工作。

此外，还有必要挑选出一部分员工作为"主题专家"（subject-matter experts）。这些专家可以包括员工、员工的上级、人力资源管理部门的代表、薪酬方面的专家以及其他一些具备工作流程知识的人。他们的作用是在设计小组遇到各种技术问题时给予协助。

2. 进行工作任务分析

由于技能薪酬体系将重心从员工所需完成的工作任务转移到了员工的技能水平,因此首先必须对员工所要完成的工作进行准确的理解和深入分析,这样才能确定对所要完成的工作有价值的技能,从而进行技能的区分以及技能水平的划分。因此,设计技能薪酬体系的第一步就是通过工作分析创建工作任务清单,系统地描述所涉及的各种工作任务。

(1) 工作任务的分析

为了描述各种工作任务,我们需要将工作任务分解为更小的分析单位,即工作要素。通过对工作的详细分析,依据一定的格式和规范将每一个岗位的各项工作任务所包含的工作要素详细列出来。根据这些标准化的任务描述,我们就能理解为了达到一定的绩效水平所需要的技能的层次。那么在任务描述中到底应当将信息详细到一种什么样的程度?一般认为,进行技能分析,只要强调所要完成的工作任务以及完成这些任务时需要的关键行为就可以了。

当薪酬设计小组通过工作分析获得了相关职位或工作的工作任务描述以后,还要根据需要重新对工作任务信息进行编排。这一步实际上是要求设计小组在工作任务分析的基础上,评价各项工作任务的难度和重要性程度,然后重新编排任务信息,对工作任务进行组合,从而为技能模块的界定和定价打下基础。

(2) 工作任务的难度和重要性的评价

工作任务的难度评价是用来确定完成或者学会完成某种工作任务的困难程度。任务的重要性评价可通过考察工作任务是否在工作现场完成以及该项工作任务对于完成工作或达成某一工作单位的目标是否重要这两个方面来进行。在制订技能薪酬方案时,它通常被用在确定技能水平上。需要注意的是,一项工作任务的难度和它的重要性程度之间并不具有完全的一致性。那些在重要性上得到评价最高的工作任务都是与安全以及对组织的直接经营会产生重大影响一类问题有关的工作任务。而那些在难度评分上得分最高的工作任务则是需要履行者具备较高的熟练程度、较高的判断力以及随机应变能力。

在对工作任务进行评价时需要用到主题专家。评价结束后,还需要让各位主题专家就统计分析结果进行讨论。在对专家的不同意见进行统筹考虑之后,设计小组还要判断这些问题对于最终的量化结果所产生的影响到底有多大,是否需要修正。

(3) 工作任务的组合

工作任务(工作要素)的难度和重要性不同意味着完成各项工作任务的技能要求是不同的。而技能薪酬体系正是依据完成工作的技能标准来完成对薪酬定价的。因此,评价结束后就需要对工作任务进行重新组合。工作任务重新组合的目的在于,根据工作任务的重要性或(和)难度,把各项工作任务分成不同的等级,以便将组合好的工作任务模块分配到不同的技能等级中去,然后再设法对它们进行定价。因此,工作任务的组合为技能模块的界定和定价打下了基础。

对工作任务进行组合的方法有两种:统计方法和观察方法。统计方法是指通过要素分析的方法,运用重要性或者难度两者之中的一个或者两个评价要素对工作任务进行分组。观察方法是指受过训练的工作分析专家和主题专家一起将工作任务分配到不同的组别中。

3.确定技能等级

在完成对工作任务的技能分析之后,还应确定技能等级,从而为技能定价打基础。在确定技能等级时应考虑技能模块所包括的工作任务的难度和重要性。每一个技能等级都包括几个难度或重要性相近的技能模块。从不同的角度我们可以将技能模块划分成不同的类型。下面是两种常见的划分方法。

(1)按照生产环节和技能的等级水平两个维度进行划分

按照生产过程的不同环节,划分与生产过程步骤相对应的技能类型。例如,食品厂根据生产中原料采购和处理、配料、原料加工、食品检验、食品包装的工艺流程,将技能类型划分为5类。然后,每种技能类型分为3个等级,包括初级水平、中级水平和高级水平三个模块,这样就划分形成了15个不同的技能模块。

(2)按照从事不同类型工作人员的技能要求和技能水平进行划分

按照技能要求和技能水平将技能类型划分成基础技能、核心技能、可选择技能3个模块。基础技能是员工从事工作必须具备的基础知识和能力;核心技能是员工保证生产系统正常运转、完成本职工作任务必不可少的知识和技能;可选择技能是员工在本职工作之外附加的专业能力,是更高层次的技能。

企业不管采用哪种技能等级模式,技能等级的总量不宜过多,也不宜过少。技能等级过多不仅管理上十分麻烦,员工也不易理解;技能等级过少则区分度不强,同时让员工觉得等级提升的希望渺茫,从而失去激励作用。技能等级的数量主要由工作任务的性质决定,一般而言,3~5个等级比较合适。

4.技能等级的定价

对技能模块的定价实际上就是确定每一个技能单位的货币价值。至今也没有一种标准的技能等级定价方法,即并不存在一种能够将技能模块和薪酬联系在一起的标准方式。

由于现今大多数的收入调查是依据职位进行的,基本上没有依据技能水平进行的,因此直接运用薪酬调查确定技能等级的薪酬比较困难。在实践中,技能模块的定价可以采用以下方法:一是直接评定法,即不管企业所需的各种技能的外部劳动力市场价值是多少,企业自己给各种技能评定一个现值工资;二是将技能模块归结到"比照市场职位"后,再调查这些"比照市场职位"的市场工资水平,然后将职位所需的技能逐一分离,根据"比照市场职位"的市场工资水平确定其中所包含的技能的市场工资水平。

5.技能的分析、培训和认证

设计技能薪酬体系的最后一个步骤是对员工进行培训和认证。在这一阶段,需要对员工的现有技能进行分析,同时还要制订出培训计划、技能资格认证计划及追踪管理工作成果的评价标准。这是技能薪酬体系设计中技术难度最大的工作。

(1)员工技能分析

对员工进行技能分析的目的在于确定员工目前的技能水平。员工技能的评价者应由员工的直接上级、同事、下级以及客户共同组成。这些人要从各自不同的角度向被评员工的上级提供评价意见。需要注意的是,在进行实际技能评价之前,评价各方应当对评价标准达成共识。

(2)培训计划

通过员工技能分析,确定员工现有技能和职位需要其所具备的技能之间的差距,确定需要培训的技能,在此基础上企业要制订详细严密的员工技能培训计划。技能培训计划包含的内容有:培训目标、培训对象、培训内容、培训师、培训方法和形式、培训时间及地点等。员工培训计划的制订需要关注两个方面:一是员工的培训需要;二是采用何种方式进行培训最合适。现在可以使用的培训方法有很多,表3-1列举了企业广泛使用的六种培训方法。

表 3-1　企业广泛使用的培训方法

项　目		培训方法					
	级　别	在职培训	公司内部培训	学徒式培训	工作轮换	供应商提供的培训	大学或学院培训
工作任务的层次	一级	P	P	P	S	S	S
	二级	P	P	P	S	S	—
	三级	P	S	S	S	S	—

注:P 为主要培训方式;S 为辅助培训方式。
资料来源:刘昕.薪酬管理.北京:中国人民大学出版社,2002.

（3）技能资格的认证与再认证

任何薪酬计划都会要求对员工是否符合薪酬条件进行考察。以技能为基础的薪酬由于标准比较抽象,因此更需要制定相应的技能审核程序和认证制度,对员工的技能进行认真评估以验证员工是否具有某种技能,确认员工的技能水平,以作为薪酬发放的依据。实施技能薪酬体系的最后一个环节是设计一个能够确定员工技能水平的认证计划。该计划应该包含三个要素:认证者、认证所包含的技能水平以及员工通过何种方法表现出自己具备某种技能水平。

企业应组织一个认证委员会,这种由委员会进行的技能评价相对更加客观和公正。其组成人员即认证者可以来自内部,也可以来自外部。内部的认证者主要是由员工的上级和同事以及员工所从事工作领域的专家。外部评价主要是指一些由大学、商业组织以及政府发起的考试和认证计划。这些外部认证机构也是比较公正和客观的。不过,外部评价时由于外部评价者缺乏对员工所处工作环境的了解可能会导致评价失真,此外,员工在工作场合以外获得了某种知识和技能可能并不意味着其就一定能够将它运用到企业的具体工作环境中去。

在技能等级评定和认证完成后,每隔一段时间,还要对技能水平进行重新认证,只有这样才能确保员工能够持续保持已经达到的技能水平。不仅如此,随着技术的革新,技能本身也在发生变化,因此,企业需要根据员工技术水平的更新情况,不断修订技能等级标准,重新进行技能等级的认证。

第四节　能力薪酬体系

相比技能薪酬体系,能力薪酬体系是近年来新兴的尚未完全成熟的薪酬体系。在能力薪酬体系中,决定薪酬的因素是实现高绩效所需的绩效行为能力（competency）。它不仅包括知识和技能,还包括行为方式、个性特征、动机等因素。这些对实现高绩效至关重要的能力构成了薪酬支付的基础。能力薪酬体系是建立在素质模型基础上的。

一、能力的概念

能力是 20 世纪 70 年代由著名的组织行为研究学者 David McClelland 针对组织在人员的选聘和甄选中采用传统的智力测验、性向测验等手段所存在的缺陷(如不能预测被测对象在从事复杂工作时的绩效,不能预测其在生活中是否能取得成功等)而提出的,它与心理学中的能力有很大的区别。在心理学中,能力的英文是 ability 或 capacity,指的是人的一种个性心理特征,这种特征能直接影响活动的效率或效果。性格或气质虽然能够对人的活动产生一定的影响,但是这种影响并非直接因素,因此在心理学中并不包括这类特征。而在人力资源管理学科中,却将这种性格、动机、态度等个性特征作为胜任能力的一部分。

本书中所说的能力,显然不是指一般的、人所共有的能力或者社会能力。我们这里所谓的能力是专指对企业的贡献力,严格来说实际上是一种绩效行为能力,是指一系列的技能、知识、能力、行为特征以及其他个人特性的总称。在组合得当并且环境合适的情况下,这种能力对个人、群体、特定工作以及整个组织的绩效有一种预测作用,即达成某种特定绩效或者是表现出某种有利于绩效达成的行为的能力。不仅如此,员工还可以将他们所具备的这种能力从一种工作带到另一种工作中去。因此,我们这里的能力实际上是指那些能够增加价值以及预测未来成功的要素。为行文的方便,我们简单地以能力代替绩效行为能力。

为了更好地理解绩效行为能力,我们可以来看一看海氏所提出的关于能力的冰山模型,如图 3-3 所示。

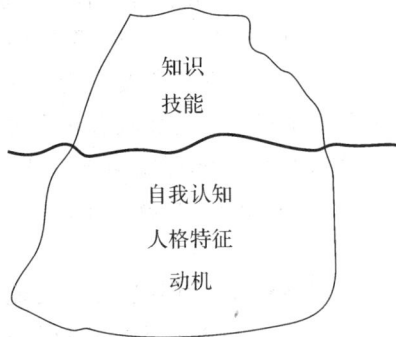

图 3-3　能力的冰山模型

薪酬管理

这一模型认为,一个人的绩效行为能力是由知识、技能、自我认知、人格特征和动机五大要素构成的。知识是指一个人在某一既定领域中所掌握的各种信息,比如知道如何运用办公软件处理文件、了解公司的政策以及公司制订年度经营计划的程序等。技能则是指通过重复学习获得的在某一活动中的熟练程度,比如在打字、推销产品或者平衡预算方面的技能。自我认知是指一个人所形成的关于自己的身份、人格以及个人价值的概念,它是一种内在的自我(自己到底是领导者、激励者,还是仅仅是一颗螺丝钉)。只有当自我认知被作为一种可观察的行为表述出来的时候,它才会成为一个绩效问题。人格特征是指在一个人行为中的某些相对稳定的特点以及以某种既定方式行事的总体性格倾向,比如是不是好的聆听者,或者是否很容易产生紧迫感。动机是指推动、指导个人行为选择的那些关于成就、归属或者权力的思想,比如一个人希望获得个人成就并且希望影响他人的绩效。从胜任力的冰山模型看,知识和技能是位于海面上的可见冰山部分,称为基准性胜任力特征,这只是对胜任者基础素质的要求,但它不能把表现优异者与表现平平者区别开来;水下冰山部分包括自我认知、人格特征和动机这三大胜任力特征,可以统称为鉴别性胜任力特征,是区分表现优异者与表现平平者的关键因素。

二、能力薪酬体系的概念及优缺点

能力薪酬体系(competency-based pay)是一种依据员工的胜任能力水平而给付薪酬的制度。由于胜任特征往往更适合复杂的工作,如管理人员、专业技术人员以及其他白领的工作,因此,能力薪酬体系比较适合技术型、创新型等技术密集型的企业,尤其适合各类组织中的高层管理和技术方面的白领职位,如基础研究、基础教育、技术开发这样一些产出周期长、技术含量高、创新要求高、绩效难以考核测量的职位。对于这些职位的员工来说,他们所从事的工作很可能是开拓性的、创造性的、非常规性的,很难用职位描述或者职位说明书中的工作职责和工作任务来表达清楚。这些员工工作的成功更多地依赖其个人综合素质、能力水平的高低,他们的成功对企业绩效目标、发展目标的实现也有很大的影响,甚至可能带来超常利润。在这种情况下,以能力为基础的"投入型"薪酬模式就成为某些企业首选的薪酬模式,它以人们潜在的工作能力作为薪酬衡量标准,而不去过多计较这种能力是否得到很好的发挥,是否能很快为企业创造效益。

能力薪酬体系具有许多优点:减少企业推进组织变革和流程重组的阻力,提高企业的灵活性和适应性;鼓励员工对自身的发展负责,使员工对自己的职业生涯有更多的控制力;能使员工承担更多、更广泛的责任,而不仅仅是职位说明书中涉及的责任;容易向员工阐述薪酬与能力、职位之间的关系,使员工有动力去提升其能力;支持扁平型组织结构。

能力薪酬体系的不足:通常需要周期性更新能力评估体系,重新鉴定员工的能力,在能力淘汰呈现加速度趋势的今天,无疑会大大增加企业管理工作的成本和难度;员工的个人能力并不能得到准确的定义和衡量;增加了企业的人力成本。

三、能力薪酬体系的实施条件

能力薪酬体系不是灵丹妙药。基于以上对能力薪酬体系利弊的分析,结合目前对能力薪酬体系的一些成功案例的考察,企业成功实施能力薪酬体系需要注意下列问题。

1. 要明确能力薪酬体系并不一定适合每一个企业,也不一定适合企业中的每一个部门。一般而言,只有员工的能力在很大程度上决定企业业绩的情况下,这一机制才较为适用。比如,在科学研究、软件开发和管理咨询企业中,由于专家人员的能力高低决定了企业在行业中的地位,而且传统上以职位为基础的报酬机制并不适用于这些人员,所以以能力为基础提供报酬是合理的。另外,采用这种报酬机制的企业一般机构设置比较灵活,结构简单,工资等级宽泛,而且鼓励员工进行职位轮换。

2. 建立能力薪酬体系的前提是具备一套健全的与能力有关的工作评估制度,企业能够科学、合理地界定组织所需要的能力,并且能够准确评价员工的能力。该机制的采用是一个渐进过程,需要一定的实践基础和经验。因此,即便是经验丰富的大企业通常也非常谨慎,很少采用那些难以衡量的能力标准(如人品、个性等)。

3.通常完全以能力为基础提供薪酬并不可取。在美国大多数公司中,考虑职位的职能和作用以及员工的业绩表现都是十分必要的。这些因素与员工能力一起构成了薪酬制度的基础。能力薪酬体系并不能够完全替代传统的薪酬制度,而是要与之相融合。据调查,已经采用能力薪酬体系的公司中,有40%仍然进行职位评定,又有70%将报酬同时与员工能力和业绩相联系。这保证了公司既可以对有能力的员工进行补偿,又不会挫伤业绩表现好的员工的积极性。

总之,能力薪酬体系因为存在额外的管理和对人力资源管理方面的其他要求,所以对企业提出了一定的挑战。

四、能力薪酬体系的设计流程

在能力薪酬体系中,支付薪酬的依据是员工所掌握的能力,薪酬增长取决于他们能力的提高和新能力的获得。能力薪酬体系的关键是能力提炼、能力分级、能力定价、能力评价以及如何将能力与薪酬联系起来,等等。这些问题构成了能力薪酬体系设计的主要环节。

一般情况下企业建立能力薪酬体系时,需要经过五个操作步骤。

1.能力提炼

能力提炼即确定哪些能力是支持企业战略、为企业创造价值,从而应当获得报酬的。在这一步骤上,实际上要求企业界定自己准备支付报酬的能力到底是哪些。对于能力的界定至今没有统一的认识。在不同的战略导向和文化价值观氛围中以及在不同的行业中,作为企业报酬对象的能力组合也存在差异。因此,给能力界定一个较广的范围会更恰当一些。

普遍认可的观点是能力必须是可测量的、可观察的因而是可以鉴定的。只有在这种原则下,能力薪酬体系设计才能成为可能。同时能力使员工获得掌握自身发展的权力,通过关注最佳绩效而不是普通绩效,帮助员工不断适应市场的需要,为员工提供个人发展的机会,这些性质又使基于能力的薪酬体系有助于实现企业目标和员工目标。为此我们认为,能力指员工应该具备以下核心专长与技能。

(1)知识:包括专业知识、环境知识(与职位相关的法规政策、竞争态势、行业惯例等)和公司知识(公司制度与政策、组织结构、业务流程和企业文化)。

(2)技能:包括业务变革能力、业务运作能力、人际关系能力等。

(3)专业经验与成果:包括专业经验(员工在某专业领域工作时间长短和承担的专业活动和项目)与专业成果(在专业领域中取得的业绩)。

(4)专业规范:指企业对任职者做事方式的要求、业务的关键步骤与关键行为。

2.能力分析分级

通常有两种思路来进行能力分析分级:

(1)将组织所需要的能力细化到职位簇中,为每个职位簇开发出与其对应的任职资格体系,然后再根据任职资格的要求来衡量员工所具备的能力。这种思路的关键点在于开发一个适应企业实际情况的任职资格体系。任职资格体系开发的基本思路如图3-4所示。

①分类分级。任职资格从纵横两个维度明确了职位对任职者的资格要求。横的维度通过分类分专业实现,使同一专业线涵盖的职位的知识、技能、能力具有较多的共性。纵的

```
┌─────────────────┐      ┌─────────────────┐      ┌─────────────────────┐
│ 职位的分类分级： │      │ 角色定义：       │      │ 任职资格标准开发：  │
│ 分几类？每类分   │ ───▶ │ 能做什么？需要   │ ───▶ │ 做到角色定义的要    │
│ 几级？           │      │ 做到什么程度？   │      │ 求，需要哪些知识、  │
│                 │      │                 │      │ 技能、能力(KSA)？   │
└─────────────────┘      └─────────────────┘      └─────────────────────┘
```

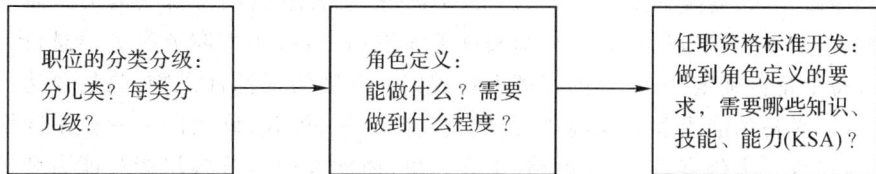

图 3-4　任职资格标准体系开发的基本思路

资料来源：文跃然. 薪酬管理原理. 上海：复旦大学出版社, 2004.

维度通过分级实现, 使不同等级对任职者的资格要求有明显区别。级数的多少由两个因素决定：一是要能拉开档次, 使同一级内员工的工作能力相差不致太大；二是要易于构筑体系, 易于管理。

要强调指出的是, 在分类过程中不能太细（极端的例子是为每一个职位开发出与之对应的任职资格）, 一是因为任职资格标准开发的工作量会相当大, 二是因为今后的管理、认证中也会相当麻烦, 三是也没有必要, 因为许多职位对任职者能力的要求区别不是很大；也不能太粗, 太粗则会使得任职资格中的能力过于抽象、过于宏观（极端的一个例子是将所有管理人员如财务、人力资源等都归成一类）, 从而损害任职资格体系的实用价值。对于这个问题, 我们的建议是, 任职资格分类最好是基于职系, 然后在此基础上进行微调, 如表 3-2 所示的分类方案。

表 3-2　分类方案

大　类	小　类
市场类	客户经理、技术支持、客户服务、业务经理
研发类	软件研发、系统研发、集成电路设计

资料来源：刘爱军. 薪酬管理理论与实务. 北京：机械工业出版社, 2008.

以市场类中的业务经理和客户经理为例, 对他们的能力进行分级, 如表 3-3 所示。

表 3-3　业务经理和客户经理的能力分级方案

职位名称 能力要求及等级	业务经理	客户经理
计划能力	3 级	2 级
决策能力	2 级	3 级
沟通能力	2 级	3 级
主动性	2 级	2 级
领导能力	1 级	2 级
创新能力	3 级	3 级
……	……	……

资料来源：刘爱军. 薪酬管理理论与实务. 北京：机械工业出版社, 2008.

②角色定义。角色定义规定了企业对各级各类任职者"能做什么、需要做到什么程度"的期望, 它是任职资格标准体系的核心。它与后面的任职资格标准开发之间的关系是：前者是"做正确的事", 后者是"将事做正确"。角色定义的基本内容包括：承担的责任大小, 在本专业领域的影响, 对流程优化和体系变革所起的作用, 要求的知识的深度和广度、技能的高低, 解决问题的难度、复杂度、熟练程度和领域。

③从角色定义导出任职资格标准。任职资格标准的开发要解决的问题是：要达到在角

色定义中"能做什么、需要做到什么程度"的要求,任职者应当具备哪些能力?需要有哪些专业经历?其基本步骤包括:第一,仔细阅读工作说明书,收集与职务有关信息;第二,根据角色定义,每个角色确定3~5个的标杆人物;第三,深度访谈标杆人物,收集要达到角色定义中的要求所必备的能力和专业经历;第四,综合、分析、校验、修改同一专业不同级别标杆人物的访谈信息,"去伪存真、去粗取精、由表及里、由此及彼",分模块撰写能力和专业经历要求。

(2)将组织所需的每一项能力视为一个独立的部分,对每个部分设置能力等级及与之相对应的衡量标准,然后再根据这些标准来衡量员工的能力。

以某企业为例,对应于组织经营管理的各个环节,将企业的所有职位分成若干职系,如通常划分为管理类、技术类、专业类、行政类。每一职系又包括若干职种,如专业类包括财务、人力资源、计划、采购等职种。最后将每一职种分为高、中、初级。每一职级分为三个职等,职等则与薪等(工资等级)一一对应。如初级只需员工具备基本的核心能力、关键能力和业务能力,工作相当熟练,并能把知识、技术原理应用到工作中;中级要求员工具备核心专长和技能,工作相当熟练,并能把知识、技术原理应用到工作中;高级要求员工具备完全可以胜任该职位工作的核心能力、关键能力和业务能力,能分析和解决工作中的问题。由此形成组织内职系—职种—职级—职等(薪等)的逻辑关系。以表3-4所示的专业类中的职种——人力资源管理为例,可以分成3个职级7个职等,其中高级包含第7职等,中级包含4~6职等,初级包含1~3职等,这7个职等分别对应7个薪等。每一职级和职等都对应相关的能力要求,这就构成了能力薪酬体系的基础。

表 3-4 能力分级示意表

		管理类			专业类				技术类				行政类
		管理	经营	执行	财务	人力	计划	采购	研发	质量	工艺	…	文秘
高级	9	9											
	8	8											
	7	7				7			7				
中级	6	6	6		6	6	6	6	6	6	6		6
	5	5	5	5	5	5	5	5	5	5	5		5
	4	4	4	4	4	4	4	4	4	4	4		4
初级	3			3	3	3	3	3	3	3	3		3
	2			2	2	2	2	2	2	2	2		2
	1			1	1	1	1	1	1	1	1		1

资料来源:金萍.薪酬管理.大连:东北财经大学出版社,2006.

对于每一能力,我们还要确定这些能力可以由哪些品质、特性和行为组合表现出来,即具备何种品质、特性以及行为的员工最有可能是绩效优秀者。在这一步骤上,企业需要通过观察和直接询问绩效优异者是如何完成工作或解决问题的,来确定优秀绩效者的行为特征有哪些,或者说哪些行为表明员工具备某种能力,如表3-5所示。

表 3-5 某企业对团队合作能力的定义及其等级划分

能力等级	能力定义
1	合作：自愿参与，支持团队决策，是一个"好的团队成员"，承担自己那份工作
2	分享信息：使其他人能够获得最新的团队进程信息，分享所有相关、有用的信息
3 （可以接受的）	表达积极的期望：对其他团队成员的能力表现出自己的积极期望，以一种积极的态度向团队内外的其他人提起团队中的任何人。在产生冲突时，着眼于寻找冲突产生的原因而不是争论
4	请求投入：看重其他团队成员的投入和专业经验，愿意向同事学习，鼓励所有的团队成员在团队规划过程或者需要决策的时候贡献自己的思想和观点
5	鼓励他人：赞扬在团队内或团队外工作出色的同事，在团队成员获得新的成绩和进步时对他们给予鼓励，从而使他们感到自己在团队中是有价值的人
6	培养团队精神：采取特殊行动（如准备晚会或出游）促进友好气氛、高昂士气以及合作精神在团队成员之间的培养。向团队之外的同事宣传团队的成就和声誉
7 （出色的）	解决冲突：使得团队内部的冲突（个人间的或专业上的）公开化，鼓励采用对团队工作有利的冲突解决方法或者为之提供方便。不隐藏冲突，也不回避冲突，而是试图尽快解决冲突，以使团队协作有效性得以迅速恢复

资料来源：胡昌全. 薪酬福利管理. 北京：中国发展出版社，2006.

3.能力定价

对能力进行定价，就是要确定员工能够根据其具备的各项能力的特点获得多少报酬。能力定价的最基本的方法有两种。

（1）市场定价的方法。这种方法是对每一项能力在劳动力市场上进行薪酬调查，根据薪酬调查的结果来确定能力在本企业应该获得的报酬。由于能力薪酬目前是一种新兴的薪酬模式，国内企业采用能力薪酬的很少，所以市场定价的方法适用性较差。

（2）与绩效相关的方法。这种方法是根据每项能力与工作绩效的相关性来确定每项素质的价格，与工作绩效的相关性越高，该项能力的价格也就越高。在对每项能力进行定价的基础上，我们也需要将每项能力的价格分解到它对应的等级上，从而决定员工通过具备某项能力的具体等级要求而获得相应的报酬。

4.能力评价

能力评价是能力薪酬体系设计的关键一环，为的是将能力与薪酬结合起来。由于能力具有一般性，相对来说更抽象，这就决定了能力评价的原则是可操作、可测量的。因此，能力所包含的四个方面是完全可以评价的，而且必须保证评价是有效度和有信度的。

在企业中，能力评价流程如图 3-5 所示。一位新员工的能力可以在招聘中加以测评，如符合企业要求，即为试用员工。当新员工通过试用期，则需要进行第一次能力评价，以确定员工的职等和薪等。以后每次定期的能力评价都成为员工能力等级晋升的依据。如没有通过能力评价，则需确定教育或培训及其他相应的能力开发计划。此计划完成，再次进行能力评价，如此多次循环。

能力评价的具体办法包括以下几方面。

（1）专业知识评价：实行学分制，员工要申请某一任职资格等级，必须首先要达到该等级的知识考核学分的要求。

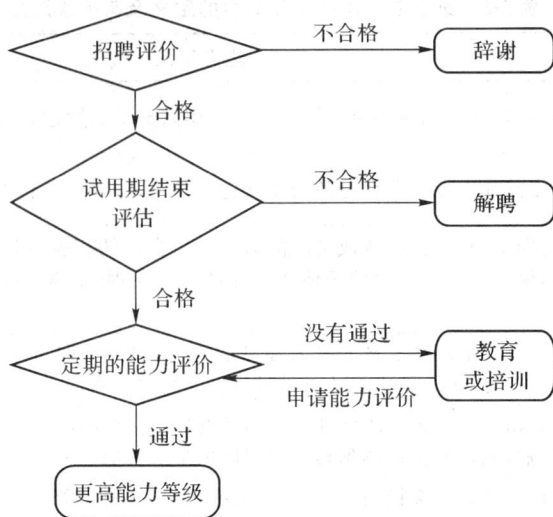

图 3-5　能力评价流程

资料来源:金萍.薪酬管理.大连:东北财经大学出版社,2006.

(2)专业经验与成果评价:企业根据能力标准要求,制定专业经验与成果评价细则,由员工本人提供经验与成果方面的资料,由专家小组进行集体鉴定。

(3)专业技能评价:企业根据技能标准要求,制定专业技能评价细则,由员工本人提供技能方面的资料,由专家小组进行集体鉴定。

(4)行为评价:企业可将行为评价与绩效管理结合起来,由员工的直接主管评价,评价结果作为任职资格等级调整的依据之一。

为进行以上评价,企业需组建任职资格评价组,由高级主管、业务专家和外部专家组成,最好是每一职系建立一个这样的评价小组。

5.能力薪酬体系的确立

目前能力薪酬体系通常与宽带薪酬结合起来,即将每一职级确定为一个宽带薪酬带。因此企业内有高级、中级和初级薪酬带,每一薪酬带都包括所有职系。在设计时,也要注意三个问题的处理,即:分等、确定每等对应的薪酬区间、确定相邻等之间的交叉。通常情况下,企业中每一职系都有不同的平均工资率,最低一级工资水平要等同于市场上类似职位的整体平均水平。由此可知,即使实行能力薪酬体系,也不能完全脱离职位薪酬的确定模式,即评价职位,按市场价格确定其薪酬水平,再按某种方式进行排序。

一位新员工可能在任何一个职系工作,但通常都要从初级开始。一段时间后,一旦证明能够达到更高一级的能力水平,他的薪酬也会相应提高一个职等。同时,企业应该鼓励员工不断地从一个职系流动到另一个职系,但前提是必须达到该职系的相应能力水平。

五、实施能力薪酬体系面临的问题和难点

1.能力的认证问题

确定员工的能力等级是能力薪酬实施的核心问题。但是企业根据自身的情况,建立自己的能力评价体系存在着很大困难。这个过程至少包括三个方面的内容:一是能力评价的

机构,二是能力评价的要素,三是能力评价的等级。这个过程是很复杂的。能力评价的机构可由企业自身的专业人员和外部聘请的专家共同组成。评价要素的确定则要结合企业的实际情况,突出本企业的特点,保证这些要素与企业的业务相关。评价的等级不宜过多也不宜过少,过多的等级对能力的区分度不够,过少对员工的激励性又不够;一般来说能力等级设定为 4~6 个比较合适。

2. 能力的利用问题

能力薪酬面临的一个最大现实问题是,如何有效地利用员工所掌握的知识技能。因为知识、技能和业绩之间并没有必然的因果关系,所以企业在推行能力薪酬制时,必须解决好这个问题,否则就会造成人力成本的大量增加而企业得到的回报却很少。解决这一问题,一是企业必须结合自身的实际需要确定能力评价要素,二是及时对员工的工作进行重新设计。随着其所掌握的知识和技能的增加,重新设计担任的工作,如让其工作丰富化和扩大化等。三是用业绩考核来调整员工的收入,能力薪酬只是基本薪酬,此外还有一部分报酬是基于业绩的。

3. 能力的培训问题

实行能力薪酬后,企业对培训的需求必然增大,企业在培训方面投入的成本也会随之增多。解决这一问题,可以让企业和员工共同承担培训费用。

4. 能力评价体系的更新问题

企业要不断更新和丰富能力评价的要素、要求,并对员工的能力等级定期进行重新评价。这种做法,一方面可以保证能力评价体系适应企业发展的需要,另一方面可以促使员工持续不断地进行学习。

5. 与职位和绩效有机结合的问题

大多数企业在进行薪酬决策时,除了考虑员工的能力外,仍需考虑职位数量和内容、目标完成情况等因素。所以即便使用能力薪酬体系,也不要完全依赖能力,要将能力与职位、绩效融合,并针对不同的企业和不同的环境而有所侧重。

本章小结

职位薪酬体系是一种以职位为基础来确定基本薪酬的薪酬体系,可表述为基于职位的基本薪酬体系,具有广泛的适用性。它根据职位的相对价值对职位进行排序,建立职位等级结构,然后再结合外部劳动力市场的薪酬水平综合确定每一薪酬等级所对应的薪酬水平。因此,我们在设计职位薪酬体系之前,必须先进行职位分析与评价,确定职位的相对价值。

基于任职者的薪酬体系可以细分为技能薪酬体系和能力薪酬体系。这两种薪酬决定体系的一个共同特征是,员工所获得的薪酬是与员工个人所拥有的知识、技能或能力而不是与职位联系在一起的。

技能薪酬体系是根据员工所掌握的与工作有关的技能以及知识的深度和广度来支付基本薪酬的一种报酬制度。实施技能薪酬体系必须具备下列条件:健全的技能评价体系,扁平化的组织结构,工作结构性较高、专业性较强,高度的员工参与,完备的培训机制。该体系的优点与缺点都比较突出,它适用于一定的组织或一部分人员。但有一点要说明,技能薪酬体系在设计与管理方面比职位薪酬体系更加复杂。

能力薪酬体系是建立在比技能范围更为广泛的知识、技能、自我认知、人格特征、动机等综合因素基础上的基本薪酬决定体系。能力并非一般意义上的能力,而是能够预测优秀绩效的特定能力组合。该体系是近年来新兴的尚未完全成熟的薪酬体系,在实践中仍有许多问题亟待解决,如能力分级、能力定价等。但是它对于解决原有职位薪酬体系的弊病,启发新思路具有十分重要的意义。

思考题

1. 职位薪酬体系的主要特点是什么?要求具有什么样的实施条件?

2. 如何设计职位薪酬体系?

3. 什么是技能薪酬体系?有哪些特点?

4. 技能薪酬体系的优缺点包括哪些?要求具有什么样的实施条件?

5. 如何设计技能薪酬体系?

6. 能力薪酬体系的优缺点包括哪些?其实施条件有哪些?

7. 能力薪酬体系的建立包括哪些步骤?实施能力薪酬体系需要具备哪些条件?

8. 讨论能力薪酬体系实施面临的问题和难点。

案例分析

通用磨坊公司的技能基础薪酬制

1. 背景

通用磨坊(General Mills)办了一家生产"即榨汁"的工厂。该厂主要生产新鲜的果味饮料,共有 334 名工人。"即榨汁"的生产过程有四个阶段:一是原料处理,接受并加工原材料;二是混合,将原汁配制成果味饮料;三是装瓶,用机器吹塑软包装瓶,装入果汁,封口;四是包装,用机器不断将封好的瓶子包装为 6 盒装,或装入箱子及货盘架上,同时要监控检测质量的机器。

传统的工作及付酬的方式是雇人去做每个阶段的工作,然后使用职位评价和薪酬调查去确定每项工作的工资。通用磨坊对工作方式进行了创新:在工作方式上,主要以工作团队方式进行。把工人分成 4 个 15 人规模的自我管理生产团队以及 3 个小型的后勤保障组,每个团队在其轮班时执行所有的操作。团队中一个重要的角色是操作员,他的主要职责是监督和控制生产流程,及时发现生产及质量问题,并同相关的人员交流和商讨这些问题,即便是这些问题不属于自己的工作领域。

2. 技能基础薪酬方案的运作方式

(1)技能区(技能模块):①每一个生产阶段代表一个技能区。②每个技能区有 3 种代表不同知识和技能提高程度的等级:一级——有限的能力;二级——部分熟练;三级——完全胜任(能够分析和解决生产问题,进行一些大的维护,如重组一台机器)。

(2)薪酬升级:①最初,新员工被分配到任一区并得到起薪。②大约 3 个月后此员工能够证明自己获得一级证书,从而可获得一次加薪。③该员工开始在此技能区以二级水平工作,合格后再升入三级或进入一个新区的起始水平,整个过程再重新开始。④每一个员工在一个区内必须工作到二级水平。员工如果不能获得那个水平的证书将会被解雇。⑤所有的等级,价值相等。因此,获得一项升级都会得到价值相等的加薪。

（3）培训:①每一个技术等级都有培训。②由生产团队安排。每个获得特定技能证书的雇员将负责培训轮换到该职位的下一位雇员。③员工必须等待新领域内出现空缺后才能轮换并开始培训。每个技能区有不同数目的职位。比如说,在原料处理区只有两个职位。④一个新员工通常在4～5年内可以达到最高等级(所有区内的三级)。

（4）授证:①每一个技能区都分成一系列具体的任务、知识及攻关技能。这些内容列在检查表中。②作为培训者的员工使用检查表来确定该员工是否已获得与本区内每个技术等级相关的技能和知识。③当培训者认为员工已获得必要的技能后,他将推荐发给证书。这时,该员工的整个团队必须同意授证,并且无时间限制、不进行测试。④假如此员工在下一级(他/她已被授予证书的那一级)不能够很好地胜任,那么该员工和培训者都将失去先前的加薪。

（案例来源:Lawrence S. KIeiman. 人力资源管理:获取竞争优势的工具. 孙非译. 北京:机械工业出版社,2003.）

分组讨论通用磨坊公司所使用的技能薪酬体系。回答下列问题:

1. 使用这种方法支付薪酬与使用传统方法相比优点是什么? 缺点是什么?

2. 你认为该公司在实施这个方案时遇到的实际困难是什么?

第四章 薪酬水平

学习目标

1. 明确薪酬水平外部竞争性及其因素；
2. 明确影响薪酬水平决策的因素；
3. 掌握薪酬调查的方式及其数据处理。

案例导入

李老板的烦心事儿

李老板在业内一直颇受赞誉,他对员工的体恤也是人人皆赏。在10年前还只有5个人的小公司时,李老板就把所有员工的利益放在了最重要的位置,他经常说:"只要跟着我,我绝对不会让大伙儿失望,我喝粥,就让大伙儿吃饭,我吃饭,就让大伙儿吃肉。"公司员工从5个人扩展到了20人、100人,可是李老板的方针依旧没有变,每个月拿薪水的时候,人人脸上都洋溢着笑意,李老板的美名一时之间无人不知。可是最近这种现象却悄然发生了变化,员工与老板之间不再是那么亲密无间了,这是怎么回事呢?原来,经过多年的苦心经营,公司先后成立了多家附属公司,去年,李老板完成了一个重要的事情,正式成立了集团公司,所有的管理收归于下。这是一件大喜事,自然,李老板又想到要鼓舞大家的士气。"咱们就来点直接的,涨工资。"在一片欢呼声中,按照人力资源部高主任的建议,公司在短短1个月内就完成了薪酬体系的改革,当然最主要的是普调了大家的工资。可是工资调整后,李老板却发现员工的积极性似乎并没有显著的提高,有些人怨气似乎还很大,工作效率也没什么提高。更让他费解的是,到了年终一算账,工资开支增加了不少,可公司的整体利润却不升反降。面对这个难题,李老板发愁了,这问题到底出在哪儿呢?

（资料来源：www.chinahrd.net）

企业的薪酬体系设计目的是为了帮助企业实现战略目标,因此企业设计薪酬首先必须在发展战略的指导下制定企业的薪酬策略。为了保持外部竞争力,首先需要考虑到企业的薪酬水平(企业内部各类职位或企业整体平均薪酬的高低程度)。这需要参考劳动力市场的薪酬水平,即解决薪酬的对外竞争性问题。而解决薪酬的对外竞争力问题重在薪酬调查。

第一节　薪酬水平的主要影响因素

在日常生活中,人们常常发现不同行业的薪酬水平参差不齐,即使在同一个行业中,在不同地区工作的人们的薪酬水平也相差很大。各个企业之间的薪酬水平存在明显差异,不存在统一的薪酬水平,我们周围的亲戚和朋友的薪酬收入也是千差万别的。员工的报酬水平不完全是雇主和员工在劳动力市场上交易的结果,也不是雇主在企业内部随心所欲的产物,它受诸多因素的制约,从来源上我们大致可以将众多因素划分为企业外部因素、企业内部因素和员工个人影响因素三部分。那么究竟是什么因素导致人们薪酬的差异? 本节主要围绕这些影响因素展开论述。

一、影响薪酬水平的企业外部因素

1. 民族文化和风俗习惯

不同的国家有自己独特的民族文化和风俗习惯,其中包含对薪酬的重要认识,它对当今企业薪酬的确定仍然有一定的影响。当然民族文化和风俗习惯也在慢慢发生变迁,也在不断接受新的文化因素,对自身不合理的因素进行调整。文化的变化会影响人们对薪酬的认识,进而影响实际的薪酬确定。在中国已经逐渐改变了工资分配上的"干与不干一个样,干多干少一个样"的做法;员工老龄化和激烈的全球竞争也对日本的年功序列制提出了挑战;美国受种族和性别因素影响的薪酬体制也遭到了猛烈的抨击。

2. 人口规模和劳动力结构

根据经济学边际原理和规模经济原理,若就业规模过小,现有的生产资料、资本等生产要素得不到充分利用,按利益递增规律,总产量和总收入就不能达到最大化;若就业规模过大,超过现有生产对劳动力的实际需求,使劳动要素与其他生产要素的配置比例失调,按收益递减规律,社会劳动生产率和人均收入必然会下降。只有使现有人口的数量规模与社会生产规模相适应,人口的增长规模与社会生产的增长规模相适应,保持经济学上的"适度人口"或"最优人口",才能取得最佳的效率和收入。

不同类型劳动力占劳动力总量的比例会影响薪酬水平,如熟练劳动力、知识性劳动力的比重较大,薪酬水平相应较高,反之则低。劳动力结构是否适应国民经济产业结构发展的要求,也会影响薪酬水平,如果两者不相适应,会产生"结构性失业"——一方面降低普通劳动力的薪酬水平,另一方面提高稀缺劳动力的薪酬水平。

3. 社会劳动生产率

社会劳动生产率制约着企业的薪酬水平。对一个国家而言,社会劳动生产率低,劳动者的薪酬水平必然低。发展中国家和发达国家之间薪酬水平的差距,主要是因为社会劳动生产率的不同。社会劳动生产率的变化主要表现为工业和农业两大物质生产部门为社会提供的产品数量的变化。由于工业劳动生产率一般高于农业劳动生产率,而企业员工的薪酬却主要用于购买农副产品及其加工产品,这时便会出现两种情况:一种是当农业劳动生产率的增长快于工业劳动生产率的增长时,可供应的农产品数量增加,员工实际薪酬水平可以有保证地提高;另一种是当农业劳动生产率的增长慢于工业劳动生产率的增长时,员工薪酬水平的增长要受到一定程度的制约,否则,会引起物价上涨,实际薪酬水平下降。因此,企业在确定自身薪酬水平变化时,应重视研究社会劳动生产率和工农劳动生产率的变化。

4.物价水平

物价水平尤其是员工的生活费价格水平的变动,对员工的薪酬水平有重大影响。当货币工资水平不变,或其上涨幅度小于物价上涨幅度时,物价上涨将导致员工实际薪酬水平的下降。为了保证员工实际生活水平不受或少受物价的影响,企业会采取必要的措施给予补偿。例如,有的国家规定工资根据物价水平每年调整一次,以保证生活水准不下降;有的国家规定企业给予员工一定的补贴、提高薪酬标准、增发奖金、实行部分薪酬或全部薪酬与物价指数挂钩、低价供应实物等措施,这些措施都将导致企业货币工资水平的上升。

5.劳动力市场供给状况

劳动力市场的供给情况是影响企业薪酬水平的重要因素之一。企业所有岗位的人力资源都是来自于劳动力市场,劳动力市场的任何变动都会相应地影响到企业获得人力资源的成本。因此,只有在很好地了解劳动力市场的供给情况的前提下,企业才能合理地、有效地确定自身的薪酬水平。根据劳动力供、需与薪酬水平关系模型,市场上某一类岗位的人才的薪酬水平与市场上人才的供应量成正比关系。也就是说,人才的供应量会随着市场上的薪酬水平的提高而增长。反之,当市场上人才的薪酬水平降低时,其供应量也就随之减少。市场上人才的薪酬水平与对人才的需求量成负相关关系。也就是说,人才的需求量会随着市场上人才的薪酬水平的提高而减少。反之,当市场上人才的薪酬水平降低时,人才的需求量会随之增加。企业可以根据劳动力薪酬水平波动的这一规律,预测劳动力市场的变化趋势,合理制定自己的薪酬水平,有效地进行薪资预算,控制人力资源成本。

6.竞争对手的薪酬水平

竞争对手的薪酬水平是影响薪酬决策最直接、最主要的因素。企业在生存与发展的过程中,时刻关注其竞争对手的一言一行,并有针对性地调整自身的政策、行动,以免在竞争中处于不利地位,薪酬政策方面也不例外。如果竞争对手提高其薪酬水平,而企业在薪酬方面却没有作出及时回应的话,那么在吸引和招募人员方面,企业很可能因招募不到足够数量的优秀员工,而在人才的竞争中处于不利地位;在留用员工方面,核心员工因本企业的薪酬低于竞争对手而觉得自身的价值没能得到应有的尊重和认可,从而产生不公平感,降低忠诚度、归属感,造成企业人才流失并导致生存危机。

7.地区经济状况及行业发展水平

企业所在地区的不同对企业的薪酬水平影响很大,企业在确定薪酬标准时应根据本地区的消费水平来决定。不同地区的生活指数不同,企业在确定员工的基本薪酬时应参照当地居民的生活指数。一般经济发达地区的薪酬水平比经济落后的地区高。在我国,中西部与东部沿海的薪酬水平就存在很大差异,即使在同一个行业,员工所获得的薪酬相差也很大。所以,我们也不难解释为什么存在中西部人才匮乏、大量人才"东南飞"的现象了。地区的经济发展水平不同,地区的薪酬标准也各不相同,这些不同可以引导和促进人才在全国范围内流动。

由公平理论可知,企业薪酬的确定必须参考其所在行业的薪酬标准。企业的员工会将自己的所得与自己的同行进行比较,如果比较结果是自己的薪酬水平远远低于同行的水平,他们就表现出不满并离职,过高的离职率会破坏企业正常运转的秩序,对企业绩效造成影响。因此,企业必须确定合适有效的薪酬水平来降低居高不下的离职率。

8. 国家相关法律法规

薪酬是社会再生产过程中的一种分配方式,其实质是劳动者的劳动报酬,薪酬水平的高低对社会再生产和劳动力再生产有着极为重要的影响。薪酬水平过高,企业只能维持简单的再生产,有时甚至连再生产也无法维持,那么,整个社会就失去发展的动力而不能发展,甚至倒退;薪酬水平过低,则劳动力的再生产将难以维持,社会将出现不安定因素,甚至发生危险。

任何一个国家都十分重视薪酬这一问题。政府不仅仅是法律和法规的来源,作为商品和劳务的消费者,政府本身是一个大雇主;同时,政府通过其财政和货币政策影响着劳动力需求。政府通过建立职业准入标准、提供教育培训基金,并通过直接在市场上竞聘人力资源影响着劳动力供给。因此,了解国家法律法规和政策对薪酬管理的相关规定是非常有必要的。我国制定了一系列与薪酬有关的法律法规和政策,从国家、社会、企业以及个人等多方面进行了规范,不仅有效地保护了企业和个人的基本利益,同时,还为社会的稳定和国家的繁荣昌盛打下了良好的基础。到目前为止,我国政府制定的影响薪酬管理的主要法律法规和政策有:《中华人民共和国宪法》、《中华人民共和国劳动法》(以下简称《劳动法》)、《中华人民共和国劳动合同法》(以下简称《劳动合同法》)、《中华人民共和国个人所得税法》、薪酬制度、社会保险制度、住房公积金制度等。这些法律法规和政策规定了我国薪酬管理的基本内容,比如《劳动法》中明确规定了工资分配原则、最低工资规定、工资支付、节假日工资、加班工资等。《劳动合同法》规定了薪酬的最低底线,同时规定企业与员工签订劳动合同时需要规定劳动报酬,另外向员工支付经济赔偿也以员工的工资作为标准,因此企业将更加注重全面报酬体系的观念。此外,劳动法律法规还对各种保险、经济补偿作出规定。因此,薪酬管理与法律法规和政策有着密切联系。法律法规和政策是薪酬管理的依据,是企业的薪酬管理行为的标准规范和准绳。反过来,薪酬管理是贯彻实施法律法规和政策的具体行为活动,两者相互依存,密不可分。

二、影响薪酬水平的企业内部因素

来自企业内部的影响因素主要包括企业经济效益、企业薪酬政策、企业生命周期以及企业文化。

1. 企业规模因素

许多研究表明,在其他因素不变的情况下,大型企业所支付的薪酬水平往往要比中小型企业支付的薪酬水平高。其主要原因有如下几个方面。

(1)在大型企业中采用长期雇佣的做法往往比在中小型企业更有优势。大型企业时常关注降低员工的辞职率以及确保空缺职位能够得到迅速的填补,因为优势员工的流失会造成企业生产率下降以及会产生雇用新员工的成本和新员工的适应成本,因而,大型企业决定向员工支付较高水平的薪酬也就成为一件自然的事。

(2)由于大型企业有更大的动力维持与员工之间的长期雇佣关系,而其员工的稳定性也更强,因此,大型企业会有更大的动力去培训自己的员工,而员工的人力资本投资必然会强化他们的收入能力。

（3）企业规模越大，对员工的监督就越困难，因而企业就越希望能够找到其他的方式来激励员工，使其即使在没有严密的、直接的监督下也能够努力工作。而确定较高的薪酬水平是企业激励员工的方法之一。

（4）大型企业出于形象等方面的考虑也有更高的薪酬支付意愿。

2. 行业因素

企业所能支付的薪酬水平显然会受到企业所在企业类型的影响，而行业特征对薪酬水平的最主要影响因素就是不同的行业所具有的不同的技术经济特点，不同的技术经济特点决定了企业的基本生产属性是劳动密集型还是技术密集型等生产形态，不同的生产形态所需员工技能素质是有区别的，从而决定了薪酬水平的差异。例如，在软件开发、生物制药、遗传工程和电信行业中，人均薪酬水平比其他行业普遍要高一些。此外，在不同的国家、不同行业中工会化程度的高低也是影响企业薪酬水平的主要力量。在工会势力比较强的行业中企业往往会被迫维持一定的薪酬水平；而在工会实力比较弱的行业或者没有工会组织的行业中，企业所面临的这种压力会比较小一些，但是为了防止本企业的员工加入工会或是为了保持自己在外部劳动力市场上的竞争性，没有工会的企业往往也会追随有工会的企业的薪酬动向来调整自己的薪酬水平。

3. 企业经营战略与企业文化

企业经营战略对企业确定薪酬水平的影响是非常明显的。如果选择实施低成本战略，那么企业必然会尽一切可能去降低成本，当然包括薪酬成本。实施低成本战略的企业大多处于劳动力密集型行业，边际利润较低，因而盈利能力和支付能力都比较差，结果总体的薪酬水平也不会太高。例如，麦当劳和马里奥特采用的就是"低成本—低薪酬"战略，它们希望尽可能降低产品成本和劳动力成本，以便在竞争中战胜竞争对手；相反，实施创新战略的企业为了吸引有创造力、敢于冒风险的员工，必然不会太在意薪酬水平的高低，它们更为关注薪酬成本可能会给自己带来的效益，只要较高的薪酬能够吸引优秀的员工，从而创造出高水平的收益就行。

企业文化是企业在成长过程中形成的企业成员广泛接受的价值观念，以及由这种价值观念所决定的行为准则和行为方式。企业文化影响管理层对薪酬支付的态度、管理层的人才观、所确定的薪酬制度和薪酬支付方式，这些都间接地影响薪酬水平。在有些企业中，员工收入相对平均，而另外一些企业的员工收入差距却较大；有些企业薪酬水平不高，但集体福利不错，而另外一些企业倾向于增加个人收入却几乎没有集体福利；有的企业给重点引进的人才很高的待遇，而对在企业兢兢业业工作的员工却不重视，所有这些都反映了企业文化的差异。

4. 企业的经济效益

在市场经济中，企业自主决定薪酬分配，企业成员的薪酬水平与企业经营状况、盈利能力密切相关。通常，如果企业成长较快，经营状况良好，那么它的劳动生产率自然也很高，经济效益也会令人满意，为了保持企业竞争力和激励员工，此时企业应当支付并有能力支付较高的薪酬；反之，如果企业经营管理紊乱，经营业绩下降，自然经济效益也不会好，那么企业为了降低运行成本，走出经营困境，通常会降低现有的薪酬水平。

经营得好的企业，其薪酬水平相对稳定且有较大增幅，而那些经营业绩较差的企业，其薪酬水平相对较低且不具有保障。因此企业的经营效益与企业盈利能力直接相关。企业的盈利能力是企业支付能力的基础,能够影响企业经济效益的各项因素,同时也是决定薪酬水平的重要因素。

总之,企业的经济效益直接决定了企业的支付能力。企业经营状况良好则支付能力强,员工的薪酬水平就会高且稳定;如果薪酬负担超过了企业的承受能力,那么企业就会严重亏损、停业甚至破产。

5.企业薪酬政策

薪酬政策是企业分配机制的直接表现,薪酬政策直接影响着企业利润积累和薪酬分配的关系。在实际运作中,有的企业非常注重高利润积累,而有的企业则注重利润积累和员工收益之间的平衡,所有这些差别都会直接导致企业薪酬水平的不同。

同时员工的薪酬不仅包括基本薪酬还包括各种绩效薪酬和福利,不同企业提供的员工福利以及各种优惠待遇是不同的。如有的企业为员工提供免费午餐、免费宿舍、带薪休假、免费旅游等,而有的企业则缺乏这些项目,这些均会影响到薪酬支付结构及水平。

6.企业生命周期

在企业发展的不同时期,企业的盈利水平和盈利能力以及企业的远景是不同的,这些差别会导致薪酬水平的差异。处于创业初期的企业,通常情况下员工的薪酬水平并不是很高,很多加入企业的人很可能是在一个具有领导魅力的创业者的带领下,心甘情愿拿着较低的工资并为企业而奋斗;处于业务成长期的企业,因为对人力资源需求上升,因此员工薪酬会高于同类型的企业,并且可以不断增长,此时企业如果不增加员工薪酬,很可能在业务急需要人手的时候出现人员短缺,因此用高于同行业的薪酬水平来吸引员工是企业保持发展势头的基础;处于成熟稳定期的企业,员工的薪酬水平一般较高,并且增长较为稳定;处于衰退期的企业,一般需要节省开支,员工的薪酬能维持原来的水平已经不容易了,大多数员工的薪酬会下降。

三、影响薪酬水平的员工个人因素

企业设计薪酬除了考虑企业外部和内部因素外,还必须考虑企业员工自身的因素。员工的差异直接决定了薪酬的差别。员工之间的差异主要表现在两大方面:一是员工所从事的岗职差异;二是员工的个体特征差异。

1.岗职差异

岗职差异主要表现为各岗位、职务在工作繁简和难易、责任轻重、危险与否、劳动环境艰苦还是轻松等方面的差异。员工从事的工作在上述方面存在差别,个体收入自然也会有所不同。有的工作繁、难,担负责任重大,工作环境艰苦而且具有一定的危险性,其薪酬应高一些;反之,则应低一些。

2.个体特征差异

个体特征差异主要体现在年龄、性别、工龄、资历、文化程度、专业技能等方面的差别。由于个体差异,即使从事同一工种的个体之间的薪酬水平也未必一致。个体差异的表现形式有以下几个方面。

(1)劳动者的付出

根据劳动者劳动能力的不同、劳动量的不同和劳动成果的不同支付不同的薪酬,体现按劳分配的原则。员工的劳动质量高、成果多、劳动量大，其薪酬水平就高；反之，薪酬水平则低。不管按时计酬、按件计酬还是按绩效计酬，通常工作量较大时，薪酬水平也较高。这种现实的工作量差别是导致薪酬水平高低差别的基本原因。

（2）工作经验

总体看来，工作经验丰富的员工的薪酬要高于刚参加工作的员工，这主要是补偿员工在职学习技术时所耗费的时间、体能、金钱和机会成本，甚至是员工所承担的心理压力等直接成本，以及因学习而减少收入所造成的机会成本。另外，工作经验丰富则工资高的政策还具有激励员工的作用，促进员工积极主动地学习新技术，提高生产效率。

（3）工作年限

工龄长的员工的薪酬通常高一些，主要是为了补偿员工过去的投资并减少人员流动。连续计算员工工龄工资的企业，通常能通过年资起到稳定员工队伍、降低流动成本的作用。

（4）技术和训练水平

根据员工的技术和训练水平的不同，给予不同的薪酬报酬。员工的技术与训练水平体现了他们的人力资本价值，因此他们的薪酬也必须要反映其个人人力资本的大小不同。显然，在其他条件类似的情况下，员工所接受的训练越多、积累的经验越多，其收益能力就会越强，所得到的报酬水平就会越高。而对于一个国家、一家企业而言，劳动力队伍的素质越高，则劳动者所能产生的生产率就会越高，国家或者企业的竞争力就会越强。

（5）员工接受的教育水平

员工接受的教育水平在实际中表现为学历，它反映员工掌握的文化知识水平的高低，也是企业用来识别人才潜在劳动能力的标志之一。一般而言，学历高的员工，智力投资相对较多，工作能力较强，工作潜力较大，薪酬相应高一些是合理的。因为这样既能补偿员工智力投资的成本，又有利于激励员工学习科学文化知识、提高素质，促进企业发展。

（6）员工性别差异

由于性别不同，企业应按不同性别安排力所能及的工作。如果在相同职位上由于性别不同而出现工作效果不同的情况，那么薪酬也应有所差异。总之，性别差异应具体用劳动差别来衡量，要确保员工同酬，消除薪酬分配上的性别歧视。

（7）员工身体健康状况差异

身体健康状况好的员工比较容易胜任繁、难的工作，薪酬自然要高些；反之，薪酬则会低些。

第二节　薪酬的外部竞争性

一、薪酬水平外部竞争性的内涵

1.薪酬水平外部竞争性的概念

所谓薪酬水平外部竞争性，是指一个企业薪酬水平在劳动力市场中相对位置的高低以及由此产生的企业在劳动力市场上人才竞争能力的强弱。

2.理解薪酬水平外部竞争性需要注意的问题

(1)薪酬水平外部竞争性首先是基于不同企业中类似职位或者类似职位族之间的薪酬水平相比较而得出来的。在现在市场竞争中,薪酬水平外部竞争性不是将一个企业所有员工的平均水平与另外一个企业的全体员工的平均薪酬水平相比较而得来的,而是基于不同企业中类似职位或者类似职位族之间的薪酬水平相比较而得出来的。如果笼统地说,某一个企业的平均薪酬水平比另一个企业的平均薪酬水平高,就据此判断这一企业的薪酬水平外部竞争性一定强,这就有可能犯严重的错误。因为虽然这个企业的平均薪酬水平确实很高,但如果该企业重要职位和不重要职位之间的薪酬水平没有太大的差异,而另一个企业尽管平均薪酬水平较低,但它对重要职位所支付的薪酬水平远高于该企业,对不重要职位支付的薪酬水平较则低。若此时正好外部劳动力市场上存在大量能够招聘不重要职位工作的员工,那么,另一个企业到外部劳动力市场招聘从事不重要职位工作的员工时,它不会因为支付的薪酬水平比较低就招不到劳动力。也就是说,在低技能劳动力的招聘方面,它一定会比该企业的薪酬竞争力更差,而在招聘从事重要职位工作的劳动力时,它的薪酬水平竞争力一定比该企业强。这就说明,薪酬水平外部竞争性应当是就职位或职位族而言的,却不是就企业层面而言的。总体而言,在传统的薪酬水平概念上,我们更多关注的是企业的整体薪酬水平。而在当前这种竞争日趋激烈的市场环境下,对企业平均薪酬水平进行笼统的对比,意义已经越来越小,人们开始越来越关注不同企业中类似职位或类似职位族之间薪酬的对比。

(2)外部竞争性是与外部劳动力市场联系在一起的。薪酬水平外部竞争性要求与内部一致性要求之间有时也会产生不一致。例如,根据企业内部的职位评价,财务经理和人力资源经理的重要性和价值大小是类似的,因而这两个职位的薪酬水平应该大体相同才符合常理。但是,当外部劳动力市场出现人力资源经理比较短缺而财务经理比较充裕的情况,人力资源经理职位的劳动力市场价位超过了财务经理的市场价位。这时,企业必须作出决策,到底是根据其内部职位评价来确定薪酬水平,还是主要根据外部劳动力市场来确定薪酬水平。在实践中,企业也许会更多地考虑薪酬的外部竞争性。

3.薪酬水平外部竞争性的重要意义

薪酬水平外部竞争性对企业的影响是深远的。具体而言,薪酬水平的外部竞争性的重要性体现在以下几个方面。

(1)薪酬水平外部竞争性对吸引、保留和激励员工具有重要作用。美国某调查机构在对积累了 20 年的数据进行分析之后得出如下结论:管理人员、事务类人员以及小时工人都将薪酬看成第一位的就业要素,只有技术人员将薪酬看成第二位的就业因素,而将技能提高看成第一位的就业因素。在我国,由于居民的收入水平普遍不高,经济发展还没有达到一定的程度,因而薪酬对于普通劳动力的重要性就显而易见。一方面,如果一个企业在招聘员工时薪酬水平太低,就很难招募到合适的员工,即使招聘到员工,在数量和质量方面也不尽如人意,过低的薪酬甚至会降低员工对企业的忠诚度。关系营销中的内部营销理论说明,只有对企业满意的员工才会培育出对企业的忠诚,对企业不满意的员工将会是企业中的恐怖分子,而薪酬是导致员工对企业是否满意的一个重要因素。另一方面,如果企业的薪酬水平普遍较高,那么企业比较容易招到适合自己的员工,同时也能有效地降低员工的流失率,这在很大程度上能够减少企业的交易成本。

（2）从效率工资理论的角度出发，较高的薪酬水平还有利于防止员工的机会主义行为，能够激励员工努力工作，也能够减少企业的监督管理成本。这是因为，如果员工不努力工作，一旦出现偷懒或消极怠工行为以及其他对企业不利的行为而被发现，并因此被解雇，员工很难在劳动力市场上再找到其他能够获得类似薪酬的新职位。因而，在这种负向激励的作用下，员工为避免被解雇的可能就会努力地工作，这也印证了当今劳动力市场上流行的"今天工作不努力，明天努力找工作"的说法。

（3）薪酬水平外部竞争性能有效地控制成本。从会计的角度来看，薪酬其实就是企业的一项费用，因而薪酬水平的高低与劳动力的成本有着密切的联系，尤其是在一些劳动密集型或技术密集型的行业中，薪酬水平对劳动力成本的影响更为明显。显而易见，在其他条件一定的情况下，薪酬水平越高，企业的劳动力成本也就越高；而相对于竞争对手的薪酬水平越高，则提供相同或类似产品、服务的相对成本也就越高。较高的产品成本会导致较高的产品定价，在产品差异不大的情况下，消费者自然会选择较为便宜的产品。因而，控制劳动力成本对于企业保持竞争优势就非常重要。

（4）薪酬水平外部竞争性有利于树立企业外部形象。支付较高薪酬的企业往往有利于树立其在劳动力市场上的形象，而且也有利于企业在产品市场上的竞争。这是因为，薪酬能力的大小会影响消费者对于企业以及企业所提供的产品和服务的信心和忠诚度，这会在消费者心里造成一种产品差异的感觉，从而起到鼓励消费者形成品牌忠诚度的作用。另外，在大多数国家中，政府会采取立法的形式明文规定组织的最低薪酬水平，为确保自身经营的规范性和合法性，企业在确定薪酬水平的时候会考虑政府颁布的这些法令和规定。如果一旦出现有悖于政府的相关法令运作，这会对企业的形象造成非常不利的影响，对企业在劳动力市场和产品市场上的影响也将会非常恶劣。

二、薪酬水平外部竞争性的决策类型

一个企业在确定薪酬水平的外部竞争性时，通常会受到来自外部劳动力市场和产品市场的双重压力的影响，但是在选择薪酬水平时仍然有一定的余地，选择余地的大小取决于企业所面临的特定竞争环境。在存在选择较大余地的情况下，企业需要作出的一个重要战略决策就是到底将薪酬水平定位在高于市场平均水平之上，还是将其定位在与市场平均水平相等或稍低一些的水平之上。不同的薪酬水平定位方式会对企业有不同的效果，具体而言，企业在作出薪酬水平外部竞争性决策时通常有领先型、跟随型、滞后型、混合型策略等多种方式，选择何种方式与企业的发展战略及薪酬观念有着重要的联系。

1. 薪酬领先型策略

薪酬领先型策略又称领袖策略，是指一个企业采用它愿意支付高于市场平均水平薪酬的战略。采用这种薪酬策略的企业，薪酬水平在同行业的竞争对手中是处于领先地位的。一般来说，企业的支付能力、企业所处的发展阶段和企业所属的行业性质在一定程度上决定了企业的支付水平。薪酬领先型策略一般基于以下几点考虑：市场处于扩张期，有很多的市场机会和成长空间，对高素质人才需求迫切；企业自身处于高速成长期，薪酬的支付能力比较强；处于市场的垄断地位；在同行业的市场中处于领导地位；等等。

薪酬领先型策略的优势：吸引更多的优秀人才，能够降低员工的离职率，节省企业在员工甄选和薪酬管理方面所支出的费用，能够树立企业良好形象，形成更高的投入产出比，还

薪酬管理

可以减少因薪酬问题引起的劳动纠纷,也能够有效地节约薪酬管理成本和监督员工所产生的成本。

薪酬领先型策略的不足:采取薪酬领先型策略的企业往往具有很大的管理压力。因为企业支付了较高的薪酬雇用了大批有能力的员工,但是,如果不能通过工作的组织与设计使优秀人才得到合理配置,不能通过高水平的管理将高投入转为高回报,那么高薪给组织带来的就不是成本,而是一种成本负担。

2. 薪酬跟随型策略

薪酬跟随型,也称为薪酬匹配策略,是指根据市场平均水平来确定本企业的薪酬水平。这是为大多数企业所采用的最为通用的一种薪酬策略,企业风险可能也是最小的。实施这种薪酬战略的企业往往是既希望确保自己的薪酬成本与产品竞争对手的薪酬成本保持基本一致,从而不至于在产品市场上处于不利地位,同时又希望自己能够有一定的员工吸引和保留能力,不至于在劳动力市场上输给竞争对手。采取这种薪酬战略的企业风险可能是最小的,它能够吸引到足够数量的员工为其工作,避免在产品定价或保留高素质员工队伍方面处于不利地位。不过由于与竞争对手相比优势不明显,在招聘大量优秀人才时会有一定难度。

3. 薪酬滞后型策略

薪酬滞后型策略也叫成本导向策略,即企业在制定薪酬水平策略时不考虑市场和竞争对手的薪酬水平,只考虑尽可能地节约企业生产、经营和管理的成本,这种企业的薪酬水平一般比较低。采取薪酬滞后型策略的企业特征:往往是规模较小,大多处于竞争性的产品市场上,边际利润比较低,成本承受能力很弱,很多这种类型的企业属于中小型企业。受产品市场上较低的利润率所限制,没有能力为员工提供高水平的薪酬,是企业实施薪酬滞后策略的一个主要原因。而有些时候,企业实施薪酬滞后型策略并非是企业没有支付能力,而是没有支付较高薪酬的意愿。显然,薪酬滞后型策略非常不利于企业吸引高素质员工,采用这种策略的企业,员工的流失率也比较高。

尽管滞后于竞争性水平的薪酬策略会削弱企业吸引和保留潜在员工的能力,但是如果这种做法是以提高未来收益为补偿,则反而有助于提高员工对企业的承诺,培养他们的团队意识,并进而改进绩效。例如在信息以及其他一些高科技企业中,员工的基本薪酬可能会低于市场水平,但却可以获得企业的股票或股票期权,这种当前的较低基本薪酬与未来的较高收入相结合的薪酬组合,不但不会影响企业的员工招募和保留能力,反而有助于增强员工的工作积极性和责任感。此外,这种薪酬水平策略的劣势还可以通过与富有挑战性的工作、良好的同事关系等其他因素相结合而得到适当的弥补。

4. 薪酬混合型策略

薪酬混合型策略就是企业针对不同的部门、不同的岗位、不同的人才,采用不同的薪酬策略。比如对于企业核心与关键性人才和岗位采用市场领先型薪酬策略,而对一般的人才、普通的岗位采用非领先的薪酬水平策略。

这样既有利于企业保持自己在劳动力市场上的竞争力,同时又有利于合理控制企业的薪酬成本开支。此外,通过对企业薪酬构成中的不同组成部分采取不同的市场定位策略,还有利于企业传递自己的价值观以及实现自己的经营目标。

第三节　薪酬调查

一、薪酬调查概述

薪酬调查重在解决薪酬外部竞争性的问题。企业在确定薪酬水平时,需要参考劳动力市场的薪酬水平。在发达国家,大型企业进行定期薪酬调查已经相当普遍,它是企业制定发展战略的基本资料来源。美国内务部进行的一项雇主调查显示,93％的雇主通过调查资料确立企业薪酬水平,55％的雇主认为进行薪酬调查是非常有必要的。一些咨询机构开始提供薪酬调查服务,一些行业和专业协会、政府机关和研究型刊物也越来越多地披露相关的薪酬信息。很明显,要使企业的薪酬水平具有竞争力,需要对各种信息进行分析。

1.薪酬调查的概念

薪酬调查就是指企业通过收集信息来判断其他企业所支付的薪酬状况的一个系统过程,这种调查能够向实施调查的企业提供市场上的各种相关企业(包括自己的竞争对手)向员工支付的薪酬水平和薪酬结构等方面的信息。这样,实施调查的企业就可以根据调查结果来确定自己当前的薪酬水平相对于竞争对手在既定劳动力市场上的位置,从而根据自己的战略定位来调整自己的薪酬水平甚至薪酬结构。

2.薪酬调查的类型

由于中国从计划经济向市场经济转轨的时间并不长,因此人力资源理论和实践的积累还不多,其中薪酬更是如此。

目前,中国的薪酬调查有些混乱,在同一地区同一时间的不同调查,其数据会有相当大的差别。其实作为社会调查的一种,薪酬调查并不简单。现就目前社会上比较流行的薪酬调查类型作简单介绍。

(1)政府部门薪酬调查

政府部门薪酬调查目前主要是指由劳动部门定期公布地区的薪酬"指导价"。作为政府部门,可以通过行政手段收集数据,因此,这种调查的范围广、取样多,比较全面。但缺点也是明显的,因为它的取样主要来自各种报表,企业在向上申报时很可能会有所保留,比如工资水平不可能申报得太高,因为工资水平可能会涉及企业的工资总额及税收等。所以劳动部门公布的薪酬数据,明显低于其他调查机构的数据。

(2)专业薪酬调查公司调查

目前专业薪酬调查公司主要是国外独资或合资的公司。一般来说,能够进入中国市场并有效开展业务的外资调查公司规模都比较大,运作比较规范,数学模型也比较成熟。但是这种公司的商业味道很浓,调查对象的选择缺乏普遍性。比如美国某调查公司在上海的分公司,每年都要公布一套所谓"中国薪酬调查报告",但其根本不能代表中国的薪酬水平,因为他们对被调查的公司收取非常贵的费用,所以参与调查的都是些大公司,且以外资为主,因而由此得到的调查数据就明显偏高。当然这些外资调查公司除了开展一年一度的面上调查外,也接受客户单独要求的调查,比如要求调查某地区某行业的薪酬水平等。这样的调查针对性强,数据也比较可靠,但费用很高。因为这种调查是不向社会公开的,只向委托单位收费,而不像上面所说的面上调查,调查报告是向社会出售的。

（3）"半官方"专业调查

"半官方"专业调查主要指由政府部门创办的专业调查机构的调查,比如一些地方的城市调查队。它接受政府或其他单位的委托进行专题调查,其中包括对各种不同类型对象、具有不同目的的薪酬调查。相对来说,这种调查的手段和方法比较先进,对当地社会比较熟悉,调查水平也比较高。同时因为有"半官方"的特殊身份,能得到官方资料,因此数据也比较可靠。但这些调查机构毕竟不是专业的薪酬调查机构,运用的不一定是专门设计的薪酬调查模型,分析解读数据不如薪酬调查机构专业。

（4）人才服务机构调查

这里所说的人才服务机构主要包括两种:一种是人才交流服务机构,比如人才服务中心;另一种是人才服务招聘网站。由于这些人才服务机构与人才市场的供求双方有着密切的关系（特别是网站的超时空特点）,所以调查可以随时进行。但这类调查随意性非常强,取样并不科学,没有任何约束,基本上"拿到篮里都是菜",被调查对象提供的数据真实性较差。比如同样是公司的销售经理,而这个公司可能是一个"六七个人,七八条枪"的小公司,也可能是数千人甚至排进世界500强的顶级公司,两者根本不属于同一个级别,因此没有可比性。由于这些人才服务机构缺乏专业的调查人才,因此,他们的样本选择、数据采集和数据分析都不专业。

二、薪酬调查的实施步骤

进行薪酬调查通常需要预先确定较全面的实施步骤,这样做有两个好处:一是可以使整个工作有条不紊地进行,二是有利于进度安排和控制。通常可以将薪酬调查的实施过程分为三个阶段:准备阶段、实施阶段和结果分析阶段。

1. 准备阶段

薪酬调查的准备阶段是指在具体实施调查之前需要做的工作。具体工作主要包括以下几方面。

（1）确定调查目的

在薪酬调查时,首先应清楚调查的目的和调查结果的用途,再开始组织薪酬调查。一般情况下,企业进行薪酬调查的主要目的如下。

①构建或评价薪酬结构。许多企业用市场薪酬调查来检验本企业职位评价的结果并构建薪酬政策曲线,这是薪酬调查的最重要的目的之一。如果企业内部职位评价形成的职位结构与外部市场形成的薪酬结构不协调,整合这两种结构是个大问题。

②对薪酬进行定期调整。大多数企业通常要定期对薪酬进行调整。一般一年调整一次,依据即为市场工资率。

③避免不恰当的薪酬开支。调整市场的薪酬水平以便与市场相适应,薪酬水平过高或过低对于企业来说都不适宜。

④分析与薪酬有关的人事问题。如果员工的辞职率上升与薪酬有关,那么对竞争对手进行薪酬调查是非常有必要的。

⑤评估产品市场竞争对手的劳动成本。一些企业,特别是竞争激烈的企业,常常运用

市场的薪酬数据来对竞争对手的产品定价和生产制造进行财务分析,以便在竞争中获得竞争优势。

(2)根据需要审查已有薪酬调查数据,确定调查实施方式

①审查已有薪酬调查数据。如政府有关部门发布的劳动力市场价位资料、已出版的权威机构编纂的统计资料、企业已经收集或通过其他渠道已经获得的薪酬调查数据等,对这些资料、数据进行审查评价,看是否能加以合理利用,以满足企业的需要。

②确定调查实施方式。由企业自己作薪酬调查,还是聘请一个专门咨询公司或是购买专业机构提供的调查报告?这需要分析该项调查需要什么样的技术和公关技巧,有没有这方面技能的人来规划并完成这项调查,输入、整理和分析数据所需要的计算机软件是否具备,各种调查方式所需要的费用是多少等问题。如果企业自身条件不具备,可利用外部专业机构为其进行调查。

在现实生活中,许多企业都是利用第三方来完成薪酬调查工作,主要有三个方面原因:第一,企业自行进行的薪酬调查往往容易引起其他企业尤其是竞争对手的警觉和不合作,而中立的第三方调查则比较容易说服目标企业的合作和参与。第二,薪酬调查工作费事费力,企业往往没有足够的人力和时间。根据一般的情况来看,一个包括15家公司和20个职位在内的薪酬调查,从最初的规划到最后得到参与者提交的报告,就需要花费10～15周的时间。对于范围更大的调查来说,完成的时间长达6个月左右也是很正常的。所以,借助专业化的外部薪酬调查机构从事薪酬调查是企业人力资源管理工作一种常见的外包形式。第三,对薪酬调查的结果进行分析也是一件很麻烦的事情。因为最终的分析往往要用到一些计算机软件和一些统计学的指标,企业往往没有能力或时间去做数据的处理工作。

(3)选择准备调查的职位及其层次

①确定需要调查的职位类别。即确定调查哪些职位?是某些类型的职位,还是所有类型的职位?需要分析的薪酬支付问题是少数职位的问题,还是所有类型职位的问题?在此基础上还需要进一步分析,哪些职位是典型职位(基准职位)或关键职位。在进行薪酬调查时,想获取本企业所有职位的薪酬数据既不现实,也无必要,因为选出一小部分"关键职位"就可以有效地代表一个企业的所有职位。关键职位是同类其他职位的基准或参照标准。关键职位具有以下特征:工作内容稳定,能够清晰、准确地定义;在本企业内的覆盖面广,可大致勾勒出企业所有职位的全貌;在本行业中具有代表性;供需较为平衡。

②进行恰当的职位配比。准确的职位配比是有效薪酬调查的一个关键问题。因为我国还没有建立规范的职位名称,因此,即使职位名称相同,在不同的企业也有可能有不同的工作责权、重要程度与复杂程度。例如,同样是行政部门的经理,有的企业主要从事后勤、保安等工作,而有的企业则可能还从事其他管理工作。所以薪酬调查时首先要确认要调查职位的工作责权、重要程度与复杂程度,然后再调查其薪酬状况。一般情况下,调查职位的职位概述最多不超过三五句话,可以根据职位描述中的内容以简明扼要、通俗易懂的语句总结该职位最为重要的一些职能。对于所要调查的每一关键职位,都要注明企业对它在学历、工作经验等方面的具体要求。

(4)界定调查范围,明确调查的目标企业及其数量

①界定调查所面向的劳动力市场范围。从劳动力市场的覆盖范围看,可以分为地方性、地区性、全国性和国际性劳动力市场,企业首先要确定在薪酬调查时所面对的劳动力市

场的范围,这个市场范围是针对所需调查的职位相对而言的。一般来说,对于低层级的职位,或无专长的普通工种岗位,例如,文员、半技术人员等,薪酬调查在企业所在地进行即可;而所需的高新技术、高级管理等类人才,由于其学历高、流动性大、竞争范围广,就需要扩大调查范围,进行地区性甚至全国性的薪酬调查。

②明确作为调查对象的目标企业及其数量。在明确调查范围的基础上,要进一步分析:哪些企业是从特定的劳动力市场上招聘员工,哪些企业具有足够的所需调查的特定职位等,由此可从既定的市场中确定调查的目标企业。对于调查企业来说,没有一个企业是所有职位的竞争者。有些企业可能是管理支持/文员职位的主要竞争者,而另一些企业可能是信息系统/数据处理领域的竞争者等。这就意味着为了获得不同种类职位的薪酬数据,就必须对不同的企业进行调查。

调查所需要的最低样本规模在很大程度上取决于职位的类型。参与调查的企业数量多,所获得的信息越多,做回归分析或者对数据进行分类分析的效果才会好,但是时间和预算方面会对被调查企业的数量产生一定的限制。据了解,对于所涉及的特定劳动力市场,有 10~20 个具有代表性的企业就能够提供足够、可靠的薪酬调查数据。

(5)选择所要收集的薪酬信息内容

选择所要收集的薪酬信息内容是调查者需要仔细考虑的一个问题。同样的职位在不同的企业中所获得的价值评价并非完全一样,获得的报酬方式也是不同的。有些企业给予某个职位的基本薪酬可能比较低,但奖励性的可变薪酬或者福利却可能会很好。因此,薪酬调查的内容不能仅仅包括基本薪酬部分,一般薪酬调查所涉及的薪酬信息包括:基本薪酬及其结构,年度奖金和其他年度现金支付,股票期权等长期激励方式,各种补充的福利计划及薪酬政策等方面的信息。

2.实施阶段

(1)设计调查问卷

调查问卷是收集调查数据最常用的方法。调查问卷的内容一般包括企业本身的有关信息,如企业名称、地址、所在行业、规模等,还包括有关职位和任职者的信息,例如,职位类别、职位名称、任职者的教育程度、相关工作年限等。此外,调查问卷的内容还包括员工薪酬方面的信息,例如,基本薪酬、奖金、津贴、员工福利及其他收入,有关调薪幅度和措施、工作时间和假期的规定等。薪酬调查问卷除了要涵盖以上有关内容外,有时还需要作出更详细的划分,如员工福利就包括养老金、医疗、住房、休假制度、交通饮食等,而且福利通常不以现金的形式发放给员工,因而,对于福利一般以单项标准为调查的内容。

调查问卷的设计应当尽量方便被调查者使用,以确保问卷易读、易懂、易回答。为了确保所有的调查参与者都能够理解调查内容,最好准备一份详细的问卷填写说明。表 4-1 和表 4-2 分别是一份薪酬调查表和某企业交通补贴标准调查表。

表 4-1　薪酬调查表

年　月　日

职位名称		职位编号		所属部门	
主要职责					
任职资格					
薪酬构成	金额(元)	比重(%)	公司上年度水平(元)	增幅(%)	备注
基本工资					
奖金					
津贴					
其他收入					
合计					
	被调查人签名：			调查人签名：	

表 4-2　某企业交通补贴标准调查表

年　月　日

交通补贴(元/月)	总经理	副总经理	部门经理	副经理	科　长	主　管	一般人员
100 以下							
101～200							
201～300							
301～400							
401～500							
501～600							
601～700							
701～800							
801～900							
901～1000							
1001 以上							

薪酬管理

　　(2)实施调查

　　由于薪酬涉及企业机密,不少企业与员工之间都有关于薪酬保密的约定,有时人力资源部门经理也不一定了解企业全部人员的薪酬,或者即使知道也不允许向外泄露。因此,在发放薪酬调查问卷时,首先要做好与企业总经理的沟通工作。通常可以采取合作调查的方式将被调查者作为成员之一纳入到合作队伍中,被调查者可以分摊一定的调查费用。在调查结束后,被调查者可以获得专项调查报告,还可以向被调查者提供优惠的综合性调查报告,其优惠率根据调查规模来确定。这两种合作方式需要与企业签订合作协议,并约定保密条款,为企业提供的薪酬资料严格保密。

　　在做好沟通工作的基础上,可向企业发放调查问卷。调查问卷的发放通常采取两种方式：一种方式是直接向总经理寄发，对于规模较大的企业可采取向人力资源部寄发；另一种方式是尽量直接上门发送，不能直接上门的采取特快专递、传真和电子邮件等方式来发放。

　　另外，在被调查企业填写问卷的过程中要做好解释和指导工作。为了更准确地了解被调查企业某一职位的薪酬水平，对于某一涉及员工人数较多而薪酬水平又存在较大差异的职位，如业务职位，在选择问卷填答对象上需要高、中、低不同薪酬水平的人员参与，或要求被调查企业就每一职位提供高、中、低三个水平员工的薪酬信息，这样才能避免以偏概全，能够真实反映这一职位上大多数员工所能达到的薪酬水平。

　　除了调查问卷法以外，还可以采取电话访谈、实地访谈、网络调查等方法来收集调查数据。尽管邮寄问卷的方式是一种最常见的方法，但在确保职位的可比性和薪酬数据的质量方面也存在很大问题，它要求调查者在制作问卷和定义概念时格外小心。如果问卷调查再配以专业人员面谈，则问卷调查法的效果会更好。因为在薪酬调查中，确保职位的可比性是数据收集时最重要的一个问题，而专业调查人员与被调查企业中的薪酬管理人员的直接面谈无疑有助于提高数据的质量和有效性。在双方面谈的情况下，他们比较容易对不同企业间的相应职位进行比较，调查者能够就一些特殊问题直接征求被调查方的看法。调查的目的主要在于获取有关薪酬政策、薪酬管理实践方面的信息。当通话双方都是专业的薪酬管理人员时，他们也有可能就部分职位的具体薪酬信息进行交流。网络调查作为一种新兴的调查方式，由于其良好的保密性大幅度提高了调查结果的可靠性，因此正受到越来越多企业的青睐。

　　3.结果分析阶段

　　(1)数据的核查

　　在调查问卷被回收以后，调查者首先是对每一份调查问卷的内容作逐项分析，以判断每一个数据是否存在可疑之处。例如，调查者需要检查企业所提供的薪酬浮动范围与其报告的职位实际薪酬水平之间是否存在不一致的现象。如果某一职位的基本薪酬数据远远超出其应属于的薪酬范围，要注意核查该职位与基准职位之间的匹配性，看某一职位所承担的职责比基准职位描述中的内容是更多还是更少。对于所承担的职责比基准职位更少的情况，要及时给接受调查的企业打电话询问和核对数据。如经核实，职位匹配性的问题确实存在，就要根据实际职位与基准职位之间的匹配程度，调整薪酬调查数据。

　　(2)调查数据的统计分析

　　在数据核查完成之后，就是最后一道工作程序，即分析数据。薪酬数据的分析方法一般包括：频次分析、集中趋势分析、离散分析以及回归分析。

　　①频次分析。所谓频次分析，就是将所得到的与每一职位相对应的所有薪酬调查数据从低到高排列，然后看落入每一薪酬范围之内的企业的数目。这是一种最简单也是最直观的分析方法。分析结果可以用表 4-3 表示。

表 4-3　某程序分析员职位薪酬数据频次分布表

工资区间(元)	平均工资在此范围内的公司数	所占比例(%)	工资区间(元)	平均工资在此范围内的公司数	所占比例(%)
40001~42500	1	3	52501~55000	3	10
42501~45000	5	17	55001~57500	2	7
45001~47500	4	13	57501~60000	3	10
47501~50000	6	20	总计	30	100
50001~52500	6	20			

②集中趋势分析。具体来说,集中趋势分析又可以进一步细化为简单平均数、加权平均数、中值等几种数据分析方法。

简单平均数,又称非加权平均数,是一种最为常见的分析方法。这种方法不考虑在不同企业中从事某种职位工作的员工的人数之间的差异,对所有企业的薪酬数据均赋予相同的权重。在操作层面上,它通常是将与特定职位相对应的所有数据简单相加,再除以参与调查企业的数目,从而求出平均值。这种方法使用起来比较简单。但是极端值有可能会影响结果的准确性,所以,有些企业会首先用频次分析将极端值剔除掉。当调查者所获得的数据不能全面代表行业或是竞争对手的情况时,采用简单平均数分析方法是最好的。

加权平均数,是指不同比重数据的平均数,加权平均数分析法的具体应用如下:不同企业的薪酬数据将会被赋予不同的权重,而权重的大小则取决于每一企业中在同种职位上工作的员工人数。换言之,企业从事某种职位工作的人员越多,则该企业的薪酬数据对于该职位最终平均薪酬数据的影响也就越大。在这种情况下,规模不同的企业支付的薪酬状况会对最终的调查结果产生不同影响。在调查结果基本上能代表行业总体状况的情况下,加权平均数的分析结果是最好的,因为这时经过加权的平均数比较接近劳动力市场的真实状况。

中值是将收集到的某职位薪酬数据进行降幂或升幂排列,然后取恰好位于中间位置上的那个薪酬水平数值。这样分析的最大好处是可以排除掉极端高或极端低的薪酬数据对于平均数的影响。不过,这种数据分析方法也是相当粗略的,只能显示当前市场平均薪酬水平的大概情况。

③离散分析。离散分析方法有三种:标准差、百分位和四分位分析。尽管标准差是描述离散分析最常用的指标,但在薪酬调查中却很少被使用。百分位和四分位是薪酬调查分析中最常用的测量平均值的方法。

标准差,是指每个薪酬数值与平均数之间的差别,即观察值比平均值大多少或小多少。标准差表明个人薪酬和平均数之间差别对于市场来说是否"典型",表明了大多数薪酬的范围。薪酬专业人员可以用这个范围来判断企业薪酬范围是否和市场的薪酬范围类似。

百分位。进行百分位分析时,将某职位所有薪酬调查数据按从低到高的顺序排列,并用百分位来表示特定企业薪酬水平在全部薪酬调查数据中的相对位置。对于薪酬水平处于某一百分位的企业来说,该百分位反映出有百分之几的企业薪酬水平是低于该企业薪酬水平的。具体来说,如果某企业薪酬水平处于市场第75个百分位上,这就意味着有75%的企业薪酬水平比它低。在百分位序列中,第50个百分位即是薪酬中值。这种百分位分

薪酬管理

析在企业的薪酬水平战略定位中是最常用的,因为它直接解释了本企业薪酬水平在劳动力市场上的地位。例如,有的企业将自己的现金薪酬总额定位在市场上的第 60、75 甚至 90 个百分位上,而有的企业则将基本薪酬定位在平均水平上,而将全部现金薪酬(基本薪酬加奖金或奖励)定位在第 75 个百分位上。表 4-4 表明的是会计职位的薪酬调查数据。

表 4-4　会计职位薪酬调查数据

企业名称	平均月工资(元)	排　列
A	2500	1
B	2200	2　90%处为2200元
C	2200	3
D	1900	4　75%处为1900元
E	1700	5
F	1650	6
G	1650	7
H	1650	8　中点或50%处为1650元
I	1600	9
J	1600	10
K	1550	11
L	1500	12　25%处为1500元
M	1500	13
N	1500	14
O	1300	15

四分位分析与百分位分析的方法是类似的,只不过在进行四分位分析时,将某职位所有薪酬调查数据按从低到高顺序排列,划分为四组(百分位是划分为十组),每组中所包括的企业数分别为调查企业总数的 1/4(百分位是 10%)。处在第二小组(百分位是第五小组)中的最后一个数据就是所有数据的中值,可以用它来近似地表示当前市场上的平均薪酬水平。

④回归分析。回归分析是来测试两个或多个变量之间的相关关系(变量之间的相关系数越接近于 1,则变量之间的相关性就越强),然后利用可以得到的其中一个变量的值(如销售额)来预测另外一个变量的值(如销售经理的薪酬)。我们可以利用一些数据统计软件如SPSS 等所提供的回归分析功能,分析两种或多种数据之间的关系,从而找到影响薪酬水平、薪酬差距或者薪酬结构的发展趋势进行预测。

(3)撰写调查报告

薪酬调查报告分为综合性分析报告和专项分析报告两种。综合性分析报告涵盖薪酬调查地区不同性质、规模、行业领域的企业,对这些企业的薪酬福利数据进行综合分析与统计处理,全面反映被调查地区企业薪酬与福利现状的全貌。专项分析报告则根据企业需要从参加薪酬调查的企业中选择一定数量具有可比性的企业,经过数据分析处理,获得针对性、指导性更强的专项薪酬信息。这两种报告对于企业制定薪酬策略都具有重要的参考价值。

规范的薪酬调查报告包括以下两个主要内容：基本资料概述（其中包括所调查企业的常规数据、人事聘用制度、薪酬和福利保险政策）、职位薪酬水平（包括所调查的每个职位的数量及简要职位说明、薪酬范围即薪酬最高和最低值、以平均数或百分位数来体现的薪酬数额）。可以从以下几个方面把握对薪酬报告的利用。

①计算薪酬总额标准

企业确定薪酬总额的主要依据是企业的支付能力、员工的基本生活需要以及现行的市场行情。薪酬调查的目的就是帮助企业了解本地区劳动力市场中，同行业中的普遍薪酬行情。企业在确定薪酬总额标准时，可以参照薪酬报告中当前本地区同类型、同行业企业的有关指标，如平均薪酬总额、平均基本薪酬水平、职位薪酬信息等，与企业实际支付能力以及员工基本生活费用状况相结合进行综合考虑，兼顾企业与员工的利益，最后确定出一个合理而明智的薪酬总额标准。

②制定薪酬政策的依据

企业薪酬政策的内容涉及薪酬体系、薪酬结构、福利和保险政策。薪酬调查报告可以清楚地显示目前地区不同性质的企业、不同行业的企业所执行的薪酬政策。有薪酬调查报告表明，当前市场上通行的薪酬体系有年工资体系、职务工资体系和职务职能工资体系。薪酬结构呈现多元化倾向，有"基本工资＋奖金＋福利"，有"基本工资＋奖金＋福利＋业绩提成"，还有"基本工资＋奖金＋福利＋内部股权"等。企业应根据自己的管理模式、行业特点以及企业的发展需要，确立最适合自己企业的薪酬政策体系。表4-5是薪酬福利调查数据示例。

③调查资料与企业情况的匹配性

企业利用薪酬调查报告制订职位薪酬方案时，要同时参考报告提供的各职位的平均薪酬水平和所附的职位说明书，再结合本企业职位实际工作特点、任职人员状况和企业对不同职位的需求程度区别对待。例如，一份薪酬调查报告的数据显示，所调查三资企业财务经理的平均月薪是16700元人民币，其中最高水平是23000元，最低水平是8500元。同时薪酬调查报告所附的职位说明书中对财务经理的主要职责描述如下："负责公司财务监控、财务管理和会计核算制度的建立和完善；负责财务部工作管理计划的制订、推行、指导和监督；处理财务部内部重大问题；考核、指导和培训财务部工作人员。"任职要求："财会专业本科以上学历，相关工作经历三年以上"。由此，企业在制定财务经理的职位薪酬时，要具体考虑本企业该职位的实际工作内容、该职位在企业的重要程度，以及该职位任职人员的实际工作能力、资历和学历，再参考8500～23000元的标准来浮动，使薪酬体系真正具有公平性和竞争力，以帮助企业吸引人、激励人和留住人。

表 4-5　薪酬福利调查数据示例

职位 6　IT 销售代表职责描述
有效在岗样本数量:52 个
在岗者平均行业工作年限:4.5 年
在岗者平均年龄:30.2 岁
主要职责:在限定产品范围或指定区域内完成销售目标。独立完成销售指标,执行产品推广计划,完成订单,安排内部销售后勤
市场薪酬福利数据　单位:元(人民币)

		10%分位	25%分位	中位值	75%分位	90%分位	平均值
1	年度基本现金收入	41640	50537	61200	77667	86517	67233
1.1	月基本工资	3402	4175	5100	6360	0	5409
1.2	年度月薪数额	12.0	12.0	12.0	13.0	13.0	12.3
1.3	年度补贴总额	2520	2520	2970	3420	3420	2970
1.3.1	年度交通补贴	—	—	—	—	—	—
1.3.2	年度膳食补贴	2520	2520	2970	3420	3420	2970
1.3.3	年度其他补贴	—	—	—	—	—	—
2	年度总现金收入	49392	58828	78275	106871	115066	82212
2.1	年度绩效奖金	7800	9836	16282	18913	24340	15286
2.2	年度销售奖金或提成	6850	13082	20050	37117	52352	25753
3	年度总薪酬	59759	66045	85958	114145	129366	92337
3.1	年度法定社会保险	3771	3797	8075	8352	8402	6841
3.2	年度住房公积金	2400	3312	4224	5220	8802	4959
3.3	年度人事服务费	300	300	2400	7200	7200	3376
3.4	年度其他福利	—	—	—	—	—	—

(本报告包括 168 个岗位的薪酬数据,其他岗位略)

资料来源:冉斌.薪酬设计六步法.北京:中国经济出版社,2004.

本章小结

　　薪酬水平外部竞争性,是指一个企业薪酬水平在劳动力市场中相对位置的高低以及由此产生的企业在劳动力市场上人才竞争能力的强弱。在现代市场竞争中,薪酬水平外部竞争性主要不是将一个企业所有员工的平均薪酬水平与另外一个企业全体员工的平均薪酬水平相互比较得出来的,而是基于不同企业中类似职位或者类似职位族之间的薪酬水平相比较而得出来的。影响薪酬水平决策的因素有企业外部因素、企业内部因素和员工个人因素三部分。薪酬水平外部竞争性的决策类型有领先型、跟随型、滞后型、混合型策略等多种方式。

　　薪酬调查是企业通过收集信息来判断其他企业所支付的薪酬状况的一个系统过程。这种调查能够向实施调查的企业提供市场上的各种相关企业(包括自己的竞争对手)向员工支付的薪酬水平和薪酬结构等方面的信息。

思考题

1. 怎样理解薪酬水平外部竞争性？
2. 企业如何根据薪酬水平外部竞争性作出薪酬决策？
3. 薪酬调查的类型有哪几种？
4. 描述收集薪酬调查数据可利用的各种方法，描述各种方法在哪种状态下最有效。
5. 结合薪酬调查的步骤，作一次具体企业的薪酬调查。
6. 如何根据薪酬市场调查取得的数据确定本企业薪酬的竞争力？

案例分析

关注企业薪酬体系的内部公平性

C公司是集药品研发、生产于一体的国有制药企业，产品主要集中在心脑血管疾病的防治领域，近五年公司总体盈利水平稳步上升。随着行业竞争的加剧，公司为了及时应对市场变化，通过业务重组和组织结构调整，推行了扁平化管理，将公司原有的26个处室合并为9个部门，原有的管理层级由11个降为8个。

第三次工资制度改革以来，该公司长期实行岗位技能等级工资制：管理、研发、生产、销售四大系列岗位的工资结构在总体上呈现为典型的倒"Y"模式。在此模式下，员工薪酬水平的增长必须以管理层级的上升为前提，而非以业绩考核为依据；另外技能工资比重偏高，由于技能工资主要和职称挂钩，同一岗位相同绩效的员工薪酬水平却因职称不同、资历不够而差别较大。

当前，扁平化结构改革减少了中高层管理岗位，进一步加大了靠晋升管理级别而提高薪酬水平的操作难度，大部分毕业生在工作一两年、掌握核心技术之后就离开公司，从而造成研发、销售人员梯队断裂，核心技术流失，市场占有份额逐步下降。2005年至今，C公司所招聘的应届毕业生已经有47％选择离开。所流失的人员中：管理岗位占5％，研发岗位占51％，生产岗位占8％，销售岗位占36％。为此，C公司付费参与了北京地区制药行业薪酬调查，调查结果却表明该公司核心技术、研发类、销售类岗位的员工工资水平普遍处于市场较高分位。

针对上述问题，对C公司员工进行薪酬满意度抽样调查，通过结果分析提炼出影响员工薪酬满意度的两个最重要因素，按影响大小排序分别为：①组织内部对岗位的价值判断不一致；②薪酬调整的标准不清晰，过于重视资历，未与业绩、能力挂钩。另外，特别针对部分离职人员进行了离职面谈，绝大部分离职员工都提出了同工不同酬的问题，认为资历成了薪酬水平合理调整的最大障碍。

（资料来源：www.chinahrd.net）

薪酬管理

第五章　薪酬结构设计

1. 理解薪酬结构的内涵与相关概念;
2. 理解薪酬结构设计的原则;
3. 掌握薪酬结构的设计方法;
4. 掌握薪酬结构设计的步骤。

🔍 **案例导入**

　　某广告公司成立于 1994 年,公司现有员工近 60 人,营业额超过 4000 万元,是某地区最大的广告公司,同时被权威广告杂志评为近年中国成长最快、最具代表性的本土广告公司之一。其服务范围包括:代理国内外各类广告;专业的媒体广告排期及分析咨询;CIS 企业形象方案;市场调查及产品销售策略;企业公关活动及实施;公关评估及信息反馈;平面广告创意;编导、摄制广告电视片、资料片;制作发布路牌、霓虹灯、立柱灯箱、橱窗等各类户外广告;承办各类展销会、展览会及室内外装饰的设计施工,等等。该公司的薪酬福利制度规定如下。

　　一、薪酬体系

1. 公司实行年薪制,依据岗位制定工资级数,公司于年初制定当年薪酬规划。
2. 年薪＝月薪＋节日月薪加发＋红包,员工的年收入一般为 14～17 个月月薪。
3. 员工工资级数和确定与绩效考评挂钩。
4. 员工个体工资涨幅每年在 20％～70％。
5. 每月 3—5 日为发薪日,倍数月薪将会在五一、国庆、春节之前发放。

　　二、补贴体系

1. 公司实行岗位补贴制,有电话费补贴、交通费补贴、误餐补贴等。
2. 补贴属报销性质,凭票据由公司报销。
3. 集体活动、紧急事件等发生的费用,经中心总监签字后由公司报销。
4. 员工特殊疾病、家庭意外公司均可视情况给予特殊假期及经济补偿。
5. 因家庭急需,员工均可预支一个月薪水。
6. 公司按实报销加班回家的车费,并给予 10 元的误餐补贴。
7. 法定休息日的加班,可给予等时间的换休。

三、福利体系

1. 服务期一年以上的员工,享受公司提供的康宁健康保险。

2. 服务期一年以上的员工,公司提供每年一次的免费国内旅游;年度优秀员工可与各总监一同赴国外旅游。

3. 公司备有药品库和急救箱,员工可按需领用,费用由公司全额承担。

4. 对公司发展和经营有突出贡献的员工,经公司管委会全体讨论,可给予相应的住房奖励和购车奖励。

5. 员工可享有的节日福利:春节、圣诞节、元旦、国庆节、五一节及个人生日,福利形式可能是假期、礼品或过节费。

6. 员工可享受的带薪假:婚假、产假、丧假和年休假。

(资料来源:http://wenku.baidu.comview17e5a78fcc22bcd126ff0c0a.html)

本章从理论角度对薪酬结构设计进行详细阐述,首先介绍薪酬结构设计原理,包括薪酬结构的内涵、构成、类型及影响因素等理论性的概述,然后进一步介绍薪酬结构设计的原则和具体实施步骤,最后提出了宽度薪酬及宽度薪酬的应用。

第一节　薪酬结构设计原理

一、薪酬结构的内涵及构成

1. 薪酬结构的内涵

薪酬结构(compensation structure),是指同一企业中不同职位或不同技能之间薪酬水平的比例关系,包括不同层次职位之间报酬差异的相对比值和不同层次职位之间报酬差异的绝对水平。

薪酬结构主要反映职位与员工之间基本薪酬的对比关系,它强调的是一个企业内部职位或技能薪酬等级的数量、不同职位或技能等级之间的薪酬差距以及确定这种差距的标准。

2. 薪酬结构的构成

一般而言,薪酬结构的构成要素包括:薪酬等级、薪酬等级区间和相邻两个薪酬等级级差。薪酬结构的模型如图5-1所示。

(1)薪酬等级

薪酬等级是指在岗位价值评价结果基础上建立起来的,它将职位价值相近的职位归入同一个管理等级,并采取一致的管理方法处理该等级内的薪酬管理问题。薪酬等级是一个基本框架,是薪酬结构的基础。

在薪酬管理实践中,各类型企业的薪酬等级数目差异较大。一般而言,薪酬结构有多少等级构成主要取决于企业的企业文化、所属行业、员工人数、发展阶段和组织架构。等级越多,薪酬管理制度和规范要求越明确,但容易导致机械化;等级越少,相应的灵活性也越

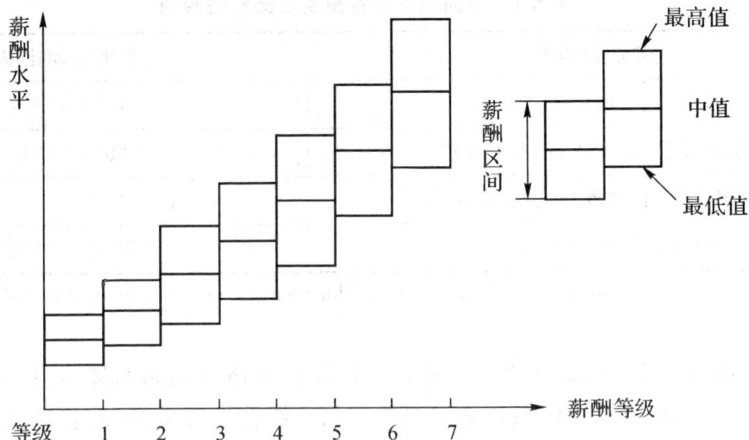

图 5-1 薪酬结构模型

高,但容易使薪酬管理失去控制。薪酬级别的划分也可以参照一些经验,比如跨国公司一般分为 25 级左右,1000 名左右的生产型企业分为 15~16 级,100 人的企业分为 9~10 级比较合适。

薪酬等级的划分是由"等"的划分和"级"的划分构成。在薪酬体系中"等"的划分可能达到 20 多层,而"级"的数目一般要少于"等"的数目,多在 5~10 级之间。在薪酬管理实践中可能会出现一等一级的现象,也可能会出现一等多级的现象。

(2)薪酬等级区间

薪酬等级区间是指同一薪酬等级中,薪酬最高值与最低值之间形成薪酬变动的范围,也被称为薪酬幅度、薪酬宽度等。它实际上是指薪酬在同一等级内部允许变化的幅度。

(3)薪酬变动比率

薪酬变动比率又称为区间变动比率,它是指同一薪酬等级内部的最高值与最低值之差与最低值的比率,即:

$$薪酬变动比率 = \frac{最高薪酬值 - 最低薪酬值}{最低薪酬值} \times 100\% \tag{5.1}$$

假设最高薪酬值为 7000 元/月,最低薪酬值为 5000 元/月,其薪酬变动范围是 2000 元/月,薪酬变动比率是 40%。

在设计薪酬等级区间时,各等级的薪酬变动比率不同。一般而言,薪酬等级越高,对特定职位的任职资格要求就越高,薪酬变动比率也会随着增加。薪酬等级之间薪酬变动比率存在差异的原因有:较低的职位所要求的任职者的技能、经验、承担的责任以及对企业的价值贡献等相对有限,相对稳定的薪酬变动比率有利于管理和人工成本控制,而且给予较低职位的员工更多的发展空间;而相对于较高职位而言,因为其任职资格要求高,员工很难达到要求,所以企业需要通过较大的薪酬变动来认可他的进步,而且职位越高,晋升难度越大,对一些缺乏晋升机会的员工只能按照资历或绩效的标准在薪酬区间内提高其薪酬水平。表 5-1 列举了一些职位的薪酬变动比率的差异。

表 5-1　不同职位对薪酬变动比率的影响

主要职位类型	薪酬变动比率
生产工人、维修工、交易员	10%～30%
办公室文员、技术人员、专家助理	25%～40%
一线管理人员、行政管理人员、专业人员	40%～60%
中高层管理人员、专家	50%～100%

资料来源：Richard I. Henderson. Compensation Management in a Knowledge Based World. Prentice Hall，2000，p. 342.

从表 5-1 可以看出，薪酬变动比率随着职位任职资格的提高而逐步升高。薪酬变动比率在 40%～60% 之间的是对任职资格要求较高的一线管理人员、行政管理人员、专业人员，而薪酬变动比率在 50%～100% 之间的是对任职资格要求更高的中高层管理人员、专家。

（4）薪酬区间中值

薪酬区间中值，也称为薪酬范围中值、薪酬变动范围中值或薪酬等级中值等，它是薪酬结构管理中的一个非常重要的因素，它通常代表该等级职位在外部劳动力市场上的平均薪酬水平。之所以说薪酬区间中值是薪酬结构管理中一个非常重要的因素，是因为在薪酬结构设计中既要考虑每个职位等级本身的价值，又必须考虑任职者的个人素质因素。一般的处理原则为，通过职位对应的薪酬等级的中值点来确定职位的价值，而任职者的个人素质的价值则体现在每个等级内部的薪阶中，这样就形成以"级"来体现职位价值，以"阶"来体现个人价值的薪酬结构。

（5）薪酬等级的交叉与重叠

在同一薪酬结构体系中，相邻薪酬等级之间的薪酬区间可以设计有交叉重叠和无交叉重叠两种。

无交叉重叠的设计可以分为非衔接式（上一薪酬等级的薪酬区间下限与下一薪酬等级的薪酬区间上限不相交，并高于下一薪酬等级的薪酬区间上限）和衔接式（上一薪酬等级的薪酬区间下限与下一薪酬等级的薪酬区间上限持平）两种。

企业薪酬结构设计通常会使薪酬等级有交叉重叠。薪酬等级之间的薪酬区间交叉与重叠程度取决于两个因素：一是薪酬等级内部的区间变动比率，二是薪酬等级的区间中值之间的级差。

（6）薪酬等级级差

薪酬等级级差是指相邻两个薪酬等级中值之间的差距。

假定最高薪酬等级的中值和最低薪酬等级的中值一定且不变，若各薪酬等级中值之间的级差越大，则薪酬结构中的等级数量就越少，反之则越多。

假定薪酬等级的区间中值级差越大，同一薪酬区间的变动比率越小，则薪酬区间的重叠区域就越小，反之则越大。

二、薪酬结构的类型

薪酬结构从不同角度来看，可以划分为多种类型，包括与薪酬支付标准相匹配的结构类型和与企业薪酬等级相匹配的结构类型。

1. 与薪酬支付标准相匹配的结构类型

薪酬结构设计应与薪酬支付标准相匹配,而薪酬支付标准是确定员工间薪酬差异的依据。因此根据薪酬支付标准,薪酬结构可以分为以下三类:工作导向的薪酬结构、技能导向的薪酬结构和市场导向的薪酬结构。

(1)工作导向的薪酬结构

工作导向的薪酬结构是指根据员工所从事的职位工作来确定薪酬结构,它以职位评价为基础,加强工作方面的特征。所谓的职位评价是指根据各种职位中所包括的技能要求、努力程度、岗位职责、工作环境等因素来决定各种职位之间的相对价值。职位评价的目的是通过对职位进行系统的、理性的评价来确定职位结构,设定职位结构薪酬支付标准,然后由薪酬支付标准来决定薪酬结构。

不同的企业在进行职位评价时由于采取的标准不一样,因此设定的薪酬结构也是不一样的,但是不管使用什么样的标准,都应该先确定其关键的职位以及其薪酬水平,然后再依次确定其他职位的薪酬。

工作导向的薪酬结构特点是:完成职位工作所需的技能越多,则该员工的薪酬越高;工作条件越差,则薪酬越高;该职位对企业的贡献越大,则薪酬越高。

工作导向的薪酬结构的优点是:实现了职得其人和人尽其才,容易实现同工同酬。正因为具有这一优点,在发达国家有70%的企业都采用这种职位导向的薪酬结构。缺点是:职位评价容易主观化,难以激励员工进行创新。

(2)技能导向的薪酬结构

技能导向的薪酬结构是根据员工所掌握的技能来确定的薪酬结构。技能导向的薪酬结构有两种表现形式。

①以知识为基础的薪酬结构

以知识为基础的薪酬结构是根据员工所掌握的完成职位工作所需要的知识的深度来确定薪酬。

以知识为基础的薪酬结构在教师职业中应用最为普及,例如,两个教师可能正在承担相同的工作,其中一个只有本科学历文凭,另一个具有博士学历文凭,在接受教育过程中花费的不同时间意味着他们具有不同的知识深度。由于具有较高文凭的教师,工作效果更好,而且可以承担更高级别的科研活动,因此,具有博士学历文凭的教师的薪酬应该高于具有本科学历文凭的教师。

②以多重技能为基础的薪酬结构

以多重技能为基础的薪酬结构是根据员工能够胜任的职位工作的种类数目,或者说员工技能的广度来确定薪酬。

以多技能广度为基础来确定薪酬结构时,员工所掌握的技能种类越多,应该得到的薪酬也就越多。也就是说,员工要想提高自己的薪酬水平,必须学习新知识、新技能,而这些知识和技能同时是企业工作所必需的。

技能导向的薪酬结构比较适用于学校、研发机构等技术密集型的组织。

技能导向的薪酬结构的优点是:有利于激励员工学习,可以灵活地调配员工,有利于保留精干的员工。缺点是:如果员工的技能普遍很高,则企业成本居高不下,企业的经济负担较重,从而使企业失去一定的竞争力。

如果将工作导向的薪酬结构与技能导向的薪酬结构相比较,可以看到它们之间存在很多的差异,见表5-2。

表5-2　工作导向的薪酬结构与技能导向的薪酬结构的不同

	工作导向	技能导向
结构基础	承担的工作	掌握的技能
价值依据	整个工作的价值	技能的价值
对应关系	薪酬对应工作,员工与工作匹配	薪酬对应员工,员工与技能相连
激励机制	追求职位晋升,以获得更好报酬	追求更多技能,以获得更高报酬
必要步骤	评价工作内容,估值工作	评价技能,估值技能
绩效评估	业绩考核	能力测试
提薪依据	年资、业绩的考核;结果和实际产出	技能测试中表现出来的技能提高
工作变动	引起薪酬变动	不引起薪酬变动
培训作用	是工作需要,而非员工愿意	是增加工作适应性和增加报酬的基础
晋升条件	需要职位空缺	不需要空缺,要通过能力测试

资料来源:谌新民.薪酬设计技巧.广州:广东经济出版社,2002.

（3）市场导向的薪酬结构

市场导向的薪酬结构是根据市场上本企业竞争对手的薪酬水平来决定本企业的内部薪酬结构。其具体步骤是,首先对本企业内部的所有职位根据其对企业目标实现贡献的大小进行排序,然后对市场上与本企业有竞争关系的若干家企业的薪酬情况进行调查。显然,在本企业的所有职位中,有很大一部分将与外部企业的职位相同,但是也有一部分职位不同。在确定本企业的薪酬结构时,首先按照这些竞争对手企业与本企业相同职位的薪酬水平来决定那些相同职位的薪酬水平,然后参考这些可比较的职位的薪酬水平再决定那些不可比较的职位对应的薪酬水平。

这种市场导向的薪酬结构确定实际上是以外部劳动力市场上的薪酬关系来决定本企业内部的薪酬结构,它强调的重点是企业人工成本的外部竞争力,而不是企业内部各种工作之间在对企业整体目标贡献上的对应关系。这样操作的后果是可能出现本企业内部薪酬结构的不一致。

市场导向的薪酬结构的优点是:简单易行,在同行业中能够保持薪酬上的竞争力。缺点是:有些薪酬制度是保密的,因此,有时不容易得到准确的结果;自身薪酬水平的确定十分被动,不易自我灵活掌握;这种薪酬结构相当于让竞争对手来决定企业内部的薪酬结构,可能使本企业的薪酬结构丧失内部一致性。

2.与企业薪酬等级相匹配的结构类型

与企业薪酬等级相匹配的薪酬结构有三种基本类型:平等式结构、等级式结构和网络式结构。

（1）平等式结构的主要特征:薪酬等级数目较少,相邻等级之间以及最高与最低薪酬之间的差距较小。平等式薪酬结构有利于提高大部分员工的满意度,促进团队合作,但是员工薪酬之间的差距过小也会削弱员工的竞争意识,在一定程度上阻碍了个人绩效的提高。

（2）等级式结构的主要特征：薪酬等级数目较多，相邻等级之间以及最高与最低薪酬之间的差距较大。等级式薪酬结构通常需要一些管理制度的配合，例如，每个等级的职位或工作需要有详细的界定和描述，每个人的职责和分工必须明确，频繁的职位晋升，以及注意从薪酬和晋升两个方面激励员工等，但它往往不适合团队工作形式。

（3）网络式结构的主要特征：薪酬等级结构和薪酬等级标准多以市场变动为依据，同时比较关注跨企业之间的人员和能力组合。

一般而言，与成熟的等级型组织结构相匹配的多是等级式薪酬结构；与不稳定的平行型组织结构相匹配的多是平等式薪酬结构；而网络型的组织结构多采纳网络式薪酬结构。

三、企业薪酬结构设计的影响因素

企业薪酬结构的设计与企业职位规模密切相关，规模较大的企业由于组织结构比较复杂，所采取的薪酬结构也是多元化的，其薪酬结构设计通常考虑以下几个关键要素。

1.职类划分

职类（职位族）是指将企业中一系列具有相似特点的职位进行分类归并而成的集合，通常分为：管理类、技术类、作业类、市场类和管理服务类。职类对企业薪酬结构的影响较为直接，不同职类受不同劳动力市场的影响，其对企业价值的贡献方式也不同，应该认真分析，并在分析的基础上设计合理的薪酬结构模式。

2.地理区域之间的差异

有些企业的地理位置很分散，例如，市场销售部、制造厂、服务中心和企业办公室都不在同一个地方，在这种情况下，地方的劳动力市场、税收政策、生活水准等因素都会影响薪酬的分配。因此企业也应考虑使不同分支结构拥有不同的薪酬结构，以保证对当地环境的适应。

3.分支结构的协调

有些企业拥有多个子公司，子公司之间在经营业务上有较大差异，如高科技子公司和制造子公司就需要截然不同的薪酬结构。在这种情况下，不同分支结构可以根据自身不同的经营特点采取相适应的薪酬结构。

四、薪酬结构的作用

薪酬结构既是薪酬管理的重要组成部分，也是企业薪酬体系的重要构成要素，它具有其他制度不可替代的作用。

1.对管理者有显著的激励效果

目前已有研究表明薪酬结构比薪酬水平更具有显著的激励效果，艺术性更强。因为，同行业的精英或管理者不可能同时去某一企业工作，只能分散到各个企业中去，在各自所在企业中能否很好地把工作绩效释放出来，在很大程度上取决于薪酬获取的心理平衡点。在薪酬水平相当的情况下，薪酬获取的心理平衡点就取决于薪酬结构的设计了。例如，Jensen 和 Murphy（1990）认为，支付管理者多少报酬并不重要，重要的是如何支付他们的报酬，即管理者的薪酬是如何构成的[①]。Mehran（1995）指出，证据表明管理者是由薪酬结构

---

① 罗大伟，万迪昉.管理者的薪酬结构与公司价值的离差.管理工程学报，2002(4):101.

而不是薪酬水平激励的。由此可见,薪酬结构的形式相对于薪酬水平而言更具有显著的效果和管理的艺术性。

2.薪酬支付的客观标准

无论是以工作导向确定的薪酬结构,还是以技能导向确定的薪酬结构,都体现了价值差异和薪酬差异的对等关系,即薪酬结构最终反映的是职位与员工价值的大小,从另一个角度体现了企业是按照一定的标准支付员工的薪酬,而不是以管理者的主观喜好为导向来支付员工的薪酬。

3.展现企业结构与具体管理模式

薪酬结构的确定类型在一定程度上反映了企业的特定结构形式、特定的企业文化、特定的经营管理模式,例如,劳动密集型的企业(如纺织企业)比较适合采用严格的等级薪酬结构,而知识密集型的企业(高科技企业或 IT 企业)更适合采用等级少,薪酬幅度较大的薪酬结构。

4.促进企业变革与发展

合理的薪酬结构可以通过作用于员工个人、工作团队来创造出与企业变革相适应的内部氛围和外部氛围,从而有效地推动企业的变革与发展,使企业变得更加灵活,对市场和客户的反应更为迅速有效。

5.增值作用

薪酬是企业购买劳动力的成本,它能够给企业带来大于成本的预期收益,尤其是合理的薪酬结构具有很强的激励功能,激发员工的积极性、创造性,使其能主动自觉地参加培训和学习来提升自身的素质与能力,从而提高企业的整体绩效。

第二节　薪酬结构设计原则及实施步骤

一、薪酬结构设计的原则

企业薪酬结构设计反映了企业的分配哲学,一个合理的薪酬结构不但可以充分体现职位和员工的价值,还可以起到良好的激励、督促作用,有助于企业更有效地实现战略目标。企业进行薪酬结构设计时必须遵循一定的原则,具体表现为以下几个方面。

1.战略导向原则

企业内部的薪酬结构会影响到员工的行为,战略导向原则强调企业设计薪酬结构时必须从企业战略的角度进行分析,制定的薪酬结构要能体现企业发展战略的要求。因此,企业设计薪酬结构时,必须分析哪些因素重要、哪些因素不重要,并通过一定的价值标准,给予这些因素一定的权重,同时结合它们的价值分配。

2.内部一致性原则

内部一致性也称为内部公平性,是指薪酬结构与企业层次、职位设计之间形成的对等、协调关系。具体而言,在职位薪酬结构的设计中,需要观察与职位价值相一致的原则;在技能薪酬结构的设计中,需要贯彻与员工能力价值相一致的原则。

3.外部竞争性原则

亚当·斯密在很早以前就强调以市场力量来影响薪酬结构。在薪酬管理中,市场薪酬的变化主要影响企业的薪酬水平,进而影响企业薪酬结构的变化。传统的薪酬结构主要体现为内部一致性,但随着企业间人才争夺的激烈,外部竞争性原则日益成为薪酬结构设计所遵循的主要原则之一。

4.按工作流程支付原则

当工作任务和流程强调团队合作时,团队中所有成员的薪酬应该尽量缩小差距,以避免破坏合作以及因薪酬不公平而产生的矛盾;当工作流程允许围绕个人任务来组织时,可适度拉大个人间的薪酬差距,并以此作为激励员工绩效的方式。

5.动态原则

薪酬结构只是反映某一特定时期的一种薪酬模式,这种模式不是形成后就可以一劳永逸的,它必然随着外部市场环境和内部条件的变化而变化的,不同职位或技能对创造企业价值的贡献也会发生相应的变化。因此,需要定期诊断和调整企业的薪酬结构,调整的依据是职位价值和员工能力对企业发展贡献的大小。

二、薪酬结构设计的方法

1.职位评价法

职位评价法包括基准职位定价法和设定薪酬调整法

(1)基准职位定价法。主要是利用市场薪酬调查来获得基准职位的市场薪酬水平,并利用对基准职位的评价结果建立薪酬政策线,进而确定薪酬结构。该方法能够很好地兼顾薪酬的外部竞争性和内部一致性,在比较规范的、与市场相关性强的企业薪酬结构中应用比较广泛。

(2)设定薪酬调整法。企业根据经营状况自行设定基准职位的薪酬标准,然后根据职位评价结果设计薪酬结构。企业设定薪酬水平的典型做法是:首先设定最高与最低两端的薪酬水平,然后以此为标杆,酌情设定其他职位的薪酬水平。这种薪酬结构的设计比较重视内部一致性,但忽略了外部竞争性,比较适合与劳动力市场接轨程度低的企业。

2.非职位评价法

非职位评价法包括直接定价法和当前薪酬调整法。

(1)直接定价法。企业所有职位的薪酬完全由外部市场决定,根据外部市场各职位的薪酬水平直接建立企业内部的薪酬结构。这是一种完全市场导向型的薪酬结构设计方法,体现了外部竞争性,但忽略了内部一致性,比较适合于市场驱动型的企业,其员工的获取及薪酬水平的确定直接与市场接轨。

(2)当前薪酬调整法。在当前薪酬的基础上对原企业薪酬结构进行调整或再设计。薪酬结构调整的本质是对员工利益的再分配,这种薪酬调整将服从于企业内部管理的需要。

三、薪酬结构设计的步骤

1.薪酬政策线的制定

薪酬政策线是指薪酬中值点所形成的趋势线,它的主要作用是确定企业薪酬的总体趋势。

在绘制薪酬政策线时,薪酬设计人员需要将每个职位的内部等级或评价分数(点数)与该职位的市场薪酬水平画在一幅坐标图上,通过分析来平衡它们之间的差异,这样绘制成的曲线即为薪酬政策线。

2.薪酬等级的确定

薪酬等级的确定即一个薪酬结构内部划分多少等级、最高等级与最低等级之间的薪酬差、相邻薪酬等级的级差等。

在确定薪酬等级数目时,应该考虑以下因素:①企业的规模、性质及组织结构。薪酬等级决定于岗位和职位等级,规模大、性质复杂及纵向等级结构鲜明的企业,薪酬等级多;规模小、性质简单、扁平型的企业,薪酬等级少。②工作的复杂程度。薪酬等级结构要能覆盖企业内的全部职位、岗位和工种。在确定薪酬等级数目时,要考虑同一职类或不同职位间工作复杂程度的差异,劳动复杂程度高、差别大的职类,设置的薪酬等级数目多;反之,则少。③薪酬级差。在一定的薪酬基金总额下,薪酬等级数目与薪酬级差呈反向关系。一般情况下,级差大,薪酬等级数目少;级差小,薪酬等级数目多。

3.薪酬等级范围的确定

薪酬等级范围的确定即依照每个薪酬中值、最高值、最低值和不同等级的薪酬标准交叉或重叠度来确定薪酬等级范围。

薪酬中值通常代表该等级职位在外部劳动力市场上的平均薪酬水平,然后根据薪酬变动率来确定薪酬最高值和薪酬最低值,最后确定薪酬区间的重叠度。

在确定薪酬区间的重叠度时,一些专家认为一般不宜超过50%,即较低薪酬等级的薪酬范围的最高值低于相邻最高薪酬等级范围的中值。

4.薪酬结构的调整

根据企业管理的其他特殊要求对薪酬结构进行局部和定期的调整。

第三节　宽带薪酬结构

一、宽带薪酬的基本含义及其兴起背景

所谓宽带薪酬或者薪酬宽带(broadbanding),实际上是一种新型的薪酬结构设计方式,它是对传统上那种具有大量等级层次的垂直型薪酬结构的一种改进或替代。根据美国薪酬管理学会的定义,宽带薪酬结构就是指对多个薪酬等级以及薪酬变动范围进行重新组合,从而变成只有相对较少的薪酬等级以及相应的较宽薪酬变动范围。一般来说,每个薪酬等级的最高值与最低值之间的区间变动比率要达到100%或100%以上。一种典型的宽带薪酬结构可能只有不超过4个等级的薪酬级别,每个薪酬等级的最高值与最低值之间的区间变动比率则可能达到200%~300%。而在传统薪酬结构中,这种薪酬区间的变动比率通常只有40%~50%。

宽带这种概念来源于广播术语,而宽带薪酬则始于20世纪80年代末到90年代初,当时美国经济和世界经济的衰退已经十分严重。美国经济从1987年的股市暴跌开始走下坡路,至1990年正式进入衰退期,企业破产倒闭的数目不断增加,失业率不断上升,美国的传统企业面临着重大转型的压力。在这种背景下,宽带薪酬结构作为一种与企业组织扁平化、流程再造、团队导向、能力导向等新的管理战略相配合的新型薪酬结构设计方式应运而生。宽带薪酬最大的特点是压缩级别,将原来十几甚至二十几、三十个级别压缩成几个级别,并将每个级别对应的薪酬范围拉大,从而形成一个新的薪酬管理系统及操作流程,以便适应当时新的竞争环境和业务发展需要。比如,IBM公司在20世纪90年代以前的薪酬等级一共有24个,后来被合并为10个范围更大的等级。

二、宽带薪酬的特点及其作用

与传统的薪酬结构相比,宽带薪酬具有以下几个方面的特征和作用。

1. 宽带薪酬结构支持扁平型组织结构

在传统组织结构以及与之相配合的薪酬结构下,一个企业中有很多的级别,员工们也具有严格的等级观念,一个来自基层的信息通过层层汇报、审批才能去到负责该信息处理的部门或人员那里。企业内部很容易出现层层拖拉,相互推卸责任的官僚作风。正因为如此,20世纪90年代以后企业界兴起了一场以扁平型组织取代官僚层级型组织的运动,而宽带薪酬结构可以说正是为配合扁平型组织结构而量身定做的。它的最大特点就是打破了传统薪酬结构所维护和强化的那种严格的等级制,有利于企业提高效率以及创造参与型和学习型的企业文化,同时对于企业保持自身组织结构的灵活性以及迎接外部竞争都有着积极的意义。

2. 宽带薪酬结构能引导员工重视个人技能的增长和能力的提高

在传统薪酬结构下,员工的薪酬增长往往取决于员工本人在企业中的身份(地位)变化而不是能力提高,因为即使能力达到了较高的水平,但是在企业中没有出现高级职位的空缺,员工仍然无法获得较高的薪酬。而在宽带薪酬结构设计下,即使是在同一个薪酬宽带内,企业为员工所提供的薪酬变动范围也可能会比员工在原来的五个甚至更多的薪酬等级中获得的薪酬范围还要大。这样,员工就不需要为了薪酬的增长而去斤斤计较职位晋升等方面的问题,而只要关注发展企业所需要的那些技术和能力,以及公司着重强调的那些有价值的事情(比如满足客户需要、以市场为导向、注重效率等)就行了。

3. 宽带薪酬结构有利于职位的轮换

在传统薪酬结构中,员工的薪酬水平是与其所担任的职位严格挂钩的,因此,从理论上讲,职位变动必然导致员工薪酬的变动。如果是调动到更高级别的职位上去,那么这种职位的变动不会有什么障碍。但是如果是从上一级职位向下一级职位调动,则会被员工们看成是"被贬"。由于宽带薪酬结构减少了薪酬等级数量,将过去处于不同薪酬等级之中的大量职位纳入到现在的同一薪酬等级当中,甚至上级监督者和他们的下属也常常会被放到同一个薪酬宽带当中,这样,在对员工进行横向甚至向下调动时所遇到的阻力就小多了。此外,企业还因此而减少了过去因员工职位的细微变动而必须做的大量行政工作,如职务称呼变动、相应的薪酬调整、更新系统、调整社会保险投保基数、更新档案等。

4. 宽带薪酬结构能密切配合劳动力市场上的供求变化

宽带型的薪酬结构是以市场为导向的,它使员工从注重内部公平转向更为注重个人发展以及自身在外部劳动力市场上的价值。在宽带型的薪酬结构中,薪酬水平是以市场薪酬调查的数据以及企业的薪酬定位为基础确定的,因此,薪酬水平的定期审查与调整将会使企业更能把握其在市场上的竞争力;同时有利于企业相应地做好薪酬成本的控制工作。

5.宽带薪酬结构有利于管理人员以及人力资源专业人员的角色转变

传统薪酬结构的官僚性质导致薪酬决策的弹性很小,基本上是机械套用薪酬级别,因此,其他职能部门以及业务部门经理参与薪酬决策的机会是非常少的。而在宽带薪酬结构设计情况下,即使是在同一薪酬宽带当中,由于薪酬区间的最高值和最低值之间的变动比率至少也会有100%,因此,对于员工薪酬水平的界定就留有很大的空间。在这种情况下,部门经理就可以在薪酬决策方面拥有更多的权力和责任,可以对下属的薪酬定位给予更多的意见和建议。这种做法不仅充分体现了人力资源管理的思想,有利于促使直线部门的经理人员切实承担起自己的人力资源管理职责;同时也有利于人力资源专业人员脱身于一些附加价值不高的事务性工作,更多地专注于对企业更有价值的其他一些高级管理活动以及充分扮演好直线部门的战略伙伴和咨询顾问的角色。

6.宽带薪酬结构有利于推动良好的工作绩效

宽带薪酬结构尽管存在对员工的晋升激励下降的问题,但是它却通过将薪酬与员工的能力和绩效表现紧密结合来更为灵活地对员工进行激励。在宽带薪酬结构中,上级对有稳定突出业绩表现的下级员工可以拥有较大的加薪影响力,而不像在传统的薪酬体制下,直线管理人员即使是知道哪些员工的能力强、业绩好,也无法向这些员工提供薪酬方面的倾斜,因为那时的加薪主要是通过晋升来实现的,而晋升的机会和实践却不会那么灵活。此外,宽带薪酬结构不仅通过弱化头衔、等级、过于具体的职位描述以及单一的向上流动方式向员工传递一种个人绩效文化,而且还通过弱化员工之间的晋升竞争而更多地强调员工之间的合作和知识共享、共同进步来帮助企业培育积极的团队绩效文化,而这对于企业整体业绩的提升无疑是非常重要的一种力量。

三、宽带薪酬的局限

并不是每个企业都适合采用宽带薪酬结构,因为宽带薪酬结构也存在自身的局限,这主要体现为:①要求管理者更加注重员工个人发展和培训,对沟通管理要求较高;②结构形式过于宽泛,没有明确的职位界定,因此很难把握确切的薪酬水平,市场薪酬调查技术很难应用;③难以满足某些员工职位晋升或事业发展的需求;④要求宽松的管理,赋予直线经理更大的薪酬决策和管理权限,这样有可能造成人工成本难以控制,上升幅度较大;⑤加大了绩效管理的难度。

四、宽带薪酬等级的设计

1.职位薪酬宽带等级的设计

严格地讲,宽带薪酬不是传统的职位薪酬,而是职位薪酬与技能薪酬的组合形式,或者说是一种创新的职位薪酬。宽带薪酬的设计重点在薪酬等级结构上,包括了薪酬等级数量的确定、同一等级中的薪酬变动范围、员工定位以及跨等级的薪酬调整等。

2.技能薪酬宽带等级的设计

企业可以根据核心业务领域来设置员工的技能薪酬等级,并结合知识员工的职业生涯进行设计。在这种情况下,将专业类、管理类、技术类以及管理服务类职位分别归入各自单一的宽带薪酬中。员工不是沿着企业中唯一的薪酬等级层次垂直往上走,而是在自己职业生涯的大部分或者所有时间里处于同一个薪酬宽带中,他们在企业中的流动是横向的。随着他们获得新的技能、能力,承担新的责任或者改善绩效,员工能够相应获得更高的薪酬(见图 5-2)。

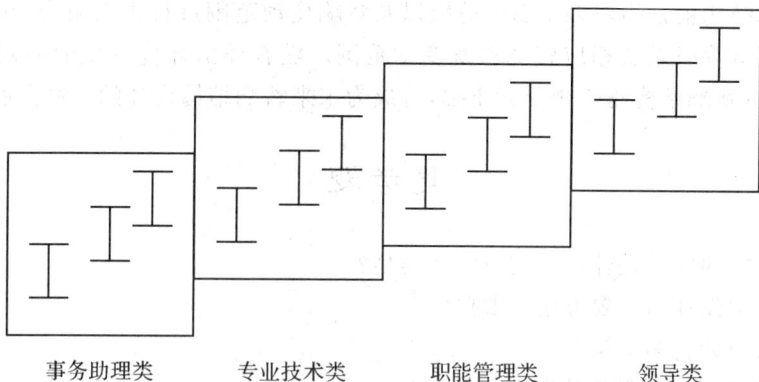

事务助理类　　　专业技术类　　　职能管理类　　　领导类

图 5-2　技能薪酬宽带等级的确定

资料来源:刘昕.薪酬管理.北京:中国人民大学出版社,2002.

五、实施宽带薪酬需要注意的问题

薪酬宽带不是解决所有薪酬管理问题的万用灵药,运用这种薪酬结构设计的企业中有成功者,也有失败者。

薪酬管理人员对薪酬宽带的看法也是不同的:有的管理者认为薪酬宽带管理起来可能比较容易,因为在调整职位之间的薪酬差异方面所花的时间减少了;但有的管理人员却认为,花在对职位进行评价上的时间少了,但是花在对人进行评价上的时间增加了。

薪酬宽带也并不适用于所有的企业。它在那种新型的"无边界"企业以及强调低专业化程度、多职能工作、跨部门流程、更多技能以及个人或团队权威的团队型企业中非常有用。因为这种企业所要强调的并非只是一种行为或者价值观,它们不仅要适应变革,而且要保持生产率并且通过变革来保持高度的竞争力。因此它们希望能够建立起一种更具有综合性的方法来将薪酬与新技能的掌握、能力的成长、更为宽泛角色的承担以及最终的绩效联系在一起,同时还要有利于员工的成长和多种职业轨道的开发,而薪酬宽带的设计思路恰恰与这种企业的上述需求吻合。

📖 本章小结

薪酬结构要解决的是薪酬管理的内部一致性和外部竞争性相结合的问题,它一方面强调职位、技能或能力的等级数量以及不同职位、技能或能力等级之间的薪酬水平的差异,另一方面强调职位技能或能力薪酬与外部劳动力市场薪酬水平的竞争性。

薪酬结构是同一企业中不同职位或不同技能之间薪酬水平的比例关系,包括不同层次工作之间薪酬差异的相对比值和不同层次工作之间薪酬差异的绝对水平。薪酬结构的构成要素包括薪酬等级、薪酬等级区间和相邻两个薪酬等级之间的级差。薪酬结构设计的影响因素通常包括职类划分、地理区域之间的差异和分支结构的协调。

薪酬结构设计应该在战略导向、内部一致性、外部竞争性、按工作流程支付和动态性等原则的约束下进行；薪酬结构设计的步骤分别是薪酬政策线的制定、薪酬等级的确定、薪酬等级范围的确定和薪酬结构的调整。

宽带薪酬结构就是指对多个薪酬等级以及薪酬变动范围进行重新组合，从而变成只有相对较少的薪酬等级以及相应较宽薪酬变动范围。随着外部环境变化的加剧以及员工的心理需求，宽带薪酬结构越来越受到重视，将成为未来薪酬结构设计的一种发展趋势。

思考题

1. 薪酬结构的内涵是什么？它有哪些类型？
2. 薪酬结构设计的主要方法有哪些？
3. 如何来设计薪酬结构？
4. 如何理解宽度薪酬及其应用？

案例分析

AC 公司薪酬结构设计案例

AC 公司是一家美国高科技上市公司在全球最大的制造基地，在河北成立十几年来，员工人数由几十人发展到目前的近两千人，员工的来源也由本土化朝着国际化方向发展。伴随着愈演愈烈的人才竞争及自身持续发展的需要，AC 公司在近两年来开始对人力资源管理投入了空前的关注。

问题是，AC 公司的薪酬管理在其过去十几年发展历程中留下很多缺陷，从该公司人力资源部门名称的历史沿革中便可一目了然。从十几年前的"行政后勤部"到八年前的"行政人事部"，再到两年前的"人力资源部"，遗留的历史问题五花八门，薪酬管理可谓是一个从无到有的过程。两年前的"人力资源部"经理是 AC 公司首席执行官亲自任命的公司该部门历史上第二任经理，他们是如何做到在这样的基础上建立起现代薪酬结构，有效维护并管理的呢？在这个过程中，公司内部不同的人有着各自不同的困扰。

一、员工的困扰

1. AC 公司薪酬结构建立之前，员工的薪酬完全由某些相关领导凭经验拍板，没有科学的工作评价结构和客观的外部市场数据，内部和外部薪酬的公正、公平难以得到保障，薪酬对个人和组织激励的贡献度也难以得到测量和评估。譬如绩效优秀的老员工比刚进入公司的新员工薪酬水平低、同期进入公司的相同岗位的新员工薪酬水平差距过大、甚至"人情"因素也时有染指薪酬决策的情况发生、薪酬调整缺乏标准等。

2. AC 公司薪酬结构建立初期，员工对自己薪酬水平的疑问很快转化为对公司薪酬结构的现实期望，并更多地表现为主观感受。在薪酬结构建立、发展的过程中，部分员工认为公司历史问题带来的差距没有在短期内得到平衡，从而带来心理上不同程度的不平衡。例如，认为绩效表现好，却不能得到快速的薪资回报等。

098

薪酬管理

二、部门经理的困扰

部门经理本身作为员工和员工管理者,除了具有员工所具备的困扰外,在薪酬结构建立过程中承担了更多作为中层管理者的困扰。毕竟绝大多数部门经理并不是专业人力资源管理人员,作为介于公司和普通员工之间承上启下的角色,执行公司薪酬管理的要求与平和员工失衡之间的落差使他/她们颇感压力。例如,薪资制度无法激励员工,很难挽留关键人才等。

三、人力资源经理和总经理的困扰

在 AC 公司薪酬结构建立、发展过程中,人力资源经理和总经理无疑扮演了重要角色。如何建立一个科学的,而且量体裁衣的薪酬结构并加以维护和发展,逐步解决十年来遗留的问题,使之与公司发展战略有机结合,自然而然地成为摆在他们面前的一串问号。这一问题处理不好,必然影响到员工的忠诚度和满意度,进而转化为顾客的满意度和忠诚度,从而直接影响到组织的业绩。

问题:

1.上述困扰是薪酬结构设计中哪些方面出现了问题?

2.薪酬结构设计的具体步骤是什么?

3.如何设计出更加适合该公司的薪酬体系?

第六章 绩效薪酬体系

学习目标

1. 理解绩效薪酬的含义；
2. 掌握绩效薪酬的分类；
3. 理解个体绩效薪酬的形式；
4. 理解计件工资制的形式；
5. 掌握群体绩效薪酬的形式；
6. 掌握长期绩效薪酬的类型；
7. 理解年薪制的含义和特点。

案例导入

IBM的薪金管理非常独特和有效，能够通过薪金管理达到奖励进步、督促平庸的目的，IBM将这种管理已经发展成为高效绩文化（high performance culture）。这里，让我们来解读一下IBM高效绩文化的精髓吧。

IBM的薪金构成很复杂，但里面不会有学历工资和工龄工资。IBM员工的薪金与员工的岗位、职务、工作表现和工作业绩有直接关系，而工作时间长短和学历高低与薪金没有必然关系。在IBM，你的学历是一块很好的敲门砖，但绝不会是你获得更好待遇的凭证。

在IBM，每一个员工工资的涨幅，会有一个关键的参考指标，这就是个人业务承诺计划——PBC。只要你是IBM的员工，就会有个人业务承诺计划，制订承诺计划是一个互动的过程，你和你的直属经理坐下来共同商讨这个计划怎么做得切合实际，几经修改，你其实和老板立下了一个一年期的军令状，老板非常清楚你一年的工作及重点，你自己对自己一年的工作也非常明白，剩下的就是执行。到了年终，直属经理会在你的军令状上打分，直属经理当然也有个人业务承诺计划，上头的经理会给他打分，大家谁也不特殊，都按这个规则执行。IBM的每一个经理掌握一定范围的打分权力，可以分配他领导的那个Team（组）的工资增长额度，他有权力决定将额度如何分给这些人，具体到每一个人给多少。IBM在奖励优秀员工时，是在履行自己所称的高效绩文化。

员工的薪酬不仅包括前几章学习的基于职位或者任职者的基本薪酬体系，还包括一个重要的部分——绩效薪酬。绩效薪酬也叫激励薪酬，是与组织、团队或者员工个人的绩效水平密切联系的可变薪酬。绩效薪酬不仅是一种薪酬制度,而且是组织激励计划的重要组成部分。绩效薪酬设计和实施的好坏直接影响到员工的积极性和组织战略目标的实现。

第一节　绩效薪酬概述

一、绩效薪酬的含义和作用

1.绩效薪酬的含义

绩效薪酬(pay-for-performance,PFP)是一种与绩效管理相结合的薪酬制度,也就是将员工的薪酬与绩效水平直接挂钩的一种薪酬制度。绩效薪酬制度的实施,使得员工的薪酬随着个人、团队或者组织绩效的某些衡量指标的变化而变化,体现了为绩效付薪的理念,对于激励员工并进而提高企业的绩效水平起到积极作用。

绩效薪酬是一种激励制度,其基本原则是通过激励个人提高绩效促进企业的绩效。即通过绩效薪酬传达企业绩效预期的信息,刺激企业中所有的员工来达到它的目的;使企业更关注结果或独具特色的文化与价值观;能促进高绩效员工获得高期望薪酬;保证薪酬因员工绩效不同而不同。绩效薪酬的形式是多种多样的:可以是基于个人的,如计件工资制、绩效加薪、一次性奖金等;也可以是基于团队或者企业整体的,如利润分享计划、收益分享计划等。绩效薪酬可以是短期的,如销售奖金、年度奖励等;也可以是长期性,如股票、股票期权等。企业应根据其所处的发展阶段和所确立的战略目标以及影响其成功的因素制定不同的绩效薪酬制度。

由于基于绩效的薪酬制度是建立在企业的绩效评价制度基础上的,要想使绩效薪酬制度达到真正的激励目的,必须要保证绩效评价制度科学、合理和公正。其中绩效是一个综合与全面的概念,不仅包括员工的工作业绩,即产品的数量和质量、时间和成本,还包括工作态度、工作能力等,在建立绩效评价制度时,要使绩效评价指标全面,不仅包括财务类的业绩指标,更应包括客户、发展类的长期潜力指标,可以借鉴组织评价的一种方法——平衡计分卡。另外,从层次上看,绩效的范畴包括个人绩效、团队绩效、组织绩效三种。员工的绩效薪酬与这三个方面都有不同程度的关联,比如,组织绩效不佳,个人绩效薪酬制度也难以有效实施。所以,实际上不少绩效薪酬制度都实行的是"三挂钩",即与员工个人业绩、团队业绩、组织业绩都建立不同程度的联系,这样也可以避免因实施与个人业绩挂钩的薪酬体系而造成对团队精神的损害。

最早的绩效薪酬制度是由"科学管理之父"弗雷德里克·泰罗在 19 世纪晚期创造的。为了解决"有组织的怠工"现象,他在科学观察和评价的基础上,对简单的计件工资制进行完善和发展,主张采用差别计件工资制这一个体绩效薪酬制度来鼓励员工的上进心,进而提高企业的绩效。至今,计件工资制仍是制造型企业中应用最广泛的个体绩效薪酬制度。目前美国有 70% 的大型企业采用了以个体绩效薪酬为主的薪酬制度,这符合其奖励个人的美国文化。绩效薪酬制度随着企业管理理念和实践的发展而不断创新。在当前多变的组织环境下,以工作团队为基础,强调参与性、更富弹性的管理模式逐步取代了传统的独裁式管理,展示了强大的生命力。与之相契合,绩效薪酬管理也发展到以团队或组织绩效为基础的薪酬管理制度,不仅有助于培养团队的凝聚力,而且有利于绩效的衡量,让薪酬能更准确地反映绩效的变化。

2. 绩效薪酬的优缺点

绩效薪酬制度是目前企业普遍采用的一种薪酬制度。绩效薪酬与传统的薪酬相比,在激励性、成本控制等方面有强大的优势,但它也有不完善之处和负面影响。

(1)优点

①激励性强。绩效薪酬使员工的薪酬与自己的可量化业绩相挂钩,让员工看到了至少有部分薪酬是由自己控制的,从而被激发出工作动机。而且绩效薪酬体现了其奖优罚劣的本质,可以提高高绩效员工的满意度。

②体现公平。绩效薪酬制度将员工的工作绩效直接与薪酬挂钩,任何员工都可以通过自己的努力劳动,创造出可量化的工作成绩,并据此获得有价值的薪酬奖励。这会让员工直观感觉到自己努力所带来的直接薪酬效益,从而感觉到组织对自己劳动的尊重,产生"多劳多得、少劳少得、不劳不得"的公平感。

③有利于组织目标的实现。绩效薪酬建立在绩效评价制度的基础上,绩效评价中的指标是企业战略目标中的重点和关键成功因素,是组织所需要的员工态度、行为方式。通过绩效薪酬能够把员工的努力集中在企业认为重要的目标上,从而有利于企业通过灵活调整员工的工作态度和工作行为来达成企业的重要目标。

④有利于成本控制。绩效薪酬中的报酬支付实际上是一种可变成本,企业可以根据自身的经营状况灵活调整支付水平。这样可以避免出现员工生产率很低,但是员工的薪酬水平却不能变动的情况,不至于使企业因为成本问题而陷入困境。

⑤有利于吸引和留住优秀员工。这种方法有利于工资向业绩优秀者倾斜,使绩效好的员工得到了奖励,提高了高绩效员工的满意度,从而能吸引并留住绩效好的员工。

⑥指引努力方向,培育企业文化。由于绩效薪酬往往有明确的绩效目标,还可以向员工提供企业关于其绩效的反馈信息,而且通过对高绩效员工的奖励,对业绩不佳者不奖励或者惩罚,能够让员工清楚地知道哪些是企业希望员工做的,哪些是企业不希望员工做的,为员工指明努力方向。构建关注绩效的企业文化,使员工认识到薪酬与努力是成正相关关系的,这样有助于企业目标的实现。

(2)缺点

①绩效薪酬可能破坏员工之间的信任和团队精神。这主要是针对个人绩效薪酬制度而言的,它鼓励员工之间相互竞争,员工为了拿到更多的绩效薪酬,会封锁信息、保留经验,导致合作水平较低,甚至会在员工之间造成强烈的敌对状态,产生内耗,结果员工个人绩效提升,而团队绩效却下降或者只顾眼前利益而忽视企业长期利益。同时,如果绩效评价指标设计不合理,员工很可能会只做那些有利于他们获得报酬的事情,而忽略整体利益。如销售人员只顾完成销售额指标,而对售后服务缺乏兴趣,致使客户满意度和忠诚度下降;员工努力追求产品的数量,而忽视产品质量,只追求达到质量的最低要求;保险公司的业务员,为了达成交易而夸大保单价值,当被客户识破后,有可能会要求退保,同时,保户也会对保险公司产生不信任等。

②在绩效薪酬体制下,员工可能抵制公司的管理变革和技术改造。绩效薪酬是以员工

的绩效水平为基础的,员工为了多拿工资,会不断创造高绩效,而企业为了减少绩效薪酬的支出会出台更为苛刻的业绩标准,增大工作难度,所以员工由于害怕提高生产标准而不愿意采用新的生产方法,导致企业长期利益受损。

③绩效评价制度的科学性与合理性影响绩效薪酬的效果。绩效薪酬是以绩效评价制度为基础的,绩效评价制度设计是否科学合理将影响员工的满意度和公平感。而绩效评价制度中对员工工作行为和工作成果的准确评价和衡量是非常困难的。

首先,绩效是一个综合与全面的概念,包括业绩、行为、能力等方面。不同的企业和不同的职位对绩效的理解是不同的,有的企业看重工作业绩,有的企业看重工作能力,所以在设置绩效衡量指标时侧重点不同,有的只注重工作业绩类的指标,如产量、销售量、利润额、成本等,忽视了能力类的指标,造成不公平,尤其是当员工的业绩好坏并非由员工个人所左右的时候。比如,某公司的两个销售员,一个负责湖北地区,这个市场是一个趋于成熟的市场,渠道和客户维护得都很好,所以销售人员不必费多大的力气就能取得好的业绩;相反另一个负责河北地区,一个新开发的市场,销售员每天非常卖力地跑客户,可一年下来绩效仍不佳。这时,在考核上就应当考虑行为指标、态度指标或其他因素。实际上,影响员工绩效的因素是多方面的,如组织竞争能力、企业文化、原材料、工作流程、上级的管理水平、企业激励机制、客户等。这些要素在很大程度上超出了员工个人控制的范围,完全让员工为此承担责任是不合理的。所以,绩效薪酬体系有一定的适用性,它更适用于可以准确衡量实际产出的职位,如一线的生产工人、销售员等。

其次,绩效目标设定是否准确和公正,也会严重影响绩效薪酬制度的有效性。绩效标准设定过高,员工再怎么努力也完成不了,会导致大家认为这是企业在故意刁难,使员工丧失积极性;相反,绩效目标设定过低,任何人不经过太大努力都能取得好绩效,员工会觉得和吃"大锅饭"没什么两样,觉得绩效薪酬体系不合理、不公平。

④增大了员工的工作压力,降低了员工的安全感。由于绩效薪酬制度提倡员工之间的竞争,增大了员工的工作压力,会让员工认为这是一种不健康的、非人性化的薪酬体系,企业视员工为赚钱的机器。而且在以绩效为基础的薪酬模式下,员工的薪资收入是由其动态的绩效表现决定的,薪酬数额在短期内会随特定绩效目标的完成情况而波动。这样,员工之间薪酬差距将拉大,员工的安全感较低。而且绩效薪酬能够让员工停止从所做的工作中发现内在的愉悦,并造成员工只为获得薪酬才去做这些事情。当压力超过了员工的承受力或者员工把钱看得不那么重要时,员工就会离开公司。

⑤增加管理层与员工之间发生摩擦的机会。由于绩效薪酬与员工的切身利益直接相关,而其本身又具有动态性,不像职位薪酬或者技能薪酬制度那么明确,因而在设计和执行过程中容易产生矛盾与争执,如工作机会不均等、绩效指标不合理、考核结果不公正等。

二、绩效薪酬的分类

在实践中,设计绩效薪酬制度有多种类型可供选择,类型选择的恰当与否对于员工的积极性和组织目标的实现有重要影响。绩效薪酬的类型,按照不同的标准可以划分为不同的类型,这里我们主要依据两种标准进行划分。

1. 按照绩效薪酬的关注对象进行划分

绩效薪酬可以分为个人绩效薪酬、群体绩效薪酬和组织绩效薪酬。

（1）个人绩效薪酬。个人绩效薪酬也称为个人绩效奖励，是针对员工个人的工作业绩和工作行为提供奖励的一种报酬制度。它关注薪酬与员工个人绩效之间的关系，其设计路径主要是根据员工个人的行为与绩效决定给付奖励的额度。典型个人绩效薪酬形式有计件工资制、绩效加薪制、一次性奖金、分红、年薪制等。

（2）群体绩效薪酬。群体绩效薪酬也称为团队奖励计划或者群体奖励计划，它是以团队（包括企业、部门或者班组、团队）绩效而非个人绩效为对象，并根据群体绩效决定群体整体薪酬的一种薪酬模式。其主要表现形式有利润分享计划、收益分享计划、成功分享计划、小群体奖励计划等几种模式。

（3）组织绩效薪酬。组织绩效薪酬也称为全公司奖励计划，这类计划把员工的薪酬与公司短期内的业绩联系在一起。

2. 按照绩效薪酬的周期进行划分

绩效薪酬按照给付的周期可以分为短期绩效薪酬和长期绩效薪酬两种。

（1）短期绩效薪酬。短期绩效薪酬可以适用于短期内绩效目标能够实现的职位，如销售人员或者某个项目小组，其形式多种多样，如绩效工资、计件制工资、收益分享计划等。

（2）长期绩效薪酬。长期绩效薪酬是指对一年以上既定绩效目标的达成提供奖励的制度。一般来说长期绩效薪酬主要针对对企业作出长期贡献的人，如企业高层管理人员和专业技术人员，通常采用授予股票、股权等形式。目前许多企业对普通员工也采取了这种激励薪酬。

第二节　绩效薪酬设计与实施

一、短期绩效薪酬与长期绩效薪酬

如上所述，短期绩效薪酬有不同的形式，但是它们都是针对员工在短期内完成的工作和绩效所支付的报酬，因而它们只对员工的短期行为产生影响。然而企业的核心员工的工作成就或工作绩效，往往需要在一个较长的时期内才能逐步表现出来。因为企业经营是一个连续的过程，许多经营决策要在长期内才会见效；许多技术创新和工艺流程改造也可能在中长期内才会完成；许多新产品的发明和试制乃至投产，也需要更长的时间才能够实现，所以仅仅依靠员工的短期绩效薪酬，很难达到长期激励员工。因此，员工长期薪酬激励的作用越来越多地受到企业的关注。在此我们主要介绍长期绩效薪酬。

股权激励是长期绩效薪酬的主要形式。所谓股权激励是指企业以本公司股票为标的或媒介，对其董事、监事、高级管理人员及其他核心员工进行的长期性激励。其本质是让经营者或技术骨干在任职期内持有公司股票或股票期权，股票持有者只有在增加股东财富的前提下才可同时获得收益，从而与股东形成了"利益共享、风险共担"的利益共同体。股权激励对企业的核心员工起着双重的激励作用。首先是薪酬激励。实施股权激励的企业，经营有成效，其股票价格就会上涨。这样，他们就可以行使股票期权所赋予的权利，以规定的较低的价格购买一定数量的企业股票，从中获得可观的收益。如果企业经营得不好，企业股票价格下跌,这时企业的核心员工自然会放弃股票期权权利,也得不到任何收益。通常作为长期薪酬的主要部分,股票期权的收益有可能比年薪多得多,激励程度也大得多。其次是所有权的激励。当企业的核心人才行使股票期权权利购买了企业的股票之后,他们就成为企业的股东,这就使他们以所有者的身份,关注企业的保值增值,关注企业的发展。现代企业理论和国外实践证明,股权激励对于改善公司治理结构、降低代理成本、提升管理效率、增强公司凝聚力和市场竞争力起到了非常积极的作用。

股权激励在西方发达国家应用很普遍,运用范围也并不局限于新兴的高科技企业,其中美国的股权激励模式最丰富,制度环境也最完善。而我国是在 20 世纪 90 年代后期才开始探索现代企业股票所有权制度的,但在具体实践中,我国不少企业结合国情,创造了一些新的股权激励方式,或者将各种单一股权激励手段的配合使用进而演化出更多的组合式股权激励工具。我们在进行股权激励方式选择时要注意选择适合本企业的、有效的股权激励方法。以下介绍的是一些发达国家比较典型的股权激励模式。

1. 股票期权(stock options,SO)

(1)股票期权的含义

股票期权是国际上最为常见的一种股权激励模式,是指公司赋予激励对象(如经理人员)购买本公司股票的选择权,具有这种选择权的人,可以在规定的时期内以事先确定的价格(行权价)购买公司一定数量的股票(此过程称为行权),也可以放弃购买股票的权利,但股票期权本身不可转让。股票期权实质上是公司给予激励对象的一种激励报酬,该报酬能否取得完全取决于以经理人为首的相关人员能否通过努力实现公司的激励目标(股价超过行权价)。在行权期内,如果股价高于行权价,激励对象可以通过行权获得市场价与行权价价格差带来的收益,否则,将放弃行权。

股票期权模式目前在美国最流行,运作方法也最规范,如经理股票期权。随着 20 世纪 90 年代美国股市出现牛市,股票期权给高级管理人员带来了丰厚的收益。股票期权在国际上也是一种最为经典、使用最为广泛的股权激励模式。全球 500 家大型企业中已有 89% 对高层管理者实施了股票期权。有人讲,美国硅谷的企业主要靠两大法宝获得成功:一是风险投资,解决了创业资金的问题;二是股票期权,解决了吸引人才、留住人才和激励人才进行技术创新的问题。目前,我国清华同方、中兴科技等也实行了该种激励模式。

(2)股票期权的优缺点

股票期权激励模式的优点有以下几方面。

①将经营者的报酬与公司的长期利益"捆绑"在一起,实现了经营者与所有者利益的紧密联系。通过赋予经营者参与企业剩余收益的索取权,把对经营者的外部激励与约束变成自我激励与自我约束。

②可以锁定期权人的风险。股票期权持有人不行权就没有任何额外的损失。由于经营者事先没有支付成本或支付成本较低,如果行权时公司股票价格下跌,期权人可以放弃行权,几乎没有损失。

③股票期权是企业赋予经营者的一种选择权,是在不确定的市场中实现的预期收入,企业没有任何现金支出,有利于企业降低激励成本。这也是企业以较低成本吸引和留住人才的方法。

④股票期权根据二级市场股价波动实现收益,因此激励力度比较大。另外,股票期权

受证券市场的自动监督,具有相对的公平性。

股票期权激励模式的缺点有以下几方面。

①来自股票市场的风险。股票市场的价格波动和不确定性,可能导致公司的股票真实价值与股票价格的不一致。

②可能带来经营者的短期行为。由于股票期权的收益取决于行权之日市场上的股票价格高于行权价格,因而可能促使公司的经营者片面追求股价提升的短期行为,而放弃对公司发展的重要投资,从而降低了股票期权与经营业绩的相关性。

2. 限制性股票(restricted stock)

限制性股票是指激励对象按照股权激励计划规定的条件,从上市公司获得一定数量的本公司股票。同时在股权激励计划中,事先规定激励对象获授股票的业绩条件、禁售期限。从获得条件来看,国外大多数公司是将一定的股份数量无偿或者收取象征性费用后授予激励对象。禁售期限是指在一定时间内,激励对象不得支配这些股票。如果在期限中持有人离开公司,股票自动失效。在限制期限内,拥有限制性股票的激励对象可以和其他股东一样获得股息,并拥有表决权。公司采用限制性股票的目的是激励高级管理人员将更多的时间精力投入到某个或某些长期战略目标之中。我国宝钢采用的就是这一模式。

限制性股票激励方式同样利弊并存。它的优点在于有利于促进激励对象集中精力以实现长期战略目标。同时,激励成本较低,只有实现了战略目标,激励对象才可能从中获益。对激励对象而言,风险也较低,实现战略目标将有较大收益,未实现也没有损失。缺点在于,股票市场价格由多种因素共同决定,即使企业实现战略目标,股票市场价格也未必能够达到预期目标价格,反之亦然。因此,限制性股票计划既可能导致激励不足,也可能导致激励过度。同样由于激励对象只有当公司股票市场价格达到预期目标价格时才可能获益,这种模式也很难完全避免激励对象铤而走险、弄虚作假的不良后果的发生。

3. 业绩股票(performance shares)

业绩股票是指公司在年初确定一个科学的年度业绩目标,激励对象经过努力实现公司预定的年度业绩目标后,公司将给予激励对象一定数量的股票,或者奖励其一定数量的奖金来购买公司的股票。其主要用于激励经营者和工作业绩有明确的数量指标的具体业务的负责人。与限制性股票不同的是,业绩股票的兑现不完全以(或基本不以)服务期作为限制条件,受激励者能否真实得到被授予的业绩股票主要取决于其业绩指标的完成情况。在有的计划中业绩股票兑现的速度还与业绩指标完成的具体情况直接挂钩:达到规定的指标才能得到相应的股票;业绩指标完成情况越好,则业绩股票兑现速度越快。

业绩股票在中国上市公司股权激励机制中占较大的比例,是目前被采用最广泛的一种激励模式。在业绩股票激励模式中,很多公司以净资产收益率(return on equity,ROE)作为考核标准。在这种模式中,公司和受激励者通常以书面形式事先约定业绩股票奖励的基线。当 ROE 达到某一基准时,公司即按约定实施股票激励,经营者得到股票;ROE 每增加一定比例,公司采用相应比例或累进的形式增加股票激励数量。

业绩股票的优点为:具有较强的约束作用。激励对象获得奖励的前提是实现一定的业绩目标,并且收入是在将来逐步兑现的;如果激励对象未通过年度考核,出现有损公司行为、非正常调离等,激励对象将受风险抵押金的惩罚或被取消激励股票,退出成本较大。其缺点主要体现在两方面:①公司的业绩目标确定的科学性很难保证,容易导致公司高管人员为获得业绩股票而弄虚作假。②激励成本较高,有可能造成公司支付现金的压力。

4.股票增值权(stock appreciation rights,SAR)

股票增值权是指公司授予管理者的一种权利,管理者可以通过公司股票价格上升或公司业绩上升,按一定比例获得由于股价上扬或业绩提升所带来的收益的现金、股票或股票和现金的组合,但是不拥有这些股票的所有权,也不能享有分红。广州国光实行该种激励模式。

相对于股票期权模式,股票增值权模式的优点在于这种模式简单易于操作,股票增值权持有人在行权时,直接对股票升值部分兑现。该模式审批程序简单,无需涉及股票来源问题。另外,股票期权的利益来源是证券市场,而股票增值权的利益来源则是公司。实施股票增值权的企业需要为股票增值权计划设立专门的基金,公司的现金支付压力较大。而且股票增值权的激励效果也受资本市场有效性的影响。由于我国资本市场的弱式有效性,可能无法真正做到"奖励公正",起不到股权激励应有的长期激励作用;相反,还可能引发公司高管层与庄家合谋操纵公司股价等问题。

5.虚拟股票(phantom stock)

虚拟股票有时也被称为名义股,是指公司授予激励对象一种虚拟的股票,被授予者可以享有股票价格上升带来的利益以及一定数量的分红,但没有所有权和表决权,不能转让和出售,在离开公司时自动失效。虚拟股票是国内公司最早采用的激励模式之一,其本质是通过其持有者分享企业剩余索取权,将他们的长期收益与企业效益挂钩。它实际上是获取企业未来分红的凭证或权利,其持有人的收益是现金或等值的股票。其好处是不会影响公司的总资本和所有权结构,但缺点是兑现激励时现金支出压力较大,特别是在公司股票升值幅度较大时。

虚拟股票和股票期权有一些类似的特性和操作方法,但虚拟股票并不是实质性的股票认购权,它实际上是将奖金延期支付,其资金来源于企业的奖励基金。由于虚拟股票的发放会导致公司发生现金支出,如果股价升幅过大,公司可能面临现金支出风险。而股票期权不会使企业产生现金流出。另外,与股票期权相比,虚拟股票的激励作用受证券市场的有效性影响要小,因为当证券市场失效时(如遇到熊市),只要公司有好的收益,被授予者仍然可以通过分红分享到好处。

6.经营者持股(excutive stock)

经营者持股是指经营者以种种形式持有本企业股票的权利。经营者获得这些股票的方式可以为:公司无偿赠送给经营者;由公司补贴、受益人购买;公司强行要求受益人自行出资购买;在股本结构中设立职位股,经营者只享受红利分配,不具有所有权;等等。经营者在拥有公司股票后,成为自身经营企业的股东,拥有相应的表决权和分配权,并承担公司亏损和股票降价的风险,从而建立起企业、所有者与经营者三位一体的利益共同体。

7.员工持股计划(employee stock ownership plan,ESOP)

(1)员工持股计划的含义

员工持股计划是目前通行于国外企业的内部产权制度,它是指由公司内部员工个人出资认购本公司部分股份,并委托公司进行集中管理的产权组织模式。员工持股计划为企业员工参与企业所有权分配提供了制度条件,持有者真正体现了劳动者和所有者的双重身份。其作用在于通过员工持股运营,使员工得以分享企业的增长和利润,从而将员工利益与企业前途紧紧联系在一起,通过劳动和资本的双重结合组成利益共同体,形成一种按劳分配与按资分配相结合的新型利益制衡机制。同时,员工持股后便承担了一定的投资风险,这就有助于唤起员工的风险意识,激发员工的长期投资行为。

员工持股计划在我国应用比较多,它的基本特征是持股人或认购者必须是在本企业工作的员工;而且员工所持的股权是不可以随意转让的,只能在员工退休或离开企业时才能得到股票(或由企业购回,得到现金),进行处置。通常情况下员工持股的股份一般通过四种方式形成:一是员工以现金认购(或部分薪酬)的方式认购所在企业的股份;二是员工通过员工持股专项贷款资金贷款认购本企业股份;三是将企业的奖励或红利转换成员工持股;四是企业将历年累计的公益金转为员工股份划转给员工。

(2)员工持股计划的类型

员工持股计划的形式多样,内容繁杂,各具特色。按照员工持股的原因,可以将员工持股计划分为福利型、风险型和集资型三种主要类型。

①福利型员工持股

福利型员工持股侧重于把员工持股同养老和社会保险结合起来,为员工增加收益,从而解除员工退休后的后顾之忧,起到激励员工长期为企业尽心尽力工作的作用。不足之处是易使员工产生福利收益固定化的思想,不利于发挥其应有的激励作用。

②风险型员工持股

风险型员工持股主要通过员工出资购买或以降薪换取企业股份,并规定较长期限内不能转让兑现来建立风险共担、利益共享的机制。企业实施风险型员工持股时,只有企业效率增长,员工才能得到收益。这种类型风险过大,时间过长,可能使员工对预期的收益目标失去信心。

③集资型员工持股

集资型员工持股是企业通过员工出资来缓解因生产经营、技术开发、项目投资所产生的资金不足的矛盾,实现个人利益与企业发展的结合。它在那些经营缺乏资金、一时又难以通过贷款解决的中小企业采用较多。

8.管理层收购(management buy out,MBO)

管理层收购又称经理层融资收购,是指收购主体即目标企业的管理层或经理层利用杠杆融资购买本企业股份,从而改变企业股权结构、资产结构、治理结构,进而达到持股经营和重组企业的目的,并获得预期收益的一种收购方式。从本质上来说,MBO已经脱离了股权激励的范畴,不是对企业成长收益的分享,而是企业控制权的转移。

9.延期支付(deferred compensation)

延期支付,也称延期支付计划,指企业将管理层的部分薪酬,特别年度奖金、股权激励收入等按当日公司股票市场价格折算成股票数量,存入公司为管理层人员单独设立的延期支付账户。在既定的期限后或在该高级管理人员退休以后,再以公司的股票模式或根据期满时的股票市场价以现金方式支付给激励对象。激励对象通过延期支付计划获得的收入来自于既定期限内公司股票的市场价格上升,即计划执行时与激励对象行权时的股票价差收入。如果折算后存入延期支付账户的股票市价在行权时上升,则激励对象就可以获得收益。但如果该市价不升反跌,激励对象的利益就会遭受损失。显然,管理层的延期支付收益与企业的业绩紧密相连,并且可以激励管理层考虑企业的长远利益的决策,以免高管层行为短期化。

延期支付模式的优点是,奖惩并存可以激励企业管理层作出符合企业长远利益的决策,从而有效地避免即期支付引发经营者行为短期化的倾向,且有利于减少企业和个人的税负。缺点有:一是高管层持有企业股票数量相对较少,难以产生较强的激励力度;二是股票二级市场具有风险的不确定性,经营者不能及时地把薪酬变现。因此,延期支付模式比较适合那些业绩稳定型的上市公司及其集团公司、子公司。延期支付模式的代表性公司有远航运、鄂武商、武汉中百、武汉中商、三木集团等。

二、个人绩效薪酬与群体绩效薪酬

1.个人绩效薪酬与群体绩效薪酬的关系

个人绩效薪酬强调将员工薪酬水平与其个人的工作业绩水平挂钩,根据员工业绩水平给予差别化的薪酬。在这种薪酬制度下,员工薪酬水平是由自己工作业绩和工作行为决定的,一定程度上给了员工对自己薪酬的控制权,激励员工努力工作,促使员工从自身的利益出发去关心企业的利益,达到共享企业的成功与风险的最终目的。美国有70%的大型企业采用了以个人绩效为基础的绩效薪酬。

现代经济的进一步发展,使得现代组织内部的分工协作越来越紧密,要具体分清组织内各个员工的具体贡献份额变得越来越困难。基于对这一情况的认识,在过去20年,大量的企业开始实施以群体为基础的群体薪酬,美国就有大约三分之一的大公司在进行这种形式的尝试。群体薪酬制度将员工个人绩效薪酬置于群体绩效薪酬之中,在一定程度上较好地兼顾了员工对外在物质激励和内在群体精神激励的需求,有利于促进合作,提高团队精神。在越来越强调分工合作的今天,群体绩效薪酬模式正越来越受到各种组织的青睐。

(1)个人绩效薪酬和群体绩效薪酬的相同点

①都是以绩效为确定薪酬的依据,是一种可变薪酬。

②都是以激励员工和提高组织绩效为最主要的目的。

(2)个人绩效薪酬和群体绩效薪酬的区别(见表6-1)

表6-1　个人绩效薪酬与群体绩效薪酬的区别

项　　目	个人绩效薪酬	群体绩效薪酬
考核对象	员工个人	群体(企业、部门或者班组、团队)
考核指标	以个人绩效为考核指标	以团队、组织整体绩效为考核指标
激励性	强,直接	中,间接
公平性	高	低
竞争性	强	中
合作性	弱	强
追求的目标	个人目标	组织目标与个人目标

资料来源:莫勇波.绩效薪酬制度的两种模式及其适用.江苏商论,2009(1).

①在激励性方面,个人绩效薪酬好于群体绩效薪酬。群体绩效薪酬是以群体绩效水平为基础的,而群体绩效水平是与团队全体成员的努力相关联的,有时出现个体的努力程度

与群体的整体绩效不一致的情况,比如张三在完成团队任务中加班加点,李四却只出工不出力,导致团队任务完成的不理想,所以在员工心目中容易留下这样的一种印象:薪酬水平并不直接与个人努力和个人绩效密切相关。这样的印象直接减弱了群体绩效薪酬的激励作用。另一方面,在群体绩效薪酬体系中,一些不干活、不努力的人也可能由于团队其他成员的努力而得到绩效薪酬的奖励,从而容易引发所谓的"滥竽充数"、"搭便车"的大锅饭问题,更是进一步减弱了绩效薪酬的激励作用。相反,个人绩效薪酬是将员工业绩与其个人的收入直接联系起来,员工的努力及其业绩的提高可以直接体现在薪酬的提高上,因而其所体现出来的薪酬激励功能是直接的,尤其是针对那些并不需要员工之间太多合作的工作岗位,个人绩效薪酬对员工积极性、创造性和主动性的促进作用更为明显。

②在公平性方面,个人绩效薪酬好于群体绩效薪酬。个人绩效薪酬将员工业绩与其个人的收入直接联系起来,任何员工都可以通过自己的努力劳动,获得有价值的薪酬奖励,这会让员工直观感觉到自己努力所带来的直接薪酬效益,从而感觉到企业对自己劳动的尊重,产生"多劳多得、少劳少得、不劳不得"的公平感。而对于群体绩效薪酬而言,由于企业很难准确可靠地衡量在团队中单个员工所作的贡献,一些成员可能会不付出或者付出较少,坐享群体绩效薪酬,这就会导致团队部分成员"搭便车"的不公平现象产生。

③在竞争性方面,个人绩效薪酬好于群体绩效薪酬。个人绩效薪酬将员工的个人工作绩效直接与薪酬挂钩,鼓励员工之间的竞争。在这一绩效薪酬制度下,任何员工想获得高薪酬,除了提高自己的业绩水平外没有其他途径,有利于鼓励员工努力提高自己的工作绩效。实际上,个人绩效薪酬是以可以量化的绩效考核指标体系为基础的,薪酬水平的高低直接代表了个体员工绩效水平的高低,这无疑又会给员工以极大的竞争压力。相对而言,虽然群体绩效薪酬也以绩效考核指标体系为基础,但是由于群体绩效薪酬容易滋生"滥竽充数"和"搭便车"现象,使得一些庸者、懒者可以依靠团队绩效获得一定数额的奖励,减弱了薪酬体系的公平性,也弱化了个体之间进行竞争的动力。

④在合作性方面,群体绩效薪酬好于个人绩效薪酬。个人绩效薪酬是基于员工个人的绩效水平来确定其个人的薪酬水平,这种推崇个人能力主义和个人英雄主义的制度常常会使员工相信:能否取得高薪酬,并不取决于集体工作和合作,只取决于个人努力所创造的绩效,从而出现不利于团队合作的集体行为,破坏团队成员之间的信任和团队精神。同一团队中的员工,有时为了获得个人更高的薪酬,采取贬低同事、抬高自己绩效的做法,严重时会出现封锁信息、保留经验,阻碍了员工间互相交换和学习他人的有益经验,导致合作水平较低。有时有利益冲突的团队成员处于敌对状态,造成企业资源的内耗,导致所谓的"1+1<2"的后果。相对而言,在群体绩效薪酬制度下,个人绩效与奖励有赖于团队和整个企业的成功,员工为了获得更高的薪酬水平,必须与团队其他成员相互交换想法,精诚合作,共同促进集体或团队的绩效提高,努力增进集体利益,这种氛围有利于团队合作精神的培育和团队合作的出现。

综上可以看出,个人绩效薪酬在激励性、公平性、竞争性上会强于群体绩效薪酬,而群体绩效薪酬则会在合作性上好于个人绩效薪酬。

(3)个人绩效薪酬和群体绩效薪酬的适用范围

从对个人绩效薪酬与群体绩效薪酬的比较可以看出,两种绩效薪酬具有各自的适用范围。

①个人绩效薪酬适用于独立性较强、易于个人独立完成、协作性要求不高的工作,比如规模较小,可以独立开展工作的零售、设计、科研、财会等工种;而群体绩效薪酬则适用于需要合作和多人协作的工作,比如需集体攻关的科研开发、项目、市场开拓、大型机械作业等。

②个人绩效薪酬适用于易计算个体贡献份额的工作,比如可以采取计件工资制的工种,包括制造业的各个生产岗位;群体绩效薪酬则适用于不易计算个体贡献份额的工作,比如在电梯公司里,安装一台电梯需要有多人配合才能完成,这样的工作非常不易于计量各个安装人员的贡献比例,这样的情况适宜用群体绩效薪酬来计量。

③个人绩效薪酬适用于倡导注重绩效、鼓励竞争的企业文化的企业。在这样的企业文化里,那些有能力、优秀的人能够为公司带来较高的绩效,在这种环境中采取个人绩效薪酬可以有效地避免"大锅饭"和"搭便车"的现象,同时可以给那些有能力的优秀者以直接的薪酬激励,有利于公司吸引、留住优秀人才。相反,在强调团队精神的企业,则可以采用企业层面上的群体绩效薪酬,从战略层面来考虑群体的行动。

2.个人绩效薪酬的形式

(1)计件工资制

计件工资制是最原始也是最典型的一种个人绩效薪酬制度。

①计件工资制的含义

计件工资制(piecework),是按照工人生产的合格产品的数量或完成的一定作业量,根据一定的计件单价(计件工资率)计算劳动报酬的一种工资形式。计件工资制将工人的收入和产量直接挂钩,计算简便,并能够有效地激发员工的生产效率,从泰罗时代到今天一直为人们所用。计件工资的特点在于它是以合格产品的数量来计量劳动者所提供的劳动并据此支付工资,把劳动者的劳动成果与劳动报酬直接、紧密地联系起来。它不仅能反映不同等级工人之间的劳动差别,而且能反映同等级工人之间的劳动差别。

计件工资的计算公式是:

$$计件工资额＝计件单价×合格产品数量 \tag{6.1}$$

因此,计件工资的正确计算主要取决于计件单价的准确测算和合格产品数量的正确统计。首先,计件单价就是完成某种产品的单位产量的工资支付标准。一般地,计件单价是按工作物等级、相应的工资标准和劳动定额计算出来的。其次,要正确统计合格产品数量。这要求有关部门应协助质检、保管、验收等部门,对工资核算的原始记录如考勤记录,产量和工时记录,产品质量验收单和产品进、出库验收单,领用单等进行认真审核,保证这些记录的真实性、准确性和合理合规性。

②计件工资的形式

计件工资的具体形式是由企业根据自己的生产特点与工作需要而制定的。计件工资有多种形式,按实行计件的劳动定额范围划分,可以分为按同一单价计件和不同单价计件(如累进单价计件或累退单价计件);按参加计件的人员划分,可以分为个人计件和集体计件;按参与计件的方式划分,可以分为直接计件和间接计件,等等。常见的计件工资制包括下列几种具体形式。

A.直接全额无限计件工资制

直接全额无限计件工资制上不封顶,就是工人全部工资都随完成和超额完成劳动定额的多少,按统一的计件单价来计发,不受限制。实行无限计件工资制的工人,计件期间不再

领取本人标准工资。其计算公式是:

$$Y = P \times WP \tag{6.2}$$

式中:P 为产量,WP 为计件单价。

另一种形式是针对销售人员的纯佣金制(提成制),公式是:

$$工资 = 产品单价 \times 提成比率 \times 销售的件数 \tag{6.3}$$

B. 超额有限计件工资制

超额有限计件工资制就是对实行计件工资的工人在劳动定额内按计件单价支付工资,对超额部分进行限制,如规定了超额计件工资不得超过本人标准工资的一定百分比或绝对金额。实行这一计件形式,是为了保证企业维持均衡生产,同时,也便于平衡计件工人与非计件工人的工资关系,防止由于企业管理水平低,定额不够先进合理,而出现超额工资过高的偏向。但在一定程度上,这会影响工人积极性的充分发挥。

C. 累进计件工资制

累进计件工资制又称为差额单价计件工资,即将工人生产的合格产品数量分为定额内和定额外两部分,定额以内部分按正常计件单价计算工资,超额部分按照一种或几种在原计件单价基础上递增的计件单价计算工资。这种方法通过对计件单价进行分层处理,增强了计件工资的差异性和可变性,是激励作用最强的一种计件工资制。用公式表示为:

$$当产量位于标准产量以下:Y = P \times WP_1 \tag{6.4}$$

$$当产量位于标准产量以上:Y = P \times WP_2 \tag{6.5}$$

式中:WP_1 指的是较低的计件单件,WP_2 指的是较高的计件单价。

累进计件工资制可直接累进,也可分段累进。

$$实得计件工资 = (定额内部分 \times 一般计件单价) +$$

$$\sum (超定额部分 \times 累进计件单价) \tag{6.6}$$

例:某厂规定完成产量定额 200 件以内,计件单价为 2.8 元,超额完成 1%~10% 部分累进计件单价 3 元,超额完成 10%~20% 部分,累进计件单价 3.2 元,超额完成 20% 以上部分累进计件单价 3.4 元计算,工人甲当月实际完成产量 250 件,求其实得计件工资。

根据公式(6.6),则为:

$$实得计件工资 = (200 \times 2.8) + (20 \times 3) + (20 \times 3.2) + (10 \times 3.4) = 718(元)$$

这种方式最早是由科学管理理论的创始人泰勒提出的,泰勒根据最优化或标准化的操作程序与动作,来确定劳动定额,这个劳动定额对工人而言显然偏高,为鼓励员工努力完成这个定额,泰勒便设计了这种所谓的"差别计件工资制"或"超额累进计件工资制"。该工资制的优点是激励作用特别明显,能促进劳动生产率的较快提高。缺点是会使单位产量的直接人工成本上升,造成工资增加过多,经济效益有可能达不到预期的目标。因此,实行累进计件工资必须实行有技术根据的先进合理的劳动定额,计件单价的递增比例必须事先要有精确测算,以保证实现预期的经济效益目标。此外,只在某种产品急需突击增加产量时,才适宜在关键的工种采用这种形式。

D. 有保障的计件工资制(超额无限计件工资制)

在实施直接计件工资制的企业中,员工的全部收入取决于他所生产或推销的产品数量,员工的收入可能很丰厚,但风险也很大。如果员工因故不能有足够的产出,则其收入可能会低于政府规定的最低工资标准。尤其是非员工自身原因造成工作量及业绩不饱和时,让员工承担这样的风险是不公正的。在美国,公平劳动标准法案的通过促成了有保障的计件工资制的产生。即不论员工的产量达到什么样的水平,这种计件工资制都能够保障员工获得一定数量的基本收入,以确保在计件工资制下,员工的收入不低于法令规定的最低工资标准。主要方法是在一定的劳动定额内,按计时工资标准计发工资,保证员工的标准工资;超额部分,不同等级的工人按照同一单价计发超额计件工资。

当然,计件单价肯定会低于实行直接计件工资制的企业。其公式为:

$$Y = Y_0 + P \times WP \tag{6.7}$$

式中:Y 为收入,Y_0 为不论产量如何员工均能够得到的基本工资,P 为产量(在此不考虑品质系数,仅指正品的产量),WP 为计件单价。

另一种形式是定额以内部分按照本人的标准工资以及完成定额的比例计发工资,对超额部分不同等级的工人则都按照同一个单价计发超额计件工资。其形式实际上等同于直接无限计件工资制。

针对销售人员的混合佣金制有多种不同形式,如:

$$提成工资 = 底薪 + 销出产品数 \times 单价 \times 提成比率 \tag{6.8}$$

或者是:

$$提成工资 = 底薪 + (销出产品数 - 定额产品数) \times 单价 \times 提成比率 \tag{6.9}$$

这种方法将员工的风险降低了,也有助于使员工的注意力转向生产前或维护期内的工作。在以下情况时,企业可能考虑采用有底薪的佣金制或奖金制:员工承担了一些不能直接以产量或销量计算的工作;价格很高的产品和服务,其生产与销售周期较长;新产品的知名度还不高,需要进行许多营销推广活动才能打开销路;需通过班组成员共同努力完成的工作;员工处于培训期尚不能独立有效地开展工作;等等。反之,则应采用直接以销量计算的纯佣金制。

E. 间接计件工资制

间接计件工资制是指工人的工资不是直接由本人的产量或作业量确定,而是由他所服务的工人的劳动成果来确定。它适用于那些同实行计件工资制的一线工人劳动有密切关联的、不直接生产产品的辅助工人,他们的工资按一线工人完成的产量进行折算计件进行发放。

F. 综合计件工资制

综合计件单价必须综合考虑产量定额、质量、原材料消耗以及产品成本等因素,可以根据需要确定各个因素的分配系数。

③计件单价的计算

计件单价就是完成某种产品的单位产量的工资支付标准。一般地,计件单价是按工作物等级、相应的工资标准和劳动定额计算出来的。即首先要确定工作物等级,也就是某种产品需要什么技术等级的员工来做。这是根据某种工作物的技术复杂程度、劳动繁重程度、责任大小和不同的生产设备状况划分的等级。其次要确定劳动定额。劳动定额,分产量定额和工时定额。产量定额就是在单位时间内应该生产的合格产品的数量。工时定额就是在一定条件下,完成某一产品所必须消耗的劳动时间。劳动定额是考核和衡量工人生产效率的尺度,也是合理组织劳动和计算劳动报酬的依据,是实行计件工资的关键。

这里具体介绍两种计算计件单价的方法:一是按产量定额计算,二是按工时定额计算。

A. 按产量定额计算,其公式是:

计件单价＝该工作物等级的单位时间的工资标准/单位时间的产量定额　　(6.10)

如,生产线工人小时工资率为 5 元,产量标准为每小时生产 20 件产品,那么可以得知计件工资率应为 5÷20＝0.25(元/件)。

又如,某种产品需要甲等级的工人制造,该等级工人的月标准工资是 1500 元。经测定,在一小时内,一位这种等级的工人对这种产品进行合格加工的合理产量是 5 件,则该种产品的计件单价计算如下:

计件单价＝1500÷(20.83×8)÷5＝1.8(元/件)

这里 20.83×8 的含义是假设一个月实际工作日为 20.83 天,每天的工作时间为 8 小时。1500÷(20.83×8)是将月标准工资折算成标准小时工资率。

B. 按工时定额计算,其公式是:

计件单价＝该工作物等级的单位时间的工资标准×单位产品的工时定额　　(6.11)

如,某种产品需要乙等级的工人制造,该等级工人的月标准工资是 1200 元。经测定,一位这种等级的工人对这种产品进行合格加工所需的合理工时是 5 小时,则该种产品的计件单价计算如下:

计件单价＝1200÷(20.83×8)×5＝36(元/件)

若某种产品需要几个等级的工人同时参加,则应根据参加该产品生产的各位工人各自的标准小时工资率分别计算。

如,某种产品需要甲、乙两种等级的工人共同制造才能完成,甲等级工人的月标准工资是 1500 元,乙等级工人的月标准工资是 1200 元。经测定,甲、乙等级各一位工人各自对这种产品进行合格加工所需的合理工时分别是 5 小时和 4 小时,则该种产品的计件单价计算如下:

计件单价＝1500÷(20.83×8)×5＋1200÷(20.83×8)×4＝73.8(元/件)

计件工资制的主要优点是能够从劳动成果上准确反映出劳动者实际付出的劳动量,并按体现劳动量的劳动成果计酬,不但激励性强,而且使人们感到公平,监督成本降低。但是,计件工资制和标准工时制都存在一些缺陷。由于计件工资率表明了每件产品的价值中所含的工资额,企业如果试图修改产量标准或小时工资率以降低计件工资率,会引起多数工人的抵制。尤其因管理或技术改造而使生产效率提高时,需要提高产量标准,提高定额,而这又会引起不满。另外,实行计件工资制,也容易出现片面追求产品数量(提高生产的速度),而忽视产品质量、消耗定额、安全性和不注意爱护机器设备的倾向,如只求保持合格品质量的下限,或超出其负荷进行掠夺性的生产。

(2)标准工时制(standard hour plan)

标准工时制同计件工资制非常相似,是计件工资制的一种变形。其主要不同之处在于:计件工资制依据产品的计件工资率确定工人的报酬,其生产率是以单位时间内的产量为标准;而标准工时制则依据工人生产效率高于标准水平的百分比付给工人同等比例的奖金,其生产率是以生产单位产量所消耗的时间为标准,并以生产单位产品所需的标准工作时间与实际所需工作时间的比值来表示。

例如,某工人所在职位的基本工资是每小时 6 元,即每日的标准工资收入为 48 元。又假设该职位的产量标准是每小时生产 10 个单位的产品,即每单位产品需要 6 分钟的工作时间。如果该员工一天(8 小时)生产了 100 个单位的产品,他/她的生产效率可以表示为单位产品需要工作时间为 8×60÷100＝4.8(分钟)。根据产量标准,该员工的生产效率为标准的 1.25 倍(6÷4.8＝1.25)。因此,该员工当天的收入为 48×1.25＝60(元)。

(3)绩效工资

与前面所介绍的计件工资制和标准工时制相比,绩效工资及以后所介绍的绩效加薪等各类制度能够更广泛地适应于企业中的各类员工及管理者。绩效工资也称为考核工资,通常与绩效评价等级密切相关。它主要有以下两种形式。

一是员工的全部基本薪酬都与当期绩效评价结果挂钩,其公式为:

$$本期应得绩效工资额＝现有基本工资额×员工个人绩效评价系数 \tag{6.12}$$

如某企业的员工绩效评价等级及绩效评价系数见表 6-2。

表 6-2　某企业的员工绩效评价等级及绩效评价系数表

绩效评价等级	A	B	C	D	E
绩效评价系数(%)	150	120	100	50	0

假设某员工的基本工资为 1200 元,本期他的绩效评价结果为 B 级,所以,本期该员工应得绩效工资额为:

$$本期应得绩效工资额＝现有基本工资额×员工个人绩效评价系数$$
$$＝1200×120\%$$
$$＝1440(元)$$

二是把基本薪酬的一部分划出来与企业或员工当期的绩效考核结果挂钩,如有的企业 30% 的基本工资与绩效挂钩,70% 的基本工资不变,作为保障性工资。所以,绩效工资总额取决于两个因素:一是绩效评价等级系数,二是职位等级或者技能等级决定的基本工资。要使绩效工资公平合理,让员工认可和接受,要求企业绩效评价必须公正合理,而且基本工资制定公平,能够反应职位差别。另外,一些企业在制定绩效评价系数时,不仅考虑了员工个人的绩效评价结果,同时考虑了企业的绩效评价结果,即绩效评价系数为员工个人绩效评价系数乘以企业绩效评价系数。

绩效工资虽然不是累进的,但是为了控制成本,许多企业都在绩效工资制度中包含了控制绩效工资总额的做法。

①强制分布法。即把员工的绩效评价等级按照一定的强制比例分布于几个等级,可以避免由于多数人处于 A 级或者"杰出"类最高评价等级而使支付的工资总额超出企业的承受范围。

②平均系数分配法。这种方法以企业所确定的绩效工资总额为基础,再分解给各个部门和员工。一般包括以下两个步骤。

步骤一,部门间绩效工资总额的确定。公式如下:

$$\frac{部门间季度绩效}{工资平均系数}＝\frac{企业季度绩效工资总额}{\sum\left(\frac{部门季度绩效}{工资基数总额}×\frac{部门季度}{绩效评价系数}\right)} \tag{6.13}$$

$$\frac{各部门季度应发}{绩效工资总额}＝\frac{部门季度绩效}{工资基数总额}×\frac{本部门季度绩}{效评价系数}×\frac{部门间季度绩效}{工资平均系数} \tag{6.14}$$

步骤二,员工个人绩效工资的计算。公式如下:

$$\begin{matrix} 部门内季度应发绩 \\ 效工资平均系数 \end{matrix} = \frac{本部门季度应发绩效工资总额}{\sum \left(\begin{matrix} 员工个人季度 \\ 绩效工资基数 \end{matrix} \times \begin{matrix} 员工个人 \\ 绩效评价系数 \end{matrix} \right)} \qquad (6.15)$$

$$\begin{matrix} 个人季度实得 \\ 绩效工资 \end{matrix} = \begin{matrix} 员工个人季度 \\ 绩效工资基数 \end{matrix} \times \begin{matrix} 个人季度绩效 \\ 评价系数 \end{matrix} \times \begin{matrix} 部门内季度绩效 \\ 工资平均系数 \end{matrix} \qquad (6.16)$$

(4)绩效加薪

①绩效加薪的含义

绩效加薪也称成就工资、绩效调薪,它是根据员工的绩效评价等级,对员工基本薪酬基数(月基本工资)的一种累积性的调整。它一般以年为周期对员工的月基本工资进行调整,企业根据员工的年度绩效评价结果等级,确定一定的调薪比例,可以看作是对优秀员工的一种奖励、对绩效考核差的员工的惩罚。如某公司薪酬制度中规定"员工在连续一年的历次绩效考核中,考核平均结果在'良'以上的,且其中无'差'及'较差'的,其岗位工资等级可在原等级基础上上浮一等"、"员工在连续一年的历次绩效考核中,考核结果平均分在55(含)与66分之间的,其岗位工资等级在原等级基础上下降一等"。绩效加薪所产生的基本薪酬是刚性的,它成为基本薪酬的固定部分并可在以后的考核年度中不断得到累积。

正是因为绩效加薪采用逐年累加的做法,而且具有刚性特点,所以尽管每次加薪的幅度不大,但是久而久之可能导致企业在不知不觉中将员工的基本薪酬提高到对成本构成较大压力的程度。这种日积月累式的加薪也会给员工造成一种既得利益心理。因此,企业越来越赞同绩效加薪,甚至出现用一次性奖金取代绩效加薪的做法。

②绩效加薪的实施要素

实施绩效加薪时,要对加薪的幅度、加薪的时间以及加薪的方式进行妥善安排。

A.加薪的幅度

从企业来看,绩效加薪的幅度主要取决于企业的支付能力。加薪幅度过高,其累加性的特点会导致薪酬成本快速增加,使企业财务负担过重;但是如果绩效加薪的幅度过小,绩效加薪计划又很可能会无效,因为小规模的加薪往往起不到激励员工的作用,并且很容易与生活成本加薪混同。因此,加薪幅度应满足所谓"最低限度有意义的加薪"的要求。从员工个人来看,加薪的幅度主要取决于员工的绩效评定以及其现有的基本薪酬水平。另外,加薪的幅度还与某一薪酬等级的浮动范围("带宽")有关,如果绩效好的员工在几年内就能达到该等级的顶薪点,在其职务不变的情况下,其薪酬进一步向上调整的余地就没有了,这势必会对员工的工作积极性产生影响;在一些比较复杂的绩效加薪计划中,绩效加薪的幅度还与企业的薪酬水平和市场薪酬水平的对比关系有关,或者是与员工所在的薪酬层级以及企业内部相对收入水平高低等因素有关。

B.加薪的时间

常见的绩效加薪时间安排是每年一次,也有些企业采取半年一次或者是每两年一次的做法。

C.加薪的方式

绩效加薪既可以采取基本薪酬累积增长的方式,但有时也可以采取一次性加薪的方式。一次性加薪是常规的年度绩效加薪的一种变通措施(类似于上面讲到的"绩效工资"),

它通常是对那些已经处于所在薪酬等级最高层的员工所采取的一种绩效奖励方式。因为这时企业已经不能再提高这类员工的基本薪酬水平,但是又需要对其中的高绩效员工提供一定的激励。

(5)一次性奖金

①一次性奖金的含义

一次性奖金是一种重要的绩效奖励形式,是企业从物质利益上给予员工的一种与员工的绩效相关的鼓励。长期以来,在企业内部薪酬分配中得到广泛应用。它实质上是对员工提供的有效超额劳动支付的报酬,目的是为了更好地调动员工的积极性,鼓励员工提高技术、业务水平,提高劳动生产率,从而促进生产发展和企业经济效益的增长。一次性奖金有灵活性、及时性、荣誉性等特点,能够多样灵活地反映员工的绩效差别,可以根据工作的不同需要,建立不同的奖金制度,例如超额奖、质量奖、综合奖等;还可以随着生产的变化及时调整奖励对象、奖金数额、获奖人数以及奖励的周期和范围,做到及时奖励,所以在企业中广泛应用。

相对于绩效加薪而言,一次性奖金既能加强业绩与薪酬的联系,又能有效控制成本。两者间的区别主要表现在:绩效加薪是对员工过去的绩效和优秀表现的一种奖励,是对员工在过去较长一段时间内所取得成就的"追认",一般以一年为加薪周期。它是以员工的基本薪酬为基础的,绩效加薪的百分比往往取决于企业当年的经营业绩以及员工个人的绩效评价等级。因此,绩效加薪的百分比是不需要而且往往也不可能与员工事先协商或沟通。但一次性奖金则是与员工现在的表现和成就挂钩的,往往是以影响员工的未来行为或业绩为目的的,因此,奖金的计算公式等都是事先约定好的。从加薪幅度上看,一次性奖金所受的限制较少,甚至可能是"上不封顶"的。更为重要的一个区别是,绩效加薪是基本薪酬的永久性增加,即是"刚性"的,而且采取逐年累加的做法,具有一种累积作用。而奖金是一次性的,不会增加员工的基本薪酬,因而也不存在这种累积作用,这次奖金高并不意味着下一次也同样高。企业完全可以在绩效优异时支付较高水平的奖金,而在员工的绩效或者是企业的绩效不佳时,适当控制奖金,从而控制成本。

②一次性奖金的类型

一次性奖金有多种形式,按不同情况分类,主要可分为以下两类。

A. 按计奖单位区分,可分为个人奖和以班组、车间、科室等为单位的集体奖。所以严格地讲,一次性奖金并不属于按照激励对象来划分的个人绩效薪酬,因为其针对的对象并不限于个人,也可用于部门与团队。

B. 按奖励条件的考核项目区分,可分为单项奖和综合奖。单项奖是以生产、工作中的某一项指标作为计奖条件。它的特点是只对劳动成果中的某一方面进行考核,一事一奖。一般采取按绝对额计发奖金的办法,有的也采取记分算奖的办法。具体形式主要有以下几种。

a. 节约奖。是对工人在生产过程中节约特定的能源、原材料所实行的奖励。特定的能源、原材料一般包括燃油,煤炭,电力,木材或稀有、贵重、国内尚不能大量生产的有色金属、优质钢材这10类能源、原材料。节约奖适用于大量使用燃料、电力、有色金属等稀缺或贵重物资进行生产,并具备消耗定额、消耗计量、原始记录、定期盘点、经济效果考核等项目管理制度的企业。节约奖奖金率一般为节约价值的1%~15%不等,奖金在节约价值中开支,并列入成本。

b.安全奖。为奖励安全生产而实行的一种单项奖,主要是在那些生产过程中需要注意安全的员工中实行。例如电力部门的发电和配电工人,工业部门中的卷扬机、汽车司机等。

c.超产奖。当工人完成的工作量超出劳动定额或工作目标时,按照超额的多少发给的奖金。实行超额奖,必须制定先进合理的劳动定额和严格的产品检验、计量制度。

d.质量奖。质量奖分为产品质量奖和工作质量奖。产品质量奖是工人在完成其本身职责范围内的生产任务的前提下,超过国家规定的产品质量标准或降低废品率,根据其工作性质和提高产品质量的难易程度,按规定支付的一定数量的奖金;工作质量奖是当工人良好地完成规定的工作任务或操作指标时,所给予的奖励。

e.发明创造奖。发明创造奖是对于做出了发明创造的研究开发人员所给予的奖励。根据其发明创造或新产品的商业价值,奖金金额可以从几千元到几百万元。

f.合理化建议奖。发明创造奖毕竟只有很少的具备一定素质的员工才可能获得,而建议奖则可以鼓励每名员工思考其本职工作,提出合理化建议,很可能就会给企业带来盈利颇丰的创新。很多企业都设置了建议箱,或构建其他渠道以便员工提出合理化建议,并对好的建议或技术革新给予奖励。

g.出勤奖。这是最常见的企业单项奖金形式。如月内无迟到、缺勤,即可获得50元出勤奖。通用汽车公司采用的一种出勤奖励计划是,如果员工在一个季度内没有缺勤(不包括公司批准的缺勤,如休假、病假、陪审团义务、丧假、兵役、法定节日和培训等),就可以获得50美元的奖金。如果员工在一年中的三个季度内都没有缺勤,还可以另外获得150美元的奖金,总奖金为300美元。如果员工在一年内都没有缺勤,在年末还可以另外获得300美元的奖金,总奖金为500美元。

h.员工推荐奖。企业对为企业推荐人才的员工给予奖励。当企业有职位空缺时,员工若为企业成功推荐了合格的人才,尤其是急需的特殊人才,就可以获得推荐奖金。奖金可与被推荐人的适职情况和流失情况挂钩,只有当被推荐人在企业工作一段时间,获得企业认可时,推荐人才能获得奖金。

i.综合奖。综合奖是以多项考核指标作为计奖条件,它的特点是对员工的劳动贡献和生产、工作成绩的各个方面进行全面评价,统一计奖,重点突出。具体办法是把劳动成果分解成质量、数量、品种、效率、消耗等因素,每一因素都有明确的考核指标及该指标的奖金占资金总额的百分率或绝对数,只有在全面完成各项指标的基础上提供超额劳动,才能统一计奖。

(6)年薪制

年薪制是针对高层管理人员和一些高级专业技术人员的一种特殊的个人绩效薪酬制度。

①年薪制的含义

年薪制一般以经营者为对象,所以也称作经营者年薪制,它是以企业一个生产经营周期,即以一个年度为单位来确定经营者的基本报酬,并视其经营成果发放风险收入的薪酬制度。实行年薪制后,经营者的收入主要由基本年薪和风险年薪两部分构成。基本年薪是指根据企业经营者承担责任的大小确定的基本生活收入,主要用于保障企业经营者的基本生活需要。基本年薪一般依据企业经营者的企业规模、销售收入、员工人数和效益等确定,与业绩无关,按月发放。风险年薪是依据企业经营者的经营业绩来确定,如果因经营者经营不良,没有完成考核指标,或给企业造成损失的,将扣除一定比例的风险薪酬,不足部分还可从下年度的年薪中继续扣除,也可采取扣除风险抵押金的方法。它的作用在于调动企业经营者的积极性和创造性。

②年薪制的基本特点

A.年薪制具有针对性。年薪制适用于特定的对象,包括企业的经营管理者(包括高层和中层)和一些特殊创造性人才,如科研人员、工程师等。这些人员素质较高,工作性质决定了他们的工作需要较高的创造力,工作中需要更多的激励而不是简单的管理和约束,因为他们工作的价值难以在短期内体现。

B.周期长。一般是以年为周期,这是与其考核相关的,对于绝大部分的年薪制适用人员,都是以企业经营年度为周期,对于一些科研人员、项目开发人员,这个周期也可能是半年、两年、一年半或其他,虽然不一定正好是一整年,但是都具有周期较长这一特点。

C.存在一定的风险。薪酬中的很大一部分风险薪酬是和本人的努力及企业经营好坏情况相挂钩的,具有较大的风险和不确定性。

D.科学合理地设计衡量经济效益的考核指标,是决定年薪制是否成功的关键所在。

③年薪制的模式

年薪制主要由两部分组成,一部分是固定的,即基本收入,如基本年薪和津贴;另一部分是变动的,即风险收入,如短期风险收入和长期风险收入(股票或股票期权等),它包括增值年薪和奖励年薪。另外,还可以有延迟支付的部分,如养老金。在具体实践中,企业高层管理人员的报酬结构是多元化的,尤其反映在福利津贴方面。有的学者将适合我国国情的年薪制归纳为以下五种模式。

A.准公务员型模式

报酬结构:基薪＋津贴＋养老金计划。

报酬数量:取决于所管理企业的性质、规模以及高层管理人员的行政级别。一般基薪为员工平均工资的 2～4 倍,正常退休后的养老金水平为平均养老金水平的 4 倍以上。

考核指标:政策目标是否实现,当年任务是否完成。

适用对象:所有达到一定级别的高层管理人员,包括董事长、总经理、党委书记等。

激励作用:这种报酬方案的激励作用机理类似于公务员报酬的激励作用机理,职位升迁机会、较高的社会地位和稳定体面的生活保证是主要的激励力量来源,而退休后更高生活水准保证可起到约束短期行为的作用。

B.一揽子型模式

报酬结构:单一固定的数量年薪。

报酬数量:相对较高,和年度经营目标挂钩。实现经营目标后可得到事先约定好的固定数量的年薪。例如,规定某企业经营者的年薪为 15 万元,但必须实现减亏 500 万元。

考核指标:十分明确具体,如减亏额、实现利润、资产利润率、上缴税利、销售收入等。

适用对象:具体针对经营者一人,总经理或兼职董事长。至于领导班子其他成员的报酬可用系数折算,但系数不得超过 1。

激励作用:具有招标承包式的激励作用,激励作用很大,但易引发行为短期化。其激励作用的有效性发挥在很大程度上取决于考核指标的科学选择以及准确真实。

C. 非持股多元化型模式

报酬结构：基薪＋津贴＋风险收入（效益收入和奖金）＋养老金计划。

考核指标：确定基薪时要依据企业的资产规模、销售收入、员工人数等指标；确定风险收入时，要考虑净资产增长率、实现利润增长率、销售收入增长率、上缴税利增长率、员工工资增长率等指标，还要参考行业平均效益水平来考核评价经营者的业绩。

适用对象：一般意义的国有企业的经营者，指总经理或兼职董事长，其他领导班子成员的报酬按照一定系数进行折算，折算系数小于1。

激励作用：如果不存在风险收入封顶的限制，考核指标选择科学准确，相对于原国有企业经营者的报酬制度和上述方案而言，这种多元化结构的报酬方案更具有激励作用。但该方案缺少激励经营者长期行为的项目，有可能影响企业的长期发展。

它适用于追求企业效益最大化的非股份制企业，现阶段我国国有企业绝大多数都采用这种年薪报酬方案。一般集团公司对下属子公司的经营者实施的年薪报酬方案也多是这种，只是各个企业的具体方案中考核指标、计算方法有一定差异。

D. 持股多元化型模式

报酬结构：基薪＋津贴＋含股权、股票期权等形式的风险收入＋养老金计划。

报酬数量：基薪取决于企业经营难度和责任，含股权、股票期权形式的风险收入取决于其经营业绩、企业的市场价值。一般基薪应该为员工平均工资的2～4倍，但风险收入无法以员工平均工资为参照物，企业市场价值的大幅度升值会使经营者得到巨额财富。只有在确定风险收入的考核指标时才有必要把员工工资的增长率列入。

考核指标：确定基薪时要依据企业的资产规模、销售收入、员工人数等指标；确定风险收入时，要考虑净资产增长率、实现利润增长率、销售收入增长率、上缴利税增长率、员工工资增长率等指标，还要参考行业平均效益水平来考核评价经营者的业绩。如果资本市场是有效的，有关企业市场价值的信息指标往往更能反映企业经营者的业绩。

激励作用：从理论上说，这是一种有效的报酬激励方案，多种形式的、具有不同的激励约束作用的报酬组合保证了经营者行为的规范化、长期化。但该方案的具体操作相对复杂，对企业具备的条件要求相对苛刻。

这种薪酬结构与非持股多元化模型的差别是风险收入形式的不同，也就是说增加了长期激励在薪酬结构中的比重，较适用于股份制企业，尤其是上市公司。

E. 分配权型模式

报酬结构：基薪＋津贴＋以"分配权"或"分配权"期权形式体现的风险收入＋养老金计划。

报酬数量：基薪取决于企业经营难度和责任，以"分配权"、"分配权"期权形式体现的风险收入取决于企业利润率之类的经营业绩。一般基薪应该为员工平均工资的2～4倍，但风险收入无法以员工平均工资为参照物，没必要进行封顶。只有在确定风险收入的考核指标时才有必要把员工工资的增长率列入。

考核指标：确定基薪时要依据企业的资产规模、销售收入、员工人数等指标；确定风险收入时，要考虑净资产利润率之类的企业业绩指标。

激励作用：把股权、股票期权的激励机理引入到非上市公司或股份制企业中，扩大其适用范围。这是一种理论创新，其效果还有待实践检验。

知识链接

美、日、德三国经营者年薪制

一、美国的经营者年薪制

美国企业高级管理人员的薪酬结构和薪酬水平是由公司董事会的薪酬委员会决定的,薪酬委员会通常由 3～4 名外部董事组成,由于外部董事无权参与公司高级管理人员以及普通员工的薪酬福利计划,所以其立场相对比较中立。企业经理人员的报酬通常由以下 5 个部分组成。

1. 基本工资

一般是一个固定数目,根据工作年限、竞争条件、生活费用、工作表现等因素进行确定和调整。

2. 短期奖励

短期奖励即奖金。经理人员报酬的重要组成部分,数目不固定,而是由董事会根据经营者的短期绩效进行确定,目的在于增加企业人工成本弹性和调动经营者的积极性。通常这部分报酬会占到总报酬的 1/4 左右。

3. 长期奖励

一般是 3～5 年或以上的时间,最常见的就是股票期权的形式,作为按长期绩效进行激励的形式,长期奖励平均会占到总报酬的 1/3 左右。目前美国的大公司都不同程度地采用了各种形式的股票期权计划。

4. 福利待遇

福利待遇主要包括由企业购买的各种保险、带薪休假以及由企业提供的免费或打折服务等,经理人员的福利待遇普遍高于普通员工,除外他们还可以享有"经理津贴"。

5. 额外津贴

额外津贴与经理人员的绩效没有直接的联系,实际上属于企业给予经理人员的特权。主要包括内部工作环境,如办公室、专门的餐厅和停车场等,以及良好的外部服务,如代缴俱乐部或协会会员费用、住宿和交通费用等。总体而言,在美国企业的经营者年薪制当中,基本工资在经理人员报酬中所占的比重不足 50%,而奖金和股票期权所扮演的角色是愈来愈重要,高层管理人员的巨额报酬与责任和风险是联系在一起的,不同等级管理人员之间的差别相当大。在美国一些大公司,高层管理人员的奖金额可为其年薪的 100%,而初级管理人员的最高奖金不超过其年薪的 20%。在奖金的领取上,高层管理人员有时只能拿到 1/3 的奖金,其余的 2/3 要等到他们的业务活动和整个公司活动取得成效时方可拿到。

二、日本的经营者年薪制

日本企业经营者的收入制度,明显受其整体企业制度的制约,以经营者为主导、劳资一体化经营是日本企业制度的主要特征。日本企业普遍采用的股份制中,个人股东所占比例很小,法人持股比重较大,而法人之间又常常相互持股,这一切都使企业的权力结构倒向了经营者一方。因此日本企业的经营者在经营活动中具有充分的支配权。这种以企业经营者为主导的体制也更能使企业家有较大的空间和自由度去追求企业长远的发展。日本企业经营者年薪主要由工资和奖金两部分构成。

1. 工资

经营者的工资水平主要由企业规模和经济效益状况确定,但经营者的工资水平要比本企业的平均工资水平高出许多。

2. 奖金

经营者尤其是高级经营者的奖金收入是很丰厚的,通常同一般工人的奖金分开,在企业净利润分配中单独列项。奖金在经理人员之间也并非是平均分配的,总经理一人可得到30%并享有其余部分的分配权。除此之外,日本企业的经营者还享有比一般工人高出许多的退休金,并且公司经理人员每年还享有5000美元的俱乐部会员费和6000美元的交际费用等职位消费待遇。

三、德国的经营者年薪制

德国企业经营者的收入水平同样比不上美国的企业经营者,而与一般雇员的工资由劳资双方谈判决定的显著特点不同,企业经理人员实行独立于工资制度之外的年薪制。其年薪的多少由董事会确定,并且在单独签订的合同中规定。经营者年薪的确定主要是依据其工作业绩,即经营者所能给企业带来的效益。德国的企业经理人员不同层次(一般也可划分为经理人员、中层管理人员和低层管理人员三个层次)之间的平均年薪差距可达到2.5倍左右。德国企业经营者报酬主要是由固定年薪、浮动收入和福利待遇构成的。

1. 固定年薪

一般要占总报酬的65%左右,主要依据企业规模的大小而确定。同是中级管理人员,因所在企业规模不同,薪金可能会相差很多,大企业和中型企业相比,有时会相差3~4倍。例如在机械制造业,一个有着200员工的企业的经理人员年薪平均约为20万马克,而有着20万职工的大众汽车公司的经理人员的年薪收入可以达到100万马克的水平。

2. 浮动收入

浮动收入主要包括企业红利提成和年终奖金,浮动收入部分约占总报酬的25%～30%,主要与经营者的工作绩效挂钩,其水平的高低,有的企业以销售额,有的以利润,大多数企业则是以销售额、利润、红利等综合指标来进行衡量和确定的。

3. 福利待遇

企业的经理人员享受着比普通员工更为优厚的福利待遇,其中最重要的一项就是管理人员基本上全部享受的企业养老基金。

(资料来源:李宏,廖晓慧.美、日、德三国企业经营者年薪制概览.价格月刊,2005(9),有删减.)

3. 群体绩效薪酬的形式

群体绩效薪酬也称群体奖励计划或团队绩效奖励制度,它是将员工的薪酬与所在群体(或企业、部门)的绩效相联系并以群体(或企业、部门)为主要激励对象的一种绩效激励制度。通常有利润分享计划、收益分享计划、成功分享计划以及小群体(或者班组、团队)奖励计划几种类型。

（1）利润分享计划

利润分享计划就是企业在向员工支付了基本薪酬之外，再拿出一部分利润或超额利润向员工分配的制度。在这种计划下，薪酬的支付是建立在对利润这一企业绩效指标评价基础上的，没有利润或利润不足就不分，利润多就多分，是一次性支付的奖励，它不会进入到员工的基本薪酬中去，因而不会增加企业的固定薪酬成本。但是企业是盈利还是亏损，是由多种因素影响的，所以利润分享可以看作是绩效薪酬的一部分，是可变薪酬。利润分享计划一般针对企业全体员工，所以是群体绩效薪酬的一种类型。

利润分享计划并非对所有企业或企业的所有部门都有效。如那些效益严重依赖于外部政策环境变化的企业，或者利润变化很大、无法预测的企业都不太适合使用这种薪酬模式。而在同一个企业中，也并非所有的部门都适合，比如在 IT 企业中，研发人员或销售人员的努力对企业业绩的影响可能非常巨大，可以采用利润分享计划，但操作工人的工作相对来说对企业利润目标的完成并不那么重要，而且他们的工作成果非常容易进行衡量，所以可以采用其他激励方式而不是采用利润分享计划，如采用个人业绩挂钩工资制等。

目前广泛使用的利润分享计划有以下两种。

①现金现付式利润分享计划。通常是每隔一定时间（每季度或一年），把一定比例（通常为 15％～20％）的利润作为奖金进行现金奖励。这是最常见、最传统的利润分享形式。

②延期式利润分享计划。在监督委托管理的情形下，企业按预定比例把一部分利润存入员工账户，等他们退休后再支付给他们。这类计划使员工可以享受税后优惠，同时，企业也可以将其从应税利润额中减除，不再交税。

还有一种利润分享制为股票分配式利润分享，即按一定标准以股票形式进行利润分配，使员工成为本公司或母公司的股东，但是这种基于股票的利润分享方式不如员工持股计划的持股规模大。这样，就使利润分享计划由一种短期激励计划转变为一种长期激励计划，可以使员工更关心企业的经营。但是，当企业经营不利时，这种方式也会给员工带来很大风险。这种方式使用较少。

利润分享计划可以使企业的薪酬成本更加明确，并使薪酬支付保持了一定的灵活性。而且利润分享计划使员工薪酬的一部分与企业的总体财务绩效联系在一起，有助于促使员工都关注公司的利润，这是个人绩效奖励计划难以做到的。但是利润分享计划没有考虑员工个人的业绩，不能非常有效地激励员工去提高工作绩效。例如，福特公司、克莱斯勒公司和通用汽车公司在与美国汽车工人联合会订立的集体合同中都制订了极为类似的利润分享计划。但是，每年这三家公司所支付的相关报酬都相差甚远，通用汽车公司的员工所获得的利润分享收入仅仅是克莱斯勒公司从事相同工作的员工所获利润分享收入的 1/15，但这并不意味着克莱斯勒公司的员工的绩效水平达到通用汽车公司员工的 15 倍！

（2）收益分享计划

收益分享计划是一种企业与员工共同分享生产率收益的绩效奖励方式。生产率收益包括提高生产产量或是减少单位产品的生产时间、节约成本或生产质量提高等来获得额外收益。收益分享计划属于奖励计划，它鼓励大多数或者全体员工通过共同努力来达到企业的生产率目标，并且是员工和企业能够共同分享由于这种努力所产生的成本节约收益，最终起到了增强员工主人翁意识和忠诚度的作用。其主旨就是通过让员工参与从而提高企业的绩效,它可以被看成是一种管理系统或者是一种管理哲学。收益分享计划常常是与某一项具体的经济活动效益相联系,而不是与企业的总体利润直接挂钩。最常见的一种形式是成本分享计划。

根据计算公式的不同,收益分享计划分斯坎伦计划、拉克计划和分享生产率计划。

①斯坎伦计划。该计划由约瑟夫·斯坎伦(Joseph Scanlon)在1930年提出,是最早的收益分享计划。其产生背景主要是为了克服经济危机,挽救企业。该计划提出,通过劳资双方的努力,在维持产出水平不变的同时降低劳动力成本,员工就可以分享成本降低之后的收益部分。斯坎伦计划中提出了明确的生产率标准,并建议成立生产管理委员会和指导委员会以促进员工参与管理决策。该计划的重要特征为员工参与。

②拉克计划。该计划由经济学家艾伦·拉克(Allen Rucker)于1933年提出。拉克计划与斯坎伦计划相似,但贯穿了以收益附加值作为计算奖金基础的思想,且计算公式更为精细和复杂。

③分享生产率计划。该计划由工业工程师米歇尔·费恩(Mitchell Tein)在1970年提出。其奖金计算以总劳动成本为基础,适应了企业对总成本核算和控制的需要。

(3)成功分享计划

成功分享计划又称为目标分享计划,它的主要内容是运用平衡记分卡方法来为某个经营单位制定目标,然后对超越目标的情况进行衡量,并根据衡量结果来对经营单位提供绩效奖励的一种群体绩效奖励制。

平衡记分卡,又叫综合平衡记分卡,是由哈佛商学院的教授卡普兰和诺朗诺顿研究所所长诺顿提出的,是一种主要针对企业绩效的绩效管理方法。平衡记分卡从学习与成长、业务流程、顾客、财务四个维度来整体审视企业绩效,不仅关注了企业的财务层面,还关注了非财务层面,同时也是在定量评价和定性评价、客观评价和主观评价、指标的前馈指导和后馈控制、企业的短期增长与长期增长、企业的各个利益相关者之间寻求平衡,使绩效管理上升到企业的战略层面。成功分享计划就是根据平衡记分卡中四个维度的考核指标的完成情况来对员工实施奖励的。成功分享计划将一个经营单位中的所有员工都纳入到该计划当中来,从而获得全体企业成员对于绩效目标的一种承诺。这种全面参与的特点实际上向员工传达了这样一种信息,即所有的员工都在一个大的团队当中,每一个人对企业的业务流程都会产生影响,从而增强员工的责任感和归属意识。

(4)班组(或小团队)奖励计划

班组或团队奖励计划是群体绩效薪酬制度中最简单的一种形式。在这个计划中,只有当班组或团队的目标实现后,每个成员才能得到奖金,即如果个人绩效很好,但群体的绩效目标没有实现,个人也无法获得奖金。实施这种奖励计划旨在促进团队协作,提高生产率。该种计划与上述的几种群体奖励计划不同之处在于员工所获得的奖金是以小群体的业绩而非整个部门、事业部或者工厂的绩效为确定依据。而且该种奖励计划往往持续时间不长,任务或者项目完成后奖励计划也随之消失。

在班组奖励计划中,班组奖金在班组成员间分配方式一般有三种形式:一是将奖金在班组成员间平均分配,这种形式可以加强班组成员的合作,但可能会引起某些班组成员"搭便车";二是根据班组成员对班组业绩的贡献大小来决定其奖金金额,这种形式对个人的贡献评价提出了很高的要求,同时也可能会有损班组成员间的合作,因为一些员工可能会只重视他们个人的绩效而不是团队的绩效;三是根据每名成员的基本薪酬占班组所有成员基本薪酬总额的比例来确定其奖金分配比例。

本章小结

绩效薪酬是一种与绩效管理相结合的薪酬制度,也就是将员工的薪酬与绩效水平直接挂钩的一种薪酬制度。绩效薪酬有不同的分类形式,按照关注对象,绩效薪酬可以分为个人绩效薪酬、群体绩效薪酬和组织绩效薪酬;按照给付的周期,可以分为短期绩效薪酬和长期绩效薪酬两种。

个人绩效薪酬也称为个人绩效奖励,是针对员工个人的工作业绩和工作行为提供奖励的一种报酬制度。个人绩效薪酬的形式主要有计件工资制、标准工时制、绩效工资、绩效加薪、一次性奖金和年薪制。群体绩效薪酬是将员工的薪酬与所在群体(或企业、部门)的绩效相联系并以群体(或企业、部门)为主要激励对象的一种绩效激励制度。通常有利润分享计划、收益分享计划、成功分享计划以及小群体(或者班组、团队)奖励计划几种类型。个人绩效薪酬制度和群体绩效薪酬制度有其自身的特点和适用范围。

短期绩效薪酬是针对员工在短期内完成的工作和绩效所支付的报酬,一般适用于企业所有员工,其形式多种多样,如绩效工资、计件工资制、收益分享计划等。长期绩效薪酬是指对一年以上既定绩效目标的达成提供奖励的制度。股权激励是长期绩效薪酬的主要形式。股权激励是指企业以本企业股票为标的或媒介,对其董事、监事、高级管理人员及其他核心员工进行的长期性激励。其形式众多,主要有股票期权、限制性股票、业绩股票、股票增值权、虚拟股票、经营者持股、员工持股计划、管理层收购和延期支付。

思考题

1. 什么是绩效薪酬? 绩效薪酬包括哪些类型?
2. 简述个体绩效薪酬与群体绩效薪酬的区别与联系。
3. 个体绩效薪酬有哪些形式?
4. 计件工资制有哪些形式?
5. 群体绩效薪酬有哪些形式?
6. 股权激励有哪些形式?
7. 什么是年薪制? 它的特点是什么?

案例分析

危机下的股权激励
——以华为公司为例

一、案例背景

华为技术有限公司(以下简称华为)成立于 1988 年,最初是一家生产公共交换机的香港公司的销售代理。由于采取"农村包围城市,亚非拉包围欧美"的战略策略,华为迅速成长为全球领先的电信解决方案供应商,专注于与运营商建立长期合作伙伴关系,产品和解决方案涵盖移动、网络、电信增值业务和终端等领域。华为在美国、德国、瑞典、俄罗斯、法国、印度以及我国深圳、北京、上海、杭州、成都、南京等地设立了多个研究所,87502名员工中的43％从事研发工作;在全球建立了100多个分支机构,营销及服务网络遍及世界,为客户提供快速、优质的服务。2008年华为实现合同销售额233亿美元,同比增长46％,其中75％的销售额来自国际市场。

在企业管理上,华为公司积极与IBM、Hay Group、FhG等世界一流管理咨询公司合作,在集成产品开发(IPD)、集成供应链(ISC)、人力资源管理、财务管理、质量控制等方面进行深刻变革,建立了基于IT的管理体系。在企业文化上坚持"狼性"文化与现代管理理念相结合,其薪酬和人力资源管理上的创新是吸引众多优秀人才进入华为的重要原因,其中股权激励扮演着重要角色。

二、华为股权激励的历史

华为公司内部股权计划始于1990年即华为成立3年之时,至今已实施了4次大型的股权激励计划。

1.创业期的股票激励

创业期的华为一方面由于市场拓展和规模扩大需要大量资金,另一方面为了打压竞争者需要大量科研投入,加上当时民营企业的性质,出现了融资困难。因此,华为优先选择内部融资。内部融资不需要支付利息,存在较低的财务困境风险,需要向外部股东支付较高的回报率,同时可以激发员工努力工作。1990年,华为第一次提出内部融资、员工持股的概念。当时参股的价格为每股10元,以税后利润的15％作为股权分红。那时,华为员工的薪酬由工资、奖金和股票分红组成,这三部分数量几乎相当。其中股票是在员工进入公司一年以后,依据员工的职位、季度绩效、任职资格状况等因素进行派发,一般用员工的年度奖金购买。如果新员工的年度奖金不够派发的股票额,公司帮助员工获得银行贷款购买股权。华为采取这种方式融资,一方面减少了公司现金流风险,另一方面增强了员工的归属感,稳住了创业团队。也就是在这个阶段,华为完成了"农村包围城市"的战略任务,1995年销售收益达到15亿人民币,1998年将市场拓展到中国主要城市,2000年在瑞典首都斯德哥尔摩设立研发中心,海外市场销售额达到1亿美元。

2.网络经济泡沫时期的股权激励

2000年网络经济泡沫时期,IT业受到毁灭性影响,融资出现空前困难。2001年底,由于受到网络经济泡沫的影响,华为迎来发展历史上的第一个冬天,此时华为开始实行名为"虚拟受限股"的期权改革。虚拟股票是指公司授予激励对象一种虚拟的股票,激励对象可以据此享受一定数量的分红权和股价升值权,但是没有所有权,没有表决权,不能转让和出售,在离开企业时自动失效。虚拟股票的发行维护了华为公司管理层对企业的控制能力,不至于导致一系列的管理问题。华为公司还实施了一系列新的股权激励政策:①新员工不再派发长期不变一元一股的股票;②老员工的股票也逐渐转化为期股;③以后员工从期权中获得收益的大头不再是固定的分红,而是期股所对应的公司净资产的增值部分。期权比股票的方式更为合理,华为规定根据公司的评价体系,员工获得一定额度的期权,期权的行使期限为4年,每年兑现额度为1/4,即假设某人在2001年获得100万股,当年股价为1元每股,其在2002年后逐年可选择4种方式行使期权:兑现差价(假设2002年股价上升为2元,则可获利25万)、以1元每股的价格购买股票、留滞以后兑现、放弃(即什么都不做)。

从固定股票分红向"虚拟受限股"的改革是华为激励机制从"普惠"原则向"重点激励"的转变。下调应届毕业生底薪，拉开员工之间的收入差距即是此种转变的反映。

3. 非典时期的自愿降薪运动

2003年，尚未挺过泡沫经济的华为又遭受SRAS的重创，出口市场受到影响，同时和思科之间存在的产权官司直接影响华为的全球市场。华为内部以运动的形式号召公司中层以上员工自愿提交"降薪申请"，同时进一步实施管理层收购，稳住员工队伍，共同渡过难关。2003年的这次配股与华为以前每年例行的配股方式有3个明显差别：一是配股额度很大，平均接近员工已有股票的总和；二是兑现方式不同，往年积累的配股即使不离开公司也可以选择每年按一定比例兑现，一般员工每年兑现的比例最大不超过个人总股本的1/4，对于持股股份较多的核心员工每年可以兑现的比例则不超过1/10；三是股权向核心层倾斜，即骨干员工获得配股额度大大超过普通员工。此次配股规定了一个3年的锁定期，3年内不允许兑现，如果员工在3年之内离开公司的话则所配的股票无效。华为同时也为员工购买虚拟股权采取了一些配套的措施：员工本人只需要拿出所需资金的15%，其余部分由公司出面，以银行贷款的方式解决。自此改革之后，华为实现了销售业绩和净利润的突飞猛涨。

4. 新一轮经济危机时期的激励措施

2008年，由于美国次贷危机引发的全球经济危机给世界经济发展造成重大损失。面对本次经济危机的冲击和经济形势的恶化，华为又推出新一轮的股权激励措施。2008年12月，华为推出"配股公告，此次配股的股票价格为每股4.04元，年利率逾6%，涉及范围几乎包括了所有在华为工作时间一年以上的员工。由于这次配股属于"饱和配股"即不同工作级别匹配不同的持股量，比如级别为13级的员工，持股上限为2万股，14级为5万股，大部分在华为总部的老员工，由于持股已达到其级别持股量的上限，并没有参与这次配股。之前有业内人士估计，华为的内部股在2006年时约有2亿股。按照上述规模预计，此次的配股规模在1亿~17亿股，因此是对华为内部员工持股结构的一次大规模改造。这次的配股方式与以往类似，如果员工没有足够的资金实力直接用现金向公司购买股票，华为以公司名义向银行提供担保，帮助员工购买公司股份。

华为公司的股权激励历程说明，股权激励可以将员工的人力资本与企业的未来发展紧密联系起来，形成一个良性的循环体系。员工获得股权，参与公司分红，实现公司发展和员工个人财富的增值同时与股权激励同步的内部融资，可以增加公司的资本比例，缓冲公司现金流紧张的局面。

三、华为股权激励取得成功的原因

1. 任职资格双向晋升通道

双向晋升通道保证了员工的发展空间技术和管理属于两个领域，一个人往往不能同时成为管理和技术专业人才，但是两个职位工资待遇的差别，会直接影响科研技术人员的努力程度。为了解决这一困境，华为设计了任职资格双向晋升通道。新员工首先从基层业务人员做起，然后上升为骨干，员工可以根据自己的喜好，选择管理人员或者技术专家作为自己未来的职业发展道路。在达到高级职称之前，基层管理者和核心骨干之间、中层管理者与专家之间的工资相同，同时两个职位之间还可以相互转换。而到了高级管理者和资深专家的职位时，管理者的职位和专家的职位不能改变，管理者的发展方向是职业经理人，而资深专家的职业是专业技术人员。华为的任职双向通道考虑到员工个人的发展偏好，给予了员工更多的选择机会,同时将技术职能和管理职能平等考虑,帮助员工成长。除了任职资格双向晋升通道外,华为公司对新进员工都配备一位导师,在工作上和生活上都给予关心和指导。当员工成为管理骨干时,还将配备一位有经验的导师给予指导。华为完善的职业发展通道和为员工量身打造的导师制度能够有效地帮助员工成长,减少了优秀员工的离职率。

2. 重视人力资本价格

重视人力资本价值,稀释大股东比例股权激励并非万能,当股权激励的力度不够大时,股权激励的效果也相当有限。华为公司刚开始所进行的股权激励是偏向于核心的中高层技术和管理人员的,而随着公司规模的扩大,华为有意识地稀释大股东的股权,扩大员工的持股范围和持股比例,增加员工对公司的责任感。华为对人力资本的尊重还体现在华为基本法中。该法指出:"我们认为,劳动、知识、企业家和资本创造了公司的全部价值;我们是用转化为资本这种形式,使劳动、知识以及企业家的管理和风险的累积贡献得到体现和报偿;利用股权的安排,形成公司的中坚力量和保持对公司的有效控制,使公司可持续成长。"这说明股权激励是员工利用人力资本参与分红的政策之一。

华为重视人力资本还体现在对研发的投资上。华为每年都将销售收入的10%投入到科研中,这高出国内高科技企业科研投资平均数的一倍多。在资源的分配上,华为认为管理的任务就是使最优秀的人拥有充分的职权和必要的资源去实现分派给他们的任务。

3. 有差别的薪酬体系

通过薪酬体系来达到激励的目的首先要设立有差别的薪酬体系。华为通过股权激励,不仅使华为成为大部分员工的公司,同时也拉开了员工工资收入水平。随着近几年华为的发展,分红的比例有了大幅上升,分红对员工收入的影响因子达30%以上,这对员工而言很具有激励性。

股权激励除了薪酬结构需要有激励性,还需要绩效考察具有公平性。华为公司在对员工进行绩效考核上采取定期考察、实时更新员工工资的措施,员工不需要担心自己的努力没有被管理层发现,只要努力工作就行。华为的这种措施保证了科研人员比较单纯的竞争环境,有利于员工的发展。华为股权分配的依据是:可持续性贡献,突出才能、品德和所承担的风险。股权分配向核心层和中坚层倾斜,同时要求股权机构保持动态合理性。

在保持绩效考核合理性的同时,为了减少或防止办公室政治,华为公司对领导的考察上也从二维角度进行,即领导个人业绩、上级领导的看法以及领导与同级和下级员工的关系。领导正式上任前要通过六个月的员工考核,业绩好只代表工资高,并不意味着会被提升。这样的领导晋升机制从道德角度和利益角度约束了领导的个人权利,更加体现了对下级员工意见的尊重。

4. 未来可观的前景

股权激励不是空谈股权,能在未来实现发展和进行分红是股权激励能否成功实施的关键。在行业内华为公司领先的行业地位和稳定的销售收入成为其内部股权激励实施的经济保证。根据Informa的咨询报告,华为在移动设备市场领域排名全球第三。华为的产品和解决方案已经应用于全球100多个国家,服务全球运营商前50强中的36家。2008年很多通讯行业业绩下滑,而华为实现合同销售额233亿美元,同比增长46%,其中75%的销售额来自国际市场。

华为过去现金分红和资产增值是促使员工毫不犹豫购买华为股权的因素之一。据了解,随着华为的快速扩张,华为内部股近几年来实现了大幅升值。2002年,华为公布的当年虚拟受限股执行价为每股净资产2.62元,2003年为2.74元,到2006年每股净资产达到3.94元,2008年该数字已经进一步提高为4.04元。员工的年收益率达到了25%～50%。如此高的股票分红也是员工愿意购买华为股权的重要原因。

（资料来源:谢琳,余晓明,米建华.危机下的股权激励——以华为公司为例.中国人力资源开发与管理,2009(6).）

问题:

1.你如何看待华为的股权激励?

2.华为的股权激励对你有什么启示?

第七章　福利计划与管理

学习目标

1. 了解福利计划的含义、特点；
2. 理解福利计划的作用；
3. 熟悉福利计划的种类；
4. 掌握福利计划的内容及管理；
5. 明确福利计划在目前存在的主要问题及发展趋势。

案例导入

微软公司是世界 PC(personal computer，个人计算机)机软件开发的先导，目前是全球最大的电脑软件提供商。微软公司现有雇员 6.4 万人，遍布世界各地。公司之所以能吸引并留住优秀的核心员工，除了优厚的薪酬外，还为员工制订了最为灵活全面的福利计划。从日常免费饮用的苏打果汁饮料到必需的全额医疗保险，细心地考虑到了每一个细节。完善福利计划的目的在于使公司最重要的资产——员工——可以比其他公司的人更快乐、更健康，以某种最理想的形式实现自身成长。

微软的福利计划项目主要包括：

健康关怀

微软为员工提供体检、医疗费用报销等保健福利，受益人还包括员工异性配偶或同性家庭伙伴以及子女。公司每年安排员工到专业休检机构进行全面体检并提供健康咨询；在员工的综合福利规划中还包括员工人身保险，人身保险为员工提供全球 24 小时人寿或意外伤害保障和员工医疗保险福利，员工可以报销医疗费用，受益人包括员工本人和家属。此外，公司为员工提供健身俱乐部付费会员资格，健身俱乐部涉及游泳、瑜伽、滑雪、足球、羽毛球等多种项目。

带薪年假

微软为员工提供带薪年假、病假以及志愿者服务假等多项休假计划。员工从工作第一年开始，每年可以拥有 12 天带薪年假。服务满两年之后还开始享有年资假。带薪假日包括所有政府规定的带薪节假日。员工每年可以有 15 天带薪病假。为鼓励员工积极参与志愿者服务活动，公司给员工提供带薪假日，从事自己热爱的志愿者服务项目。其他休假还包括：婚假、产假、陪产假、丧假等。

住房公积金

公司按照国家和地方政府的规定为员工办理住房公积金等相关手续。

员工协助计划

员工和员工直系亲属在需要的时候可以享受由专业顾问公司提供的专业个人咨询服务。受过训练的专业咨询团队,包括辅导员、临床心理学家、精神科医生、人力资源管理顾问、财务及法律顾问,随时准备提供全方位的咨询服务,协助员工从容地处理工作困扰或是家庭及心理问题。

社会保险

公司按照国家和地方政府的规定为员工办理各项社会保险关系,缴纳社会保险费。

旅游津贴

微软倡导健康、平衡的工作生活状态,公司每年为每一个员工提供适当的旅游资助,使员工有机会放松身心。

各类礼金

公司在员工结婚、生育、生病住院、亲属逝世等特殊情况下向员工赠送礼品或慰问品。

免费饮料和水果

微软所有的办公场所均提供免费的饮料,你可以尽情享受咖啡、牛奶、可乐等多种饮品。

其他福利

无着装规范,灵活的工作时间,鼓舞士气的预算,微软公司会议,微软公司野餐等。

完善的实习生福利

在微软,实习生将享受到一套完善的实习生福利,公司会尽可能为实习生提供最优厚的待遇。在微软,在任何可能的时候,你都有机会参与到计算机行业最前沿的项目中。此外,在交通费用、住房费用上都给予酌情补贴。在实习期间,微软为每一位学生投保人身意外伤害险,并努力提供安全、舒适的实习环境,尽量避免任何不安全因素。每一位实习生在入职时会得到一本全面指导实习生活的手册,帮助你尽快熟悉工作环境,了解怎样开始工作。针对不同的实习岗位,公司会提供定期和不定期的培训课程,帮助你顺利完成实习的每一项工作。同时为每一位学生安排实习指导人,并为实习生提供优厚的报酬。

从上述案例中不难看出福利计划是企业薪酬管理的一个重要组成部分。成功的人力资源管理必须加强薪酬福利计划的设计与管理。

(资料来源:改编自《微软公司薪酬管理与员工福利调整案例》,企管资源网(www.cx-oedu.com),2009年3月27日。)

企业薪酬管理建立在总薪酬的基础上。在企业薪酬体系设计中,基本薪酬、绩效薪酬与福利项目是三个主要的组成部分。以往大多数人往往只看直接货币收入——基本工资和奖金以及其他一些直接的货币报酬。但是,在企业向员工提供的具有货币价值的报酬中,显然并不只包括这些,还有相当一部分报酬是以福利的形式提供给员工的。目前越来越多的企业对员工福利的认识逐步深化,员工福利计划和福利管理在人力资源管理中的地位正在不断提高。在企业福利管理中,设计一个灵活适用的员工福利计划,才能发挥薪酬的激励作用。

第一节　福利计划概述

一、福利计划的概念

1.福利的定义

关于福利的定义,中外学者从不同的角度进行了不同的概括。一般认为员工福利是指员工因被企业雇佣及其在企业中的职位而获得的间接报酬,通常表现为延期支付的非现金收入。我国学者对于福利的界定主要有两种:广义福利和狭义福利。广义的福利泛指在支付工资、奖金之外的所有待遇,包括社会保险在内。狭义的福利是指企业根据劳动者的劳动在工资、奖金,以及社会保险之外的其他待遇。

福利的基本目的是照顾员工的生活,为他们提供各种必需的保障,使之安心工作。福利一般不是按工作时间和员工的贡献给付的,只要是企业的正式员工都可以基本均等地获得,带有一定的普惠性质。

福利和工资、奖金有一定的联系和区别。

福利和工资的联系体现为:第一,两者都属于劳动报酬的范畴;第二,两者均具有经济保障功能;第三,两者都在一定程度上受到政府法律法规的约束;第四,两者均具有一定的弹性。

福利和奖金的联系体现为:第一,两者都有一定的激励作用;第二,两者均有一定的灵活性。

福利与工资的区别主要有以下几点:第一,所起的作用不同,工资对员工的生活水平起决定作用,福利则主要起保障和提高作用;第二,支付依据不同,工资主要根据职位及能力支付,而福利很大程度上是按需支付的;第三,支付形式不同,工资采取现金支付方式,而福利则多以实物和延期支付为主。

福利与奖金的区别主要有以下几点:第一,基本性质不同,奖金的基本性质是超额劳动的报酬,而福利则具有普惠的性质;第二,支付时间及方式不同,奖金的支付具有及时性,主要以货币形式支付,而福利则以延期和实物支付为主。

2.福利计划的含义

福利计划是一个比较笼统的概念,一般是指企业为员工提供的非工资收入福利的综合计划。从现代人力资源管理的角度看,福利计划是指企业为员工提供的非工资收入福利的一揽子计划。

福利计划所包含的福利项目和内容可由各企业根据其自身实际情况加以选择和实施。

3.福利计划的类别

员工福利计划,一般可以包括法定福利计划及自主福利计划两大类。

(1)法定福利计划

法定福利计划又称强制性福利计划,是国家通过立法的形式强制实施的员工福利政策,主要包括社会保险和休假制度。

　　社会保险是国家通过立法的形式,由社会集中建立基金,以使劳动者在年老、患病、工伤、失业、生育等丧失劳动能力的情况下能够获得国家和社会补偿和帮助的一种社会保障制度。按照我国劳动法律的规定,我国城镇的国有企业、集体企业、外商投资企业、港澳台投资企业、私营企业等各类企业以及事业单位都必须参加法定的社会保险。

　　社会保险是企业员工主要的社会保障待遇。员工因为面临的劳动风险不同,所以享受到的保险待遇也有所不同。各国由于经济发展水平和社会保险制度的完善程度不同,所以提供的承保项目不完全一致。我国目前已经提供或正在建立和完善的企业员工社会保险项目包括以下几个方面。

　　①养老保险

　　养老保险是国家为劳动者或全体社会成员依法建立的老年收入保障制度,是我国目前覆盖面最宽、社会化程度最高的一种社会保险形式。当劳动者或社会成员达到法定退休年龄时,由社会提供养老金,保障其基本生活水平。

　　我国现行的养老保险制度是根据1997年国务院颁发的《国务院关于建立统一的企业职工基本养老保险制度的决定》建立起来的。该决定按照社会统筹与个人账户相结合的原则,从三个方面统一了企业职工基本养老保险制度。

　　第一,统一企业和职工个人的缴费比例。企业缴费比例一般不得超过企业工资总额的20%,具体比例由各省、自治区、直辖市人民政府确定;个人缴费比例1997年不低于本人缴费工资的4%,以后每两年提高一个百分点,最终达到8%。

　　第二,统一个人账户的规模。按本人缴费工资的11%为每个职工建立基本的养老保险账户,个人缴费全部记入个人账户,其余部分从企业缴费中划入。随着个人缴费比例的提高,企业划入的部分应降至3%。

　　第三,统一基本养老金计发办法。基本养老金包括基础养老金和个人账户养老金两部分,基础养老金月标准为省、自治区、直辖市或地(市)上年度职工月平均工资的20%,个人账户养老金月标准为本人账户储存额除以120。

　　②医疗保险

　　医疗保险是为了分担疾病风险带来的经济损失而设立的一项社会保险制度。

　　由国家、用人单位和个人集资(缴保险费)建立医疗社会统筹与个人账户相结合的医疗保险基金。当个人因病接受了医疗服务时,由社会医疗保险机构提供医疗费用补偿。

　　目前我国医疗保险制度主要依据国务院1998年颁发的《关于建立城镇职工基本医疗保险制度的决定》,其基本内容包括以下几个方面。

　　第一,确立了城镇职工基本医疗保险制度的基本原则,即“低水平、广覆盖”。

　　第二,确定了基本医疗保险的覆盖范围、统筹层次和缴费比例。基本医疗保险适用于一切城镇用人单位和职工;基本医疗保险原则上以地市级为统筹层次,确有困难的也可以以县为统筹单位;缴费比例的分配是:用人单位缴费率为职工工资总额的6%左右,职工缴费率为本人工资收入的2%。

　　第三,明确基本医疗保险统筹基金和个人账户基金的各自来源和使用范围。基本医疗保险基金由统筹基金和个人账户组成。职工个人缴纳的保险费全部计入个人账户;用人单位缴纳的保险费一部分用于建立统筹基金,一部分划入个人账户。

③失业保险

失业保险是对因暂时中断收入的劳动者在一定期间提供基本生活保障的社会保险制度。

我国目前执行的失业保险制度是根据1999年国务院颁布的《失业保险条例》制定的,该条例的主要内容包括以下几个方面。

第一,失业保险覆盖范围。城镇的国有企业、集体企业、外商投资企业、港澳台投资企业、私营企业等各类企业,以及事业单位都必须参加失业保险并按规定缴纳失业保险费。

第二,失业保险所需资金的来源和如何缴纳失业保险费。失业保险所需资金来源于四个部分:失业保险费,包括单位缴纳和个人缴纳两部分,这是基金的主要来源;财政补贴,这是政府负担的一部分;基金利息,这是基金存入银行和购买国债的收益部分;其他资金,主要是指对不按期缴纳失业保险费的单位征收的滞纳金等。失业保险费由城镇企事业单位按照本单位工资总额的2%缴纳,城镇企事业单位职工按照本人工资的1%缴纳失业保险费。城镇企事业单位招用的农民合同制工人,本人不缴纳失业保险费。

第三,失业人员可享受到哪些失业保险待遇。具体来说,包括按月领取的失业保险金,领取失业保险金期间的医疗补助金,领取失业保险金期间死亡的失业人员的丧葬补助金及其供养的配偶、直系亲属的抚恤金。另外,还可以为失业人员在领取失业保险金期间开展职业培训、职业介绍的机构或接受职业培训、职业介绍的本人给予补贴,以帮助失业人员实现再就业,并减轻失业人员的经济负担。失业保险金的标准由省级人民政府确定,原则是低于当地最低工资标准、高于城市居民最低生活保障标准。医疗补助金的标准由省级人民政府规定。丧葬补助金和抚恤金的标准应参照对当地职工的规定办理,一次性发放。

失业保险金的领取时间是由失业人员失业前所在单位和本人按照规定累计缴费时间决定的,满1年不足5年的,最长不超过12个月;满5年不足10年的,最长不超过18个月;10年以上的,最长不超过24个月。

失业人员享受失业保险待遇的条件,除了原单位和本人按规定履行缴费义务外,还必须符合失业不是因自己意愿造成的、失业后办理了失业登记手续并有求职要求这两个条件。

④工伤保险

工伤保险是指劳动者因工作受伤,暂时或永久丧失劳动能力时,从国家和社会获得物质帮助的一种社会保障制度。

工伤保险制度是世界各国立法较为普遍的、发展最为完善的一项社会保障制度。工伤保险制度遵循的普遍原则有:强制保险原则,无责任补偿原则,个人不缴纳原则,统一征收和统筹基金原则,管理上的政企分开原则。

工伤保险的基本任务是经济补偿、工伤预防和工伤康复(包括医疗康复和职业康复)。

⑤生育保险

生育保险是指妇女劳动者因怀孕、分娩导致不能工作,收入暂时中断,国家和社会给予必要物质帮助的社会保险制度。

生育保险费由用人单位按照本单位上年度职工工资总额的0.7%缴纳。生育保险待遇有:一是女职工生育,依法享受产假或休假;二是职工享受的生育津贴;三是职工享受医疗服务。生育保险不单单是指对女职工生育子女所花费的生育手术费、住院费等费用的补偿,还应当包括通过建立社会生育基金的方式,对女职工在规定的生育假期内因未从事劳动而不能获得工资收入的补偿。

⑥住房公积金

住房公积金是指国家机关、国有企业、城镇集体企业、外商投资企业、城镇私营企业及其他城镇企业、事业单位、民办非企业单位、社会团体及其在职职工按照规定缴存的具有保障性和互助性的一种长期住房储金。职工缴存的住房公积金和职工所在单位缴存的住房公积金,是职工按规定存储起来的专项用于住房消费支出的个人储金。职工离退休时本息余额一次付偿,退还给职工本人。

住房公积金制度实质上是一种住房保障制度。实行住房公积金制度,可以逐步形成国家、集体、个人三结合的筹资建设住房机制,加快住房建设速度,解决住房问题。国务院《住房公积金管理条例》规定:"单位应当到住房公积金管理中心办理住房公积金缴存登记,经住房公积金管理中心审核后,到受委托银行为本单位职工办理住房公积金账户设立手续。""职工和单位住房公积金的缴存比例均不得低于职工上一年度月平均工资的5%。"同时还规定:"职工个人缴存的住房公积金,由所在单位每月从其工资中代扣代缴。"在实际操作中,各地对住房公积金的缴存比率、办理手续以及工资基数上下限等的规定不尽相同。

以上六项法定福利项目,我国俗称"五险一金",政府要求各企事业单位必须为全体员工办理,实现"应保尽保"。

除上述社会保险制度外,法定福利计划还包括休假制度。目前我国的休假制度主要包括四项内容,即公休假日制度、法定节假日制度、年休假制度和探亲假制度。

公休假日制度又被称为周休制度,是法律规定两个相邻的工作周之间应休息的时间,我国目前实行每周两天的休假制度。

法定节假日制度是指根据各国、各民族的风俗习惯或纪念要求,由国家法律统一规定的用以进行庆祝及度假的休息时间。我国法定节假日分为以下三类。

第一类,属于全体人民的节假日:元旦、春节、国际劳动节、国庆节、清明节、中秋节等。

第二类,属于部分人民的节假日:妇女节、青年节、建军节等。

第三类,属于少数民族的节日:由少数民族自治区的人民政府,根据各民族习惯,自行决定。

年休假制度是指职工每年享有保留工作和工资的连续休假制度。

探亲假制度是指按照我国规定,给予与家属分居两地的职工在一定时期内回家与父母或配偶团聚假期的制度。

(2)自主福利计划

自主福利计划也称非法定福利计划、非固定福利计划,是由企业自主建立的,为满足员工的生活和工作需要,在工资收入之外,向员工本人及家属提供的一系列福利项目。目前自主福利计划已经成为薪酬体系中非常重要的一个组成部分。由于自主福利计划不具有法律的强制性,因而企业可以根据自身实际,在了解员工需要的基础上自行确定福利项目。目前自主福利计划主要有以下几个项目。

①企业补充保险计划

第一,企业补充养老金计划。

养老保险是社会保障的一部分,是法律所要求的退休福利。由于各方面的原因,法律所规定的养老金水平不会很高,很难保证劳动者在退休以后过上宽裕的生活。为此,很多国家都鼓励企业在国家法定的养老保险之外,自行建立员工的补充养老保险计划。员工补充养老保险,顾名思义,是指企业在满足社会统筹的社会基本养老保险的基础上,为补充基本养老保险的不足,帮助企业员工建立的超出基本养老保险以上部分的一种养老形式,是指由企业根据自身经济实力,在国家规定的实施政策和实施条件下为本企业职工所建立的一种辅助性的养老保险。它居于多层次的养老保险体系中的第二层次,由国家宏观指导、企业内部决策执行。员工补充养老保险与基本养老保险既有区别又有联系,其区别主要体现在两种养老保险的层次和功能上的不同,其联系主要体现在两种养老保险的政策和水平相互联系、密不可分。员工补充养老保险由劳动保障部门管理,单位实行补充养老保险,应选择经劳动保障行政部门认定的机构经办。员工补充养老保险的资金筹集方式有现收现付制、部分积累制和完全积累制三种。员工补充养老保险费可由企业完全承担,或由企业和员工双方共同承担,承担比例由劳资双方协议确定。企业内部一般都设有由劳、资双方组成的董事会,负责企业补充养老保险事宜。

养老金计划有三种基本形式,分别是团体养老金计划、延期利润分享计划和储蓄计划。团体养老金计划是指企业(可能也包括员工)向养老基金缴纳一定的养老金。延期利润分享计划是指企业会在每个员工的储蓄账户上贷记一笔数额一定的应得利润。储蓄计划是指员工从其工资中提取一定比例的储蓄金作为以后的养老金。与此同时,企业通常还会付给员工相当于储蓄金金额一半或同样数额的补贴。在员工正式退休或死亡以后,这笔收入会发给员工本人或其遗属。

养老金的基本形式还可以按照其他标准划分,例如把退休福利分为固定受益制和固定缴费制。固定受益制包括确定养老金数量的一套准则,这样就可以事先确定员工应得的养老金数额。这个计划说明,为了使员工在退休以后得到某一数量的养老金,究竟应该依据什么原则来确定员工缴纳的养老金费用。而固定缴费制并不确定员工最终所得的养老金数量,只确定计划的定期缴纳额。在固定受益制中,员工在退休之前就可以事先确定他们的退休所得;而在固定缴费制中,员工并不能确定他们的养老金数额,员工的最终所得会和养老基金的摊缴额和退休基金的投资收益情况密切相关。

第二,团体人寿保险计划。

团体人寿保险是市场经济国家的一些企业提供的一种最常见的福利。团体人寿保险是以团体为保险对象,由保险公司签发一张总的保险单,为该团体的成员提供保障的保险。因为这一适用于团体的寿险方案对企业和员工都有好处。作为一个群体的员工相对个人而言,可以以较低的费率购买到相同的保险。而且团体方案通常适用于所有的员工(包括新进员工),而不论他们的健康或身体状况如何。在多数情况下,企业会支付全部的基本保险费,承保金额相当于员工两年的薪酬收入,而附加的人寿保险则要由员工自己承担。在个别情况下,即使是基本保险费率也按一定的比率在企业和员工之间分摊,比如 50∶50 或20∶80。在我国,也已经有不少企业开始为员工办理团体人寿保险。

第三,健康医疗保险计划。

健康医疗保险的目的是减少当员工生病或遭受事故时本人或其家庭所遭受的损失。企业通常以两种方式提供这方面的福利:集体投保或者加入健康维护组织。

集体投保是指企业向保险公司支付一笔费用,作为保险费。当员工或其家庭发生某些事故时,保险公司可以部分或全部地赔偿其损失。长期来说,企业所缴纳的保费应该等于保险公司向员工支付的赔偿金与保险公司的管理费用之和,但是保险项目必须界定清楚保险的范围以及赔偿金的比率。有时,有些企业还采取了自保的形式,也就是说,企业自己划出一部分资金作为员工的保险金,而不再向保险公司投保。

此外,企业还可以采取加入健康维护组织的方式来为员工提供健康医疗保险服务。健康维护组织在发达国家比较普遍,它是一种保险公司和健康服务提供者的结合。它提供完善的健康服务,包括对住院病人和未住院病人提供照顾等。同时,和其他保险计划一样,它也有固定的缴费率,但是这种做法通常有助于降低企业的保险成本。

②股票期权计划

股票期权计划是指行权人在一定期限内按照事先确定的价格购买公司一定数量股票的权利,是国外一种比较成熟的、激励公司高级管理人员的机制。公司给予其经营者的既不是现金报酬,也不是股票本身,而是一种权利,经营者可以以某种优惠条件购买公司股票。

股票期权计划是通过行权人在比较低的行权价取得较高价格的公司股票后,通过出售股票获利或继续持有股票获利以达到激励高级管理人员的目的。可见,股票期权计划可以把公司管理者的可能收益与对公司未来成绩的贡献联系起来,鼓励员工长久地为公司服务。

从20世纪90年代以来,政府及企业进行了种种探索,实行股票期权计划就是其中的一种。1994年,上海市发布的《职工持股会暂行办法》明确规定,企业经营者可以通过职工持股会持有公司股份,并且从1997年开始,研究探索国有企业经营者持有股票期权激励方式试行方案。1999年11月,北京市宣布对10家国有企业的经营者实行股票期权计划的试点,并在2000年试点范围扩大到20家。1999年6月,深圳特区试行经营成果换取股权试点,试点方式包括奖励期权、奖励期股等。

目前我国的股票期权计划广泛实施的条件还不成熟,需要进一步规范和完善。

规范的股票期权计划的主要条款包括:受益人、赠予时机、行权价确定、授予期安排、结束条件等,具体管理和执行期权时,还包括期权的执行方法、行权时机的选择以及公司对期权计划的管理。外部环境中还涉及政府的税收规定。这是一个严密庞大的项目,公司一般设立薪酬委员会来专门负责这项工作。薪酬委员会成员一般由公司外部独立董事组成,以保证公平性。

③员工服务计划

员工服务计划是一种组织为员工提供的、旨在帮助员工克服生活困难和支持员工事业发展的直接服务的福利计划。其主要类型包括以下几个方面。

第一,员工援助计划。

员工援助计划是一种治疗性福利措施。企业针对诸如酗酒、吸毒、赌博或压力问题等向员工提供咨询或治疗的正式计划。基本模式有四种:其一,在内部模式中,由企业自行雇用全部援助人员;其二,在外部模式中,企业与第三方签订合同,由第三方提供员工援助服务所需的工作人员和服务内容;其三,在合作模式中,多个企业集中它们的资源共同制订一个员工援助计划;其四,采用加盟模式向客户企业的员工提供服务。该援助计划的实施,会帮助企业减少旷工、意外事故、伤亡事件的发生。

第二,咨询服务。

企业可以向员工提供广泛的咨询服务。咨询服务包括财务咨询、家庭冲突咨询、职业生涯咨询、重新谋职咨询以及退休咨询、法律咨询等。

第三,教育援助计划。

教育援助计划是通过一定的教育培训手段针对员工实施的一种很普遍的福利计划。教育援助计划分为内部援助计划和外部援助计划两种。内部援助计划主要是指企业内部的培训。例如,一些企业尝试在企业内开设自己的大学课程,如 MBA 课程,并聘请大学教师来企业讲课等。外部援助计划主要指的是学费报销计划。学费的报销可以采取全额报销、部分报销的方式,也可以采取每年给予固定金额的补助等不同的方式。

第四,家庭援助计划。

随着我国计划生育政策的长期实施、老龄化社会的到来,儿童及老年看护照顾问题必将纳入到福利计划中去。家庭援助计划的福利项目包括:弹性的工作时间和请假制度;向员工提供儿童、老人照顾方面的信息,提供托儿服务,资助老年照顾中心等。

除上述福利计划外,组织还可以为员工提供旅游服务、餐饮服务、交通服务、文娱体育设施、卫生设施及医疗保健等福利项目。

二、福利计划的特点

1.集体性

员工福利的许多项目属于集体福利。集体福利是由企业自身或通过社会服务机构提供的,如员工住房计划、集体生活设施与服务项目、带薪休假和旅游待遇等,因此集体性是员工福利的一个重要特征。集体福利除了可以满足员工的某些物质性需求之外,还有一个重要特点是可以强化员工的团队意识和对企业的归属感。例如,集体旅游、娱乐和健康项目的实施等,都可以起到这种作用。因此,许多企业文化都是以企业福利项目为载体的。

2.均等性

员工福利的均等性是指履行了劳动义务的本企业员工均有享受各种福利的平等权利。由于劳动能力、个人贡献及家庭人口等因素的不同,造成了员工之间在薪酬收入上的差距,差距过大会对员工的积极性和企业的凝聚力产生不利的影响。员工福利的均等性特点在一定程度上起着平衡劳动者收入差距的作用。均等性是对企业一般性福利而言的,但是对于一些高层次福利,许多企业采取了差别对待的方式。例如,对于企业高级经理和有突出贡献的员工,企业提供住房、专车、旅游、度假等高层次福利待遇,以此作为一种激励手段。

3.补偿性

员工福利是对劳动者为企业提供劳动的一种物质补偿,也是员工薪资收入的补充分配形式。一些劳动报酬,不宜以货币形式支付,可以以非货币形式支付;不宜以个体形式支付,可以以集体形式支付。

4.强制性

员工福利中某些项目的提供要受到国家法律的强制性约束,如基本的社会保险、法定休假等。另外,组织自行提供的其他一些福利也因为要获得政府优惠的税收待遇,而必须满足某些条件或受到一些重要规章制度的制约,如各项补充保险等,在提供的形式、缴付方式、比例等方面上均要依照国家的相关条例执行。

三、福利计划的作用

1.吸引、保留和激励员工

福利是一种很好地吸引和保留员工的工具,有吸引力的员工福利计划既能帮助组织招聘到高素质的员工,同时能保证已经被雇用的高素质员工能够继续留在组织中工作。优秀员工是组织发展的顶梁柱。以前一直认为,组织主要靠高工资来吸引优秀员工,现在许多企业家认识到,良好的福利有时比高工资更能吸引优秀员工;良好的福利使员工无后顾之忧,使员工有与组织共荣辱之感,士气必然会高涨;良好的福利计划会使很多可能流动的员工打消流动的念头,进而降低员工的辞职率;良好的福利会使员工产生由衷的工作满意感,进而激发员工自觉为组织目标而奋斗的动力。

在很多组织中,核心员工对组织的发展具有重要意义,同时在劳动力市场上又比较稀缺,吸引和留住这些员工往往成为组织薪酬管理的难点。组织可能由于某些方面的原因不能单方面提高这些人的薪酬水平时,福利计划的设置就可能会成为一种非常有利的工具。例如,对于一家IT企业来说,年轻员工具有重要的价值。但如果企业单独对年轻人提供较高的薪酬水平,就有可能会导致其他员工的不满甚至由此提出劳动歧视的诉讼。此时,特殊福利的运用就会产生很好地规避法律风险的效用。例如,为年轻员工提供安置费、培训费、旅游费等。

2.营造和谐的组织文化,强化员工的忠诚感

福利计划能够有效创造两种效用。

(1)企业通过实施福利计划,为员工提供各种照顾,以及创造增进员工相互沟通、了解的机会,让员工感觉到组织对员工的重视,在雇佣关系中增进感情,满足员工的精神需求,以提高员工的工作满意度。所以,福利计划对于促进员工生产率的提高以及缺勤率和离职率的下降,培养员工的忠诚度具有良好的作用。

(2)可以创造平等和谐的用工环境。正如在福利的特点中我们曾经分析到的,福利具有均等性的特征,除少数特殊福利项目外,福利不与员工的业绩相关,只要员工为组织服务,就能享受相应的福利项目。这对平衡员工心态,创造平等的用工环境是非常有益的。

3.享受国家的优惠税收政策,提高组织的经济效益

在许多市场经济国家,员工福利计划所受到的税收待遇往往要比工资所受到的税收待遇优惠。这就意味着,在员工身上所花出去的同等价值的福利比在工资上所支出的同等货币能够产生更大的潜在价值。由此,福利在享受国家税收优惠方面体现出两个方面的影响。

(1)对企业而言,尽管用于现金报酬和大多数员工福利的开支都可以列为成本开支而不必纳税,但是增加员工的现金报酬却会导致企业必须缴纳的社会保险费用上升,而用来购买或提供大多数员工福利的成本却可以享受免税待遇。这样,企业将一定的收入以福利的形式而不是以现金的形式提供给员工将更具有成本方面的优势。

(2)对员工而言,也能享受税收的优惠。因为以福利形式所获得的收入一般无需缴纳个人收入所得税。即使有些福利项目需要缴税,往往也不是在现期,而是等到员工退休以后。到那个时候,员工的总体收入水平就会比他们在工作的时候低,从而所面临的税收水平也就会更低。

4. 可以享受集体购买的优惠或规模经济效应

员工福利中的许多内容是员工工作或生活所必需的,例如人寿保险计划,家庭生活中的日常用品。但单个员工的购买,在价格上不具有任何优势。此时采用集体购买就能发挥价格方面的优势。此外,企业还可以以较低的成本为员工提供某些项目的服务,因为它可以将固定成本分散到较多的员工身上,从而降低每位员工所承担的成本。如果每位员工自己去购买某种福利,则福利的成本很可能会更高。

第二节　福利计划管理

一、福利计划管理概述

1. 福利计划管理的概念

员工福利计划管理是指为了保证员工福利按照预定的轨道发展、实现预期的效果而采用各种管理措施和手段对员工福利的发展过程和路径进行控制或调整的活动。

员工福利计划管理可以分为广义和狭义两个部分,广义的员工福利计划管理是对员工福利从产生到发展整个过程进行全方位的管理,包括:员工福利发展的各个阶段,即从低级阶段到高级阶段,从不成熟阶段到成熟阶段;员工福利管理所涉及的各种资源的配备和制度的建设,以及各种管理方式和手段的运用等。狭义的员工福利计划管理是指为了完成一个既定的中长期的发展目标而采取的各种措施和手段。

2. 福利计划管理的原则

（1）平等性

员工福利具有普惠性质,因此,福利计划管理的平等性主要表现在两个方面:一是强调所有员工都享有员工福利的权利,二是所有员工享受的福利水平应该保持在一定的范围内。

（2）激励性

尽管由于企业的规模、性质、效益不同,企业福利的具体项目有一定区别,但所设置的项目应充分考虑到不同员工,不同时期的需要,不断改进员工福利计划管理的方式方法,增强员工福利的效果及增加员工对福利的满意度等,达到激励员工的效果。

（3）经济性

作为一个经济组织,追求利润最大化是企业的根本目标。因此在强调竞争力和激励性的同时也要重视经济性,尽量降低员工福利的管理成本,提高管理效率。

（4）透明性

福利计划管理制度及方法应公开透明,一方面让员工全面了解福利体系,以便从中获益;另一方面可以在更大范围内听取员工的意见,以改进员工福利的管理工作。

（5）动态性

为更好地实现福利目标,以适应现实经济环境的变化,尤其是适应劳动力结构以及员工生活方式的变化等,必须实施员工福利的动态管理。在企业内外部情况发生变化的同时,要求福利计划管理能够及时调整福利政策,满足企业发展对福利管理的要求。

3.福利计划管理的内容

（1）福利计划目标的制定

每个企业的福利计划目标各不相同,但在制定福利计划目标时必须考虑以下问题:符合企业的长远目标,满足大多数员工的基本需求,符合企业的薪酬政策,能激励大部分员工,在企业的经济负担能力下,符合政府政策法规的规定。

如果福利计划目标模糊,则福利计划的制订就是盲目的,福利计划不但发挥不了保障和激励作用,而且还可能影响企业的效益。目标的制定既要考虑眼前需要更要着眼于长远的需要,既要考虑部门内部情况又要综合考虑外部环境的变化,尤其是同行业及竞争对手的情况。

（2）福利计划调查

福利计划调查包括对其他企业福利水平的调查和企业内部员工需求的调查。企业要想吸引和留住员工,保持在劳动力市场上的竞争力,就必须了解其他企业所提供的福利水平。福利调查和薪酬调查的目的是一样的,都是获取劳动力市场信息。事实上在很多时候,薪酬调查本身就包括对福利种类以及福利水平的调查,这是因为福利本身就是一种薪酬,只不过是一种间接的薪酬罢了。因此,在政府相关机构以及行业协会或者咨询公司所主持的市场薪酬调查中往往可以找到福利方面的一些数据资料。一般的福利调查所要得到的是市场上普遍存在的福利项目的形式、内容及其覆盖范围方面的信息。

在薪酬调查中了解到的直接薪酬的信息和福利的信息会有所不同。这是因为通过对直接薪酬的调查,企业可以了解到自己的薪酬成本达到一个什么样的水平是合理的,但是福利调查所能够提供的仅仅是其他企业所采取的福利实践的状况,至多能够了解到竞争者的总福利成本是多少。至于单个福利计划的成本,不同的企业之间存在很大的差异。这些差异来源于不同企业的劳动力队伍的构成差异以及对福利的不同看法。比如,在一些企业中被看成是福利的项目,在另一家企业很可能不被看成是福利。因此,在制订福利计划时应该计算其他企业所提供的福利在自己企业运行时所可能导致的成本,并与员工偏好结合起来作出决策。

企业内部员工调查可以通过以下方式进行:其一,通过座谈会找一些典型的员工面谈,收集员工对各种福利项目的反馈,了解某一层次或某一类型员工的福利需求;其二,用问卷法了解员工对福利的需求和对现行福利项目的满意程度;其三,用录像、各种内部刊物或其他场合介绍有关的福利项目;其四,公布一些福利项目让员工自己挑选。

（3）福利计划成本核算与分析

福利计划成本核算与分析是福利计划管理中的重要部分,福利计划管理者必须花较多的时间与精力投入福利的成本核算与分析。福利成本核算主要涉及以下几个方面:通过销售额人工费率或附加价值劳动分配率以及薪酬结构计算出企业最高可能支出的福利总费用;与外部福利水平进行比较,尤其是与竞争对手的福利水平进行比较;作出主要福利项目的预算;估算出每一名员工福利项目的费用。

福利计划成本核算与分析是确定员工福利计划项目时必须考虑和依据的因素,成本高低一般反映企业的支付能力,它对员工福利管理起着重要的作用。成本分析应该考虑未来市场的变化、经营环境的变化、劳动力成本占总成本的比率等因素。

（4）福利计划制度设计

员工福利计划的设计首先必须遵守国家的法规和相关政策，向员工提供国家要求企业提供的福利，如养老保险、工伤保险、医疗与死亡保险和生育保险这"五险"。在按法定要求提供的福利计划外，企业在设计员工福利计划时，应主要考虑以下三个问题：其一，提供哪些福利，为什么？其二，向谁提供，提供多少？其三，福利成本由谁来负担？第一个问题关心的是福利计划的效益，第二个问题关心的是福利计划的作用，第三个问题关心的是福利计划的成本。

企业向员工提供哪些福利，是由多种因素决定的。首先，企业要知道自己希望吸引何种类型的员工。如希望多吸引高学历、高素质的员工，则要考虑与培训、教育援助计划有关的福利计划；希望留住核心员工、减少人员流动则要考虑股票期权计划，增加退休金在员工福利计划中的重要性。其次，企业应该了解本行业其他企业，尤其是竞争对手提供了哪些福利，市场上的"标准做法"是什么，本企业福利方面有哪些竞争力。最后，企业还要考虑历史因素，福利计划一旦确定，应具有相对的稳定性，历史上已经存在的福利计划，没有充分的理由，不宜轻易取消。

为了降低福利计划成本，企业不必向所有的员工提供一样的福利计划，而是要根据具体情况，区别对待，向不同的人提供不同的福利计划。区别对待的标准主要包括：以工龄为标准，以员工对企业的重要性和贡献为标准，以在职和不在职为标准，以每周工作时间为标准等。

为员工提供的福利计划项目应具有一定的灵活性，根据不同员工，不同时期的需要灵活掌握。

对于员工福利成本的负担，原则上可以有三种选择：一是完全由企业负担；二是企业和员工共同负担；三是完全由员工承担。企业在设计福利计划时，要认识每一种选择的利弊，慎重对待。

（5）福利计划沟通

要使福利项目最大限度地满足员工的需要，福利沟通相当重要。研究显示：并不是福利投入金额越多，员工就越满意，员工对福利的满意程度与对福利需要的满意程度呈正相关关系。

员工福利计划要对员工的行为和绩效产生影响，就必须使员工对企业所提供的福利有一个全面的认识。因此企业应该采取一些有计划的、持续的方式与员工进行福利计划信息方面的沟通，让员工对他们正在享有的福利待遇有一定程度的了解。福利沟通可采取以下方法：其一，编写福利手册，解释企业提供给员工的各项福利计划。这些手册可以包含一本总册子和一系列附件。在福利手册中应当尽量少用福利专业术语，力求让普通员工都能了解其内容含义。其二，定期向员工公布有关福利的信息。这些信息包括：福利计划的适用范围和福利水平；对具体的员工来说，这些福利计划的价值是什么；企业提供这些福利的成本。其三，在小规模的员工群体中作福利报告。这一工作由福利管理人员或者部门经理来完成都可以。其四，建立福利问题咨询办公室或咨询热线。这既有利于员工了解企业的福利政策和福利成本开支情况，又是表明企业希望员工关心自己的福利待遇的一种信号。其五，建立网络化的福利管理系统。在企业组建的内部局域网上发布福利信息，也可以开辟专门的福利板块，与员工进行有关福利问题的双向交流，从而减少因沟通不畅导致的种种福利纠纷或福利不满。

（6）福利计划实施

福利计划的实施，企业主要应做好宣传、帮助和增效三方面的工作。

企业应积极向员工宣传福利政策及有关内容。宣传的方式可以多种多样，如可以通过企业内部宣传资料，向员工介绍本企业福利的基本内容、享受福利待遇的条件和费用的承担，还可以针对一些对于企业和员工双方都有利的项目进行积极的开发和引导。

员工申请享受所规定的福利待遇时，福利管理者需要对这些福利申请进行审查，看其申请是否合理。也就是说，需要审查本企业是否实施了某种相关的福利计划，该员工是否在该计划覆盖的范围之内，以及该员工该享受什么样的福利计划等。对那些福利申请被拒绝的员工提供咨询，向他们解释被拒绝的理由。

随着企业福利的高速增长，如何降低福利成本已成为企业所面临的一个重大问题。因此，企业在实施福利计划时应按照福利计划制度，严格控制福利项目的数量，规定福利的上限，严格审查员工申请享受福利的条件，区别对待不同的员工，提供灵活多样的福利计划，降低福利成本，提高效率。

福利计划的实施是福利管理中最具体的一个方面，在福利实施中应注意以下几点：其一，根据目标和方案计划实施；其二，财务预算要落实；其三，有一定的灵活性；其四，防止漏洞产生；其五，定时检查实施情况。

（7）福利计划调控

福利计划实施中，一方面主客观情况会不断发生变化，另一方面实施的效果与企业福利计划的目标可能会有一定的差距。因此，就应该考虑对福利计划进行调控。

首先，有关福利的法律经常会发生变化，企业需要关注这些法律规定，检查自己是否适合某些法律法规的规定。一方面避免自己在不知不觉的情况下违反国家的法律法规；另一方面，企业还以法律法规为依据，寻求有利于自己的福利提供方式。

其次，员工的需要和偏好也会随员工队伍构成的不断变化以及员工自身职业生涯的发展阶段而处于不断变化之中。因此，员工的福利需求调查应该是一项持续不断、经常进行的工作，而不是一劳永逸的。

再次，对外部市场的直接薪酬状况变化进行了解，对其他类似企业的福利实践的了解也是企业在劳动力市场上竞争的一种重要手段。

最后，对企业而言，最复杂的问题莫过于由外部组织提供的福利成本所发生的变化，例如，由保险公司所提供的保险价格的改变等。

总之，员工福利计划应该是一个动态的系统，它的变化应随整个人力资源管理系统、薪酬管理系统的变化而变化。同时，福利管理人员需要对员工福利计划进行跟踪调查，及时发现福利计划中存在的问题，对员工福利计划的实施效果进行评估，以便进行有针对性的调控。

二、福利计划管理创新

创新是企业发展的永恒主题。福利计划管理同样需要不断创新。

1.福利计划管理创新的原因

促使企业进行福利计划管理创新的原因主要有以下两方面。

(1)对福利计划管理重视程度的提高使得福利开支在企业中的比例不断升高。根据对20世纪90年代初美国公司的统计,企业每年用于员工的福利开支费已经在亿万美元左右,福利支出占人工成本的比重已经由20世纪30年代的3%左右,上升到20世纪90年代初期的38%以上。因此,福利开支对于企业的人工成本影响非常大,许多企业都在千方百计地压缩福利成本和预算。很多组织采用招聘临时工或者是兼职员工的做法来减少福利的成本压力。

(2)企业福利计划管理中出现了一些令人担忧的问题。这些问题主要表现在以下几方面。

①福利计划的低回报性。许多企业在福利方面付出了很大的代价,但是却没有得到相应的回报。除了国家强制力的原因以外,企业建立福利制度的目的,更多的是希望帮助企业加速实现目标,或者是能有效地实现企业和员工之间的沟通,从而培育起一支优秀的员工队伍,提高企业竞争实力,真正达到双赢的目的,但是目前的福利却未能达到这种理想的效果。

②福利计划功能弱化。员工将享受福利看成是自己的一种既定权利或正当利益,对企业所提供的福利越来越不满足。不仅达不到激励的效果,反而可能因为管理中的小问题而引起员工的强烈不满。

③福利制度缺乏灵活性和针对性。传统的福利制度大多是针对传统的工作方式和家庭模式的,而当前的社会发展已经导致工作方式和家庭模式发生变化。此外,劳动力队伍构成的变化,不同文化层次、不同收入层次的员工对于福利的需求也产生了较大的差异。而传统的福利制度则相对固定和死板,很难满足多样化和个性化的福利需求。例如,我国未富先老,明显已经进入老龄化社会,这种变化引起的不仅是企业负担加重的问题,同时也引起了严重的家庭看护问题及退休职工的福利待遇问题。如果企业不能及时认清这种情况并采取有效的福利措施来应对的话,未来极有可能成为影响企业发展的一大障碍。

基于以上原因,企业必须转变传统的福利观念和管理模式,进行企业福利管理方式的创新。

2.福利计划管理创新的特点

(1)员工福利项目的设计与开发逐渐成为企业福利管理的核心任务。随着企业福利作用的加强,员工福利项目的设计与开发逐渐成为企业福利管理的核心任务。这是因为:其一,许多国家的法律规定企业必须实行具体的福利项目并对员工及其企业作出承诺;其二,传统的企业福利只起到提高员工收入的目的,而没有真正体现对员工绩效的激励作用。因此,许多企业为了提高福利管理的效益,越来越热衷于员工福利项目的设计。

(2)越来越重视对员工多层次需求的满足。针对员工的不同需求提供不同的福利项目。比如,员工希望通过不断学习来提高自己,企业就应该为他们提供适当的学习和培训机会,在完善自身的同时也为企业带来更高的绩效;员工都很重视自己在企业的发展空间,希望了解自己在企业能获得怎样的成长和发展,企业就应该将员工的职业生涯设计和规划作为一项重要福利,让员工获得更好的职业生涯发展,实现事业上的梦想;员工越来越重视工作环境的质量,这也是影响他们工作满意度的一个重要因素,企业就应该为他们提供良好的工作环境,不仅有利于他们的身心将康,还能促进他们更加高效地工作。对于一些员工的独特需求,企业也应该尽量以福利的形式予以满足。例如,对于购房和还贷款压力很大的年轻人,企业可以提供住房福利计划,帮助其购房,解决其迫切的实际需要;对于家里有学龄小孩的员工,企业可以为其提供教育福利计划,报销子女的教育费,甚至创建自己的幼儿园、小学、中学,减少员工的后顾之忧,让其能安心投入工作中来。

此外,员工持股计划将员工个人的发展融入到企业的发展中,使得员工和企业能够共同成长,并且增加他们的转移成本,如同一把"金手铐"将其"铐"在企业;健康计划也是非常重要的,企业不仅要提供一些高端医疗保障,更重要的在于预防,拥有健康的身体才能减少疾病的发生。

近年来普遍出现的"过劳死"和"猝死"等现象应该使企业提高警惕,为其员工提供譬如带薪休假、出国旅游、健身房运动等福利计划,放松其身心,增强其体质,良好的身心状况才能提高工作的效率。

(3)越来越重视对员工高层次需求的满足。以往的企业福利多是考虑满足员工及其家庭的一些物质和生活需要,很少考虑员工对精神和文化方面的高层次需求。随着社会的进步和员工生活质量的提高,福利也向高层次、高质量方向发展。比如,除了生理健康以外,心理健康也应该得到越来越多的重视。市场经济条件下,员工工作压力大、工作强度大,很容易出现心理疾病,如抑郁症,因而企业需要为其提供心理服务方面的福利,让其拥有健康的心理。工作和生活的平衡也是员工越来越追求的目标,企业需要根据不同员工的个性和生活习惯为其提供多种多样的福利,比如为时尚爱美的女性提供美容、健身等方面的消费卡。

另外,对于已婚的员工,企业还可以为其配偶和小孩提供专门的福利计划,比如夫妻不在一个城市工作的,企业可以为其提供定期的家庭聚会,甚至可以在一些特殊的时期如结婚纪念日等为其安排一次偶然的相聚。这样一来增进了家庭成员间的感情,而稳定和温馨的家庭能给员工带来巨大的工作动力和支持。

(4)越来越重视开发性福利项目。将福利计划管理纳入企业战略目标和企业人力资源的开发,并与员工的薪酬管理组成有机的报酬管理体系,是企业福利发展的又一新方向。其中,许多企业的员工教育培训就很有代表性,它们对员工的职业生涯开发、知识技能水平的提高,以及员工对个人素质发展需求的满足都起到了积极的推动作用。

3. 福利计划管理方式的创新

目前比较流行的福利项目管理方式有以下几种。

(1)"一揽子"薪酬福利计划。许多企业不再将薪酬与福利计划管理分成互不相关的两项管理工作,而是将其组合成一个有机整体,两种手段互相配合,共同围绕企业目标的运转。例如,一些工作适宜以货币支付,就采用货币支付的方式;反之就采用非货币,即福利支付的方式。对一些奖励性报酬,可以采取货币与福利并用的方式。

(2)自助式福利管理方式。即弹性福利计划,指员工可以在多种福利项目中根据自己的需要进行选择,这是目前应用最为普遍的福利计划,后面将专门研究。

(3)"低成本、高收益"的福利项目。为了提高福利服务效率,减少浪费,许多企业积极推广一些投入低、质量高的福利项目,并注意在实施中严格进行成本控制。此外,争取由供应商提供社会化福利计划,这是通过福利项目的专业化、标准化、规模化来降低成本,提高服务质量的有效途径。

(4)企业和员工"双赢"的福利项目。例如,员工在职学习的学费资助是许多企业提供的一项员工福利,对促进员工人力资本投资很有益处。但一些员工不了解也不关心这种项目,只有少数员工会充分利用,多数员工对其不闻不问。因此,一些企业就需要有意识地引导和鼓励员工享受这些福利,以起到满足员工高层次需求和组织人力资源开发的双重作用。

4.弹性福利计划管理

(1)弹性福利计划的含义

弹性福利计划就是由员工自行选择福利项目的福利管理模式。它还有几种不同的名称,如"自助餐式福利计划"、"菜单式福利模式"等。在实践中通常是由企业提供一份列有各种福利项目的"菜单",然后由员工依照自己的需求从中选择其需要的项目,组合成属于自己的一套福利"套餐"。这种制度特别强调"员工参与"的过程。当然员工的选择不是完全自由的,有一些项目,例如法定福利就是每位员工的必选项。此外,企业通常都会根据员工的工资、年资或家庭背景等因素来设定每一个员工所拥有的福利限额,同时福利清单的每项福利项目都会附一个金额,员工只能在自己的限额内购买喜欢的福利。

(2)弹性福利计划的优点

①能满足员工不同需求。由于每个员工个人的情况是不同的,因此他们的需求可能也是不同的,例如,年轻的员工可能更喜欢以货币的方式支付福利,有孩子的员工可能希望企业提供儿童照顾的津贴,而年龄大的员工又可能特别关注养老保险和医疗保险。而弹性福利计划的实施,则充分考虑了员工个人的需求,使他们可以根据自己的需求来选择福利项目,这样就满足了员工不同的需求,从而提高了福利计划的适应性,这是弹性福利计划最大的优点。

②有助于减少福利费用支出。由员工自行选择所需要的福利项目,企业就可以不再提供那些员工不需要的福利,这有助于节约福利成本。

③有助于进行福利成本控制。这种模式的实施通常会给出每个员工的福利限额和每项福利的金额,这样就会促使员工更加注意自己的选择,从而有助于进行福利成本控制,同时还会使员工真实地感觉到企业给自己提供了福利。弹性福利计划既有效控制了企业福利成本又照顾到了员工对福利项目的个性化需求,可以说这是一个双赢的管理模式。也正是如此,弹性福利计划正在被越来越多的企业关注和采纳。

(3)弹性福利计划的缺点

①增加了管理的复杂性。由于员工的需求不同,因此自由选择大大增加了企业具体实施福利的种类,从而增加了统计、核算和管理的工作量,这会增加福利的管理成本。

②容易产生"逆向选择"的倾向。采取这种模式,员工可能为了享受的金额最大化而选择了自己并不最需要的福利项目。

③出现非理性的选择。由员工自己选择可能会使员工只照顾眼前利益或者考虑不周,从而过早地用完了自己的限额,这样当他再需要其他的福利项目时,就可能无法购买或者需要透支。

④影响规模效应。允许员工自由进行选择,可能会造成福利项目实施的不统一,这样就会减少统一性模式所具有的规模效应。

虽然弹性福利计划实施起来可能存在上述一系列的问题,但是只要设计合理、管理科学、运用得当,弹性福利计划的优势还是相当明显的。

（4）弹性福利计划的实施方式

企业可以采取多种方式实现从传统福利计划向弹性福利计划的过渡。简单的做法是适当降低基本薪酬，增加福利待遇的可选择性。复杂的做法则可以运行设计完备的福利选择系统。

①附加福利计划

附加福利计划是指在现有福利计划之外，再提供其他不同的福利措施或扩大原有的福利项目的水准，让员工去选择。通常是提供给员工一张特殊的信用卡，员工可以根据自己的需要自行购买商品或福利。实施这种附加福利计划不会降低原有的直接薪酬水平和福利水平，发放给员工的信用卡中可使用的金额取决于员工的任职年限、绩效水平，还可以根据员工基本薪酬的百分比来确定。从薪酬的角度来看，任何附加福利计划都会提高企业的薪酬成本。但是，对那些直接薪酬低于市场水平而又想在劳动力市场上具有一定竞争力的企业而言，这是一种很好的办法。

②混合匹配福利计划

混合匹配福利计划是指员工可以按照自己的意愿在企业提供的福利领域中决定每种福利的多少，但是总福利水平不变。一种福利的减少意味着员工有权选择更多的其他福利。当然，如果降低其他福利项目的水平仍然不能使员工对某种特定的福利感到满意，企业就只能采取降低基本薪酬的办法了。

③核心福利项目计划

核心福利项目计划是指为员工提供包括健康保险、人寿保险以及其他一系列企业认为所有员工都必须拥有的福利项目的福利组合。企业会将所有这些福利项目的水平都降低到各项标准要求的最低水平上，然后让员工根据自己的爱好和需要选择其他福利项目，或者增加某种核心福利项目的保障水平。

④标准福利计划

标准福利计划是指员工面对多种不同的福利组合自由进行选择，但是没有权利来自行构建自己认为合适的福利项目组合。每一种福利组合，我们都可以称之为一个"福利模"。一个福利模与另一个福利模之间的差异可能在于福利项目的构成不同，也可能是由同样的项目构成，但是每种福利项目的水平之间存在差异。如果模的成本不同，那些选择成本较小的模的员工，实际上会遭受利益的损失。那些将福利管理外包给外部专业组织的企业经常使用这种弹性福利模式。

（5）弹性福利计划的实施步骤

一套好的弹性福利计划具有以下特点：其一，恰当。即企业的福利水平对外要有竞争力，不落后于同行业或同类型的其他企业；对内要符合本企业的战略、规模和经济实力，不要使福利成为企业的财务负担。其二，可管理。即要求企业设计的福利项目是切合实际、可以实施的；同时还需要有一套完善的运行体制用以实施和监督。其三，容易理解。即要求各个福利项目的设计和表述能够很容易地为每个员工理解，在选择和享受福利项目时，不会产生歧义。其四，有可以衡量的标准。即要求企业为员工提供的每项福利项目都是可以衡量价值的，这样才能使每个员工在自己的限额内选择福利项目。其五，员工参与度高。即要求计划的设计包含企业和员工互动的渠道和规则。其六，灵活。即要求福利计划不但尽可能地满足不同员工的个性化要求，还能够根据企业的经营和财务状况进行有效的自我调整。

根据上述特点企业在设计弹性化的福利计划时，一般应遵循以下步骤。

第一步，充分理解企业的发展战略，不同的企业战略需要用不同的人力资源策略来支持。只有充分理解本企业的战略，才有可能设计出适合本企业需要的恰当的福利计划。

第二步，了解国家的相关法规。弹性福利制度当中包含了作为必选项的法定福利项目，无论企业是否愿意、员工是否迫切需要，法律强制实施的福利项目是必须提供的。

第三步，了解企业的经营和财务状况。再完美的福利计划没有资金的支持就等于零，所以企业的财务状况也是设计福利制度的一个重要前提。

第四步，盘点企业现有的福利项目并进行财务分析。有些项目由于实施得相当普遍往往被人们忽视，有些项目因为真正需要和实际受益的人数比较少也容易被忽略。只有把这些项目都进行统一的列举、盘点和测算，才能较为精确地测算出现有的福利成本。

第五步，调查员工对福利项目的需求。年老的、年轻的，已婚的、未婚的，男性、女性，身体健康的、体弱多病的，家境好的、差的，上班路途远的、近的，不同的员工会对企业的福利项目有不同的需求，要设计出能够尽可能满足各类员工需求的福利项目，需要对员工的需求有充分的了解。当然，员工的需求可能有很多，甚至还会有些怪异的需求，这些需求可能无法衡量价值。所以在设计调查问卷时应尽量让员工排除那些比较怪异的要求。

第六步，确定每位员工的福利限额。通常我们用点数来标志这一限额。它可以通过资历、绩效、工资、家庭情况等一系列因素综合地进行评定。在确定了每位员工的福利点数之后，需要进一步确定这些点数的现金价值，即福利点的单价，它等于企业福利计划成本总额与全体员工获得的总福利点数之比。这样能够保证弹性福利支出的总额与预算基本一致。

第七步，根据上述第一至五步的分析和综合，确定企业提供给员工的所有福利项目的清单，并根据这些福利项目的市场定价和福利点的单价折算成相应的福利点数作为福利项目的点数价格。

第八步，员工选择福利项目。在每位员工都有了各自的福利点数，同时福利项目又都一一按点数定价后，员工就可以开始选择自己需要的福利项目了。这一过程中将不可避免地出现员工购买力不足和"储蓄"的情况。这需要预先根据企业情况设定规则进行管理。

第九步，协调、管理和沟通。企业需要针对交易中的纠纷以及员工的意见反馈采取处理措施，并根据情况的不断变化合理调整和不断优化其福利制度。

这样，一套自助式的弹性福利制度就基本设计完成。当然，企业还可根据自身状况的不同在上述步骤的基础上略作调整来进行设计。

总之，弹性福利计划在中国企业中的运用是一种趋势，设计出一套科学合理的弹性福利计划，并且对其进行有效的管理和运用，不但可以使企业既定的福利成本得到最合理的使用，同时它也将受到大多数员工的认同和欢迎。

本章小结

本章主要概述了福利计划的基本含义，与工资、奖金的区别和联系；介绍了福利计划的两大类别——法定福利和企业自主福利计划；明确了福利计划的特点和作用。同时概述了福利计划管理的基本原则、主要内容。尤其强调了福利计划管理创新，分析了创新的原因，总结了创新的特点，提出了创新的具体方式。

薪酬管理

思考题

1. 什么是福利？什么是福利计划？
2. 我国法定的福利计划项目有哪些？简述各项法定福利计划项目的要点。
3. 企业自主福利计划项目有哪些？简述各项法定福利计划项目的要点。
4. 简述福利计划管理的含义及原则。
5. 福利计划管理的内容有哪些？
6. 福利计划管理创新有哪些特点？
7. 简述弹性福利计划含义及类型。
8. 弹性福利计划管理的实施方式及步骤有哪些？

案例分析

企业年金方案

企业年金是我国多层次养老保险体系的重要组成部分,是在国家政策支持下,企业及其职工在依法参加基本养老保险的基础上,自愿建立的补充养老保险制度。它与国家基本养老保险、个人储蓄性养老保险并称为城镇职工养老保险体系的三大支柱。对于参加企业年金的个人而言,在退休后,除了享受政策规定的基本养老保险待遇外,还可以领取本人账户中的企业年金,其退休后的生活水平将会有很大的提高,企业年金也被称为"第二笔养老金"。

从 2009 年起,唐山市大力推进企业年金工作的开展,唐钢、开滦、唐山港集团股份有限公司、唐港铁路、丰南电力、玉田电力等 16 家企业建立了企业年金,24 万员工退休后可享受到更高的保障待遇。

现以唐山×××煤矿有限责任公司为例介绍一下企业年金方案。

本公司为一大型国有企业,拥有职工上万人,为提高公司内部管理,稳定管理人员队伍,强化分配上的激励机制和约束机制,增强公司凝聚力,鼓励公司员工为实现生产经营目标努力拼搏,经公司研究,并经公司职代会审议同意,决定从 2009 年 1 月 1 日起实行企业年金计划。

一、实行企业年金的原则

1. 激励原则。建立企业年金旨在激励员工为实现公司经营目标努力拼搏,贡献才智。
2. 保障原则。企业年金的建立是为了帮助员工解除后顾之忧,使当其年老体弱、到达退休之后,在享受基本养老保险的同时得到一份补充。
3. 效益原则。企业年金供款来源于企业效益的增长,根据企业总体效益的水平上下浮动,适度调整。

二、企业年金管理的组织机构及管理职责

公司企业年金小组由人力资源部、工会、财务部门人员组成,其主要职责:制订企业年金计划和分配方案,以及人员变化;具体办理由人力资源部负责。

三、企业年金供款

企业年金供款计划采用单方供款,资金来源由以下两部分组成:①按工资总额 4% 以内提取的部分在企业成本中列支；②超过工资总额4%的部分，在企业自有资金中列支。

四、企业年金实施范围、标准

1.凡公司试用期满三个月的全体正式员工。

2.公司供款为本单位职工工资总额的十二分之一。

五、企业年金的管理与支付办法

1.公司委托社保局企业年金管理中心为公司建立年金单位账户，为参加企业年金的员工建立年金个人账户。

2.参加年金计划的员工由公司人力资源部核清标准后，由公司财务按年将年金供款交至社保局企业年金专户。

3.员工到达法定退休年龄，办理退休手续后，经本人申请，按月享受年金待遇，直至账户支付完毕。

4.员工因故死亡，其个人账户储存额一次性发给其法定继承人，无法定继承人的，其年金收回单位账户。

5.单位年金供款根据员工工作年限，按以下比例划入员工年金个人账户：不满三年40%，满三年不满四年50%，满四年不满五年60%，满五年不满六年70%，满六年不满七年80%，满七年不满八年90%，满八年以上100%。

6.员工离开公司符合上述条件其年金账户单位划转部分准予转移。

7.因员工本人原因给公司造成经济损失或违纪违法解除劳动合同的，不得享受公司供款，原已记入个人年金账户的公司供款由公司全额收回并存入单位账户，留作调剂使用。

简要评述：此方案是一个比较简单的企业年金计划，其内容基本上涵盖了企业年金计划所要求包含的内容。该计划采用统一的比例由企业向年金计划供款，标准为年工资的十二分之一，这表面上看，好像有平均主义的倾向，实际上，因为职工工资本身就有差别，即使企业按照同一个比例给员工供款，也还是能体现出缴费的差距。相反，如果按照不同的比例向职工的年金计划供款，这会使薪酬差距进一步扩大，这对于高科技企业是适合的，可以更好地体现不同员工的能力差异，增强激励的效果。但本方案是国有企业的年金计划，由于长期历史形成的复杂原因，国企的薪酬差距不能拉得过大，否则不但起不到激励的作用，而且还会因为国企职工的种种矛盾，使得企业费力不讨好。所以企业年金计划的设计绝不能照搬其他企业的现成年金方案，而是一定要根据企业自身的实际，通过民主协商来量身定做自己的年金方案。本方案的一个不足之处是，没有给员工对自己年金基金投资方式的选择权。采用员工（受益人）自选投资项目，是国外成功的经验，也是劳动保障部赞同的今后企业年金管理服务的方向。其可以充分发挥员工的参与积极性，尊重受益职工的意愿。此外，"自选投资项目"有利于拓展选择投资产品的视野，分散集中投资运营的风险。企业至少要为员工提供"冒险型"、"中庸型"、"保守型"三种组合投资策略让员工自己根据自身的风险承受能力来选择，风险由个人承担。这样对于年轻的员工来说，离退休还比较遥远，可以选择风险比较大的投资，因为这样可以使自己获得高投资回报的机会增多，万一投资失败，也不会对未来的养老影响太多，因为还有很长的积累过程。对于临近退休年龄的老人来说，就应当选择比较保守的投资组合，这样可以确保退休时能领到维持自己生活的年金给付。

（资料来源：改编自《唐山16家企业建立企业年金员工退休可领"第二笔养老金"》，燕赵都市网(http://www.yzdsb.com.cn)，2009年8月10日。）

薪酬管理

第八章　薪酬系统的运行管理

学习目标

1. 了解薪酬预算的定义及对企业的意义和作用,掌握主要的薪酬预算方法;
2. 理解薪酬控制的含义,掌握薪酬控制考虑的因素和主要控制途径;
3. 掌握企业薪酬调整的内容及方法。

案例导入

在美国众多的仓储式零售商中,位列榜首的好市多公司拥有遍布美国的 338 家分店,占据了 50% 的市场份额。占据第二位的沃尔玛山姆会员店则拥有 551 家分店,占据大约 40% 的市场份额。

尽管这两家公司是直接竞争对手,经营模式也总体相似,但在薪资福利结构上却相差悬殊。好市多的平均工资是每小时 17 美元,而沃尔玛连锁店一名全职员工的平均工资是每小时 10.11 美元,好市多的工资水平比沃尔玛大约要高出 70%。

在员工福利方面,82% 的好市多员工都享有医疗保险,相比之下沃尔玛则连一半人数都不到,而且,好市多员工只需支付医疗保险费的 8%,而沃尔玛员工则支付 33%。91% 的好市多员工都拥有退休金计划,公司每年为这些员工人均支付 1330 美元,然而,只有 64% 的山姆会员店员工拥有退休金计划,公司每年支付的人均费用也仅为 747 美元。

显然好市多的做法花费更大,但是好市多向员工慷慨支付薪资福利的行为得到了回报,它拥有一支整个零售行业忠诚度最高、工作效率最高的员工队伍,而且商品损耗水平在业内最低。2009 年,山姆会员店和好市多超市在美国各自创造了 370 亿和 430 亿美元的营业收入,而好市多是凭借比前者少 38% 的员工人数而实现了这一收入。最终的结果是,好市多每位小时工人每年创造的营业利润为 21805 美元,而山姆会员店的每位小时工人每年只创造了 11615 美元。好市多拥有的这支稳定、高效的员工队伍不仅抵消了公司在薪资福利上的高成本,并且创造了更多的收益。

好市多的经验表明,当涉及企业员工薪资福利时,企业应更多地考虑薪酬对员工的激励作用。但高薪酬水平必然意味着高的人工成本,因此,为使薪酬具有吸引力,过多地提高薪酬水平而忽视人工成本控制并不可取,也是企业所不能接受的。那么企业应该如何合理控制员工薪酬,使其既具有吸引力和激励作用,同时又不至于使企业的人工成本过高呢?

这正是本章要解决的问题和大家需要学习的内容。

本章内容共分三部分：薪酬预算、薪酬控制和薪酬调整。首先介绍薪酬预算的含义及对企业的作用、影响薪酬预算的因素、薪酬预算方式和编制方法，其次阐述企业进行薪酬原则和控制的主要途径，最后提出薪酬调整的内容和具体操作方法。

第一节　薪酬预算

一、薪酬预算的含义

所谓的预算，是特定的主体决定要实现怎样的目标以及准备以何种成本或代价来实现这一目标的过程。由此定义，则薪酬预算是指企业为实现既定的经营目标，在薪酬管理过程中所进行的一系列有关员工薪酬开支方面的计划、权衡、取舍和控制行为。薪酬预算规定了预算期内可以用于支付薪酬费用的资金，是薪酬控制的重要环节。准确的预算可以保证企业在未来一段时间内的薪酬支付受到一定程度的控制。

鉴于薪酬问题在经济上的敏感性及其对于企业财务状况的重要影响，薪酬预算也就理所当然地成为企业战略决策过程中的一个关键问题。薪酬预算要求管理者在进行薪酬决策时，综合考虑企业的财务状况、薪酬结构及企业所处的市场环境因素的影响。同样，在决定更新企业的薪酬结构、为员工加薪或者实施收益分享计划的时候，薪酬预算也可以确保企业的薪酬成本不超出企业的承受能力。

举例来说，在新的财务年度，管理者需要综合考虑外部市场的薪酬水平、企业的经营业绩、生活成本的变动情况及员工个人的工作绩效等各种要素，并权衡这些要素在加薪中所占据的比重。这种权衡还发生在长期奖金和短期奖金之间——绩效加薪和根据资历加薪之间以及直接货币报酬和间接福利支出之间。此外，是主要以薪酬作为激励手段还是用其他人力资源管理手段来激励员工，同样是一个值得管理者们考虑的问题。事实上，在企业的财务资源一定的情况下，企业在薪酬管理人员配备、员工培训和其他的一些管理措施之间所投入的财务预算存在着一种此消彼长的关系。因此，薪酬预算的多少可以很清晰地反映出企业的人力资源战略重心，它同时也是整个人力资源管理中的重要组成部分，直接关系到企业的经营成功和员工的心理感受。

二、薪酬预算的作用

从某种意义上讲，薪酬实际上是企业和员工之间达成的一项隐性的经济性的契约。它体现了雇佣双方就彼此的付出和给予达成的一致性意见。正是凭借这一契约，员工和企业之间的交换才得以实现。因此，在进行薪酬预算的时候，企业一般会希望凭借这一举措实现以下目标。

1.成为企业进行薪酬管理的依据

"凡事预则立，不预则废"，进行薪酬管理，对上一财年以及过往已有的薪酬制度如何进行调整,如何才能更好地激励不同岗位上的员工,同样应事先作好计划和规定。薪酬预算即可以通过对不同员工群体及不同员工薪酬构成、各部分的比重和高低水平等所作的衡量和预测,达到薪酬激励最大化的效果,同时也是企业下一财年进行薪酬分配、发放及管理的依据。

2.合理控制员工流动率,同时降低企业的劳动力成本

和所有的交换一样,发生在企业和员工之间就劳动力和薪酬所进行的交换也要遵循经济学中最基本的规律:双方都想在提供最小投入的情况下从对方身上获得最大的产出。具体到企业方面当从员工方面得到的收益逐渐增多的时候,企业在购买劳动力时需要支付的成本也在逐渐上升。因此,在企业劳动力成本的变动过程中,一定会出现能够满足企业的边际劳动力成本等于它所获得的边际劳动力收益,即达到所谓的均衡状态的一点。而薪酬预算最为重要的目标就在于找到这一均衡点,以实现劳动力成本和企业收益之间的平衡,保证企业所有者的收益最大化目标能够得以实现。

3.有效影响员工的行为

具体说来,薪酬预算能够施加影响的员工行为主要包括两个方面,即员工的流动率和他们的绩效表现。

(1)员工的流动率受到雇佣关系中诸多因素的影响,而薪酬水平是其中非常重要的一个影响因素。企业期望与大多数员工建立起长期而稳定的雇佣关系,以充分利用组织的人力资源储备,并节约在招募、筛选、培训和解雇方面所支出的费用;而员工通常会要求得到至少等于、最好超过其自身贡献的回报,否则就有可能会终止与企业的雇佣关系。鉴于此,企业在进行薪酬预算的时候,必须考虑如何才能有效地控制劳动力成本,同时还能保持一个较合理的员工流动率。

(2)员工的绩效表现对于企业而言也至关重要。为促使员工表现出优良的绩效,一种最简单的方法就是直接把绩效要求与特定岗位结合在一起,员工在与企业建立起雇佣关系的同时就已经明确了其需要达到的绩效标准。从薪酬预算的角度来说,如果企业在绩效薪酬或者浮动薪酬方面增加预算,而在基本薪酬的增长方面注意控制预算的增长幅度,然后再根据员工的绩效表现提供奖励,那么,员工们必将会重视自身职责的履行以及有效业绩的达成,而不是追求岗位的晋升或者是加薪方面的盲目攀比。

三、影响企业薪酬预算的因素

一般情况下,企业需要在每一个会计年度的年底编制下一个会计年度的薪酬预算,并且重点关注加薪的情况。由于企业之间对优秀人才的争夺不断加剧,以及物价上涨和生活水准提高等因素的推进,人力资源薪酬福利成本持续上升的趋势是不可扭转的。因此在进行人力资源薪酬福利成本预算时要关注国家有关部门发布的各种相关政策和法律法规信息。影响薪酬预算的因素有很多,主要包括以下几方面。

1.企业外部因素

(1)宏观经济增长情况

宏观经济增长与企业经营以及社会成员的收入与消费之间是一种相互促进的关系,即国民经济发展越快,企业经营状况越好,社会可以给个体提供的生活产品越丰富。此种情况下,整个社会一派繁荣景象,企业支付能力高,个人生活消费预算也高,反过来又进一步

促进了宏观经济的发展,并形成一种良性循环。这样,一般企业将调高薪酬预算,反之,则减少预算。

2008年12月由知名的华信惠悦公司对268家公司进行的调研表明,受金融危机影响,近半数参与调研的企业调低了此前所作的2009年度薪酬增长预算,尤以房地产行业为最,平均调低了3.5%。

(2)劳动力市场薪酬水平的变化

企业进行薪酬管理,最主要的目的是激励和留住人才。因此,要进行薪酬预算,需要考虑劳动力市场薪酬情况的影响。一般主要考虑所在地区的企业薪酬水平,尤其是同行业或具有人才竞争关系的企业的薪酬水平及其可能的调整。如果竞争对手的员工薪酬待遇增加,而本企业薪酬待遇不变,则很可能造成企业人才的流失。

所以,企业人力资源管理相关人员需调查和了解劳动力市场薪酬的变化状况,并将这些情况反映到企业的薪酬预算中。

(3)社会生活成本变动情况

薪酬是维持和保障企业员工基本生活的主要经济来源,而基本工资是"企业非支出不可的薪资",是企业用人费用的下限。因此,无论企业支付能力如何,在进行薪酬预算时,都需要考虑社会平均生活成本的影响。

物价指数反映了社会商品价格的变动情况,也是衡量城乡居民生活费用支出和生活成本变动的重要指标,其中居民消费价格指数(consumer price index,CPI)同国民生活关系最为密切。2008年,我国CPI曾连续几个月高增长,并一度达到国际通胀临界线。

知识链接

居民消费价格指数是反映一定时期内城乡居民所购买的生活消费品价格和服务项目价格变动趋势和程度的相对数,是对城市居民消费价格指数和农村居民消费价格指数进行综合汇总计算的结果。利用居民消费价格指数,可以观察和分析消费品的零售价格和服务价格变动对城乡居民实际生活费支出的影响程度。在整个国民经济价格体系中其具有极为重要的地位。

薪酬管理

知识拓展 1

据新浪网2007年11月21日消息,翰威特咨询(上海)有限公司——全球综合性人力资源外包管理和人力资源管理咨询公司(纽约证交所:HEW)最新上海地区整体薪酬评估报告指出,国内消费者物价指数(CPI)在2007年第二、第三季度的急剧上升将直接影响企业员工的薪资增长幅度。研究同时还指出,52.5%的被研究企业已经对此采用了行动,或者正计划在2008年薪酬预算时把此因素计算在内。

知识拓展 2

据新浪网2008年8月14日财经消息,美国经济咨商局(The Conference Board)发表报告称,非豁免、豁免雇员及高级管理人员 2008 年总体平均薪酬预算增幅为 3.80％,而非豁免计时员工的薪酬预算增幅低于平均水平,为 3.70％。

预计 2009 年非豁免和计时工的薪酬预算增幅中位数将达到 3.75％,豁免雇员和高级管理人员则较高,豁免雇员为 3.80％,高级管理人员为 3.90％。

这份报告中的信息来自 2008 年 4 月和 5 月期间接受调查的 350 家公司。在 250 家对去年和今年加薪预算作出回应的公司中,约 35％的公司称 2008 年高级管理人员及豁免雇员的实际薪酬预算增幅低于去年预测值。

美国经济咨商局薪酬专家 Charles Peck 表示:"各个公司都在以继续控制劳动力成本增加来应对经济不景气所带来的挑战。温和通胀使它们通过这一措施继续获得帮助。"美国经济咨商局目前预计 2008 年和 2009 年的通胀率将分别上升 2.7％和 3.4％。这意味着典型雇主制定的加薪预算幅度仅略高于 2009 年的通胀率。

(4)国家相关政策规定

工资指导线制度是国家对企业工资分配进行宏观调控的一种制度,是政府部门根据经济增长状况、物价水平等按一定方法测算确定的,带有预测性质,目的是使市场信息透明化,并在国家宏观指导下,促使企业的工资微观分配与国家的宏观政策相协调,引导企业在生产发展、经济效益提高的基础上,合理确定工资分配。

工资指导线包括工资增长基准线、上线和下线。企业在进行薪酬预算时,可以综合考虑薪酬决策的影响因素,参考应用国家工资指导线制度。

知识拓展

最近,广东省劳动和社会保障厅公布了"广东省 2009 年企业工资指导线",工资增长基准线为 7％,上线(警戒线)为 12％,下线为零或负增长;7％的基准线相比去年的 10％,下降了 3 个百分点,而将"下线"定为零或负增长则是近年来的首次。据报道,除天津持平外,目前已经公布了工资指导线的省市,一律都是"下调"。虽然这种"集体下调"行为得到国家相关部门的认可,但依然引起了社会的普遍担忧。

固然,下调指导线有其必然的道理。经济不景气,经营艰难,降低成本肯定是摆脱困境、实现振兴的一个主要途径。而工资又是成本的重要组成部分,因此冻薪、降薪一直是市场经济体制下企业"自救"的惯用手法。相比大幅度裁员,这要温和许多。面对尚未"还阳"的严重世界性经济危机和国内经济发展的种种不确定因素,各省市下调企业工资指导线按说也顺理成章。但是,我们不该忽略一个特殊国情,这就是,经过多年的积累,我国的贫富差距已经跌破了国际公认的警戒线,两极分化趋势日渐严重!不仅民间、学界,包括决策层也越来越清楚地意识到,分配不公问题已经成为保持社会稳定、安宁的重要威胁。在这种情势下,"下调"行为就显得有悖情理了。"下调",恐怕会雪上加霜,进一步加剧两极分化,进而激化种种已经接近临界点的社会矛盾,冲击正常的经济社会发展。

政府下调工资指导线,企业就有了动手的"尚方宝剑"。希望企业经营者们不要急功近利、"锐意进取",而是多从全局利益、长远发展考虑,将心比心,真正诚心诚意地与广大职工共度时艰,应对危机可以少涨,但千万别轻易碰负增长"下线"。否则,"下线"

就有可能成为越来越多血案的"导火线"。

（资料来源：摘自人民网（http://finance.people.com.cn）——经济频道，2009 年8月24日。）

2.企业内部因素

（1）企业经营状况和支付能力的影响

如果企业处于发展通道中，经营状况不断改善，经营效益持续提高，相应的支付能力提高，则企业一般趋向于增加薪酬预算；反之，企业则可能降低员工待遇，消减预算。有数据显示，企业经营效益增加 1%，员工工资总额可能增加 0.3%～0.7%。此外，对企业未来经营业绩的预期也会影响到薪酬预算，同样，这种预期与薪酬预算呈正相关关系。

衡量企业支付能力的指标主要有人工费用率、劳动分配率等。

（2）企业人力资源战略和规划

根据企业战略确定的人力资源战略和规划决定了企业人力成本支出在人力资源管理各职能模块间的分配。当企业人力成本一定时，那么企业在员工招聘、培训及薪酬待遇几方面的开支存在着此消彼长的关系。即便是薪酬的各个组成部分，由于对员工的激励作用不同，也同样需要进行合理的分配。这就要求企业根据所处发展阶段、企业战略和人力资源战略及规划进行薪酬预算调整和分配。

（3）员工劳动生产率

企业用工数量的多少对薪酬费用总额有绝对的影响。当企业技术进步或管理水平提高时，员工工作绩效和劳动生产率获得改进和提高，那么企业用工数量减少，这时员工平均工资水平可能提高，工资总额或许增加，但也或许减少。反之，如果劳动生产率没有提高或降低，即使用工数量增多，工资总额也不见得增加，甚至可能减少。

四、薪酬预算方式和编制方法

企业规模有大有小，发展也可能有好有坏，但都会非常注重企业人工成本管理，也会非常重视作好薪酬预算。各企业采用的薪酬预算方式和方法有很多，一般可以进行如下区分。

1.自上而下式

所谓的"自上而下式"是首先对企业的总体业绩指标进行预测，然后确定企业的薪酬预算总额，以及加薪的幅度，然后再将预算总额分配到各个部门，各个部门再将得到的配额分配到每一个职位或员工。

采用这种方式，使企业比较容易控制整体的薪酬成本，但可能导致预算缺乏灵活性，而且易受主观因素影响而降低了预算的准确性，因此不利于调动员工的积极性。

自上而下式的薪酬预算方式主要有如下几种基本操作方法。

（1）经营业绩比率法

实际上，在各种薪酬预算方法中，经营业绩比率法是最基本也是最简单的方法之一，即在企业经营业绩稳定且比较适度的情况下，可以由管理者依据企业过去的经营情况对企业未来的经营业绩进行预测，然后计算出薪酬费用比率，再根据这个比率和未来预期销售额确定薪酬总额的一种方法。其计算公式为：

$$薪酬费用比率＝上一年度薪酬费用总额÷上一年度销售额 \tag{8.1}$$

也就是

$$薪酬费用总额＝本年度预期销售额×薪酬费用比率 \qquad (8.2)$$

即

$$本年度薪酬费用总额＝上一年度薪酬费用总额$$
$$×(本年度预期销售额÷上年度销售额) \qquad (8.3)$$

这里的薪酬费用总额是指为雇用员工所支付的一切费用,不仅包括基本薪酬、可变薪酬,还包括各种福利费用。下面通过举例计算加以说明。

假设某公司 2007 年实现销售额为 2.4 亿元,公司共有员工 1000 人,人均月平均工资为 3000 元。则 2007 年度公司薪酬总额为:

$$3000×12×1000＝3600(万元)$$

进一步计算,企业薪酬费用比率为:

$$3600÷24000＝15\%$$

2008 年,公司面对的外部市场形势好转,预计可增加销售收入 10%,则:

$$目标销售额＝24000×(1＋10\%)＝26400(万元)$$

假定薪酬费用比率不变,则 2008 年企业的薪酬费用总额为:

$$26400×15\%＝3960(万元)$$

企业薪酬费用总额上涨为:

$$(3960－3600)÷3600×100\%＝10\%$$

可以看出,应用经营业绩比率法进行薪酬预算,员工薪酬费用总额与企业销售额直接挂钩,其实质是使员工薪酬水平与企业经营水平保持同步。当销售额增加或减少时,员工薪酬同比例增加或减少,在一定程度上有助于增强员工的公平感,激励员工的工作积极性。

根据一般经验,薪酬费用总额占销售额的比例在 14% 左右,其具体数据又因企业的规模和行业而异。如果企业经营业绩不是非常稳定,也可以参考企业连续几年的历史薪酬数据,计算薪酬费用比率平均值,进而测算未来年度的薪酬费用总额。某些情况下如企业经营业绩短期内表现不佳时,也可以比照同行业企业进行薪酬费用的预算。

(2)劳动分配率法

所说的劳动分配率,是指在企业所获得的附加价值中,有多少被作为薪酬开支的费用。其计算公式为:

$$劳动分配率＝薪酬费用总额÷附加价值×100\% \qquad (8.4)$$

其中,附加价值是指企业本身创造的价值,是生产价值中扣除从外面购买材料或动力费用之后,附加在企业上的价值。附加价值的计算有两种,一种是扣减法,即从销售额中减去原材料等由其他企业购入的且由其他企业创造的价值;另一种是相加法,即将形成附加价值的各项因素相加得到。计算公式如下:

$$扣减法:附加价值＝销售额－外购部分$$
$$＝销售额－(直接原材料＋购入零配件＋外包加工费＋间接材料)$$
$$(8.5)$$

$$相加法:附加价值＝利润＋人工成本＋财务费用＋租金＋税金＋红利＋$$
$$内部留存收益＋折旧 \qquad (8.6)$$

通常情况下,在企业附加价值中,大企业的劳动分配部分约占 40%,而小企业则为 55% 左右。

由以上公式可以推导出：

薪酬费用总额＝附加价值×劳动分配率　　　　　　　　　　　　　　(8.7)

下面举例说明如何利用劳动分配率来推导出企业薪酬费用总额的计算方法。

假定某公司 2007 年度薪酬费用总额为 1920 万元，附加价值为 4800 万元，则企业的劳动分配率为：

劳动分配率＝(1920/4800)×100％＝40％

2008 年企业决定调资，并维持上一年度的劳动分配率不变。若预计可实现附加价值为 6000 万元，那么 2008 年企业薪酬费用总额应为：

薪酬费用总额＝6000×40％＝2400(万元)

再举一个例子，某公司目标销售额为 9000 万元，其附加值比率(附加价值/销售额)为 40％，目标劳动分配率为 50％，则：

企业可用的薪酬费用总额＝9000×40％×50％＝1800(万元)

若企业使薪酬费用总额上涨到 2000 万元，则其必须实现的销售额为：

2000÷50％÷40％＝10000(万元)

(3)盈亏平衡点推算法

所谓盈亏平衡点是指在该点处企业销售产品和服务所获得的收益恰好能够弥补其总成本而没有额外的盈利。也就是说，企业处于不盈不亏但尚可维持的状态。除盈亏平衡点外，还可以通过边际盈利点和安全盈利点来反映计算薪酬费用总额。其中，边际盈利点是指销售产品和服务带来的收益不仅能够弥补全部成本支出，而且还可以付给股东适当的股息。安全盈利点则是在确保股息之外，企业还能得到足以应付未来可能发生风险或危机的一定盈余。盈亏平衡分析图如图 8-1 所示。

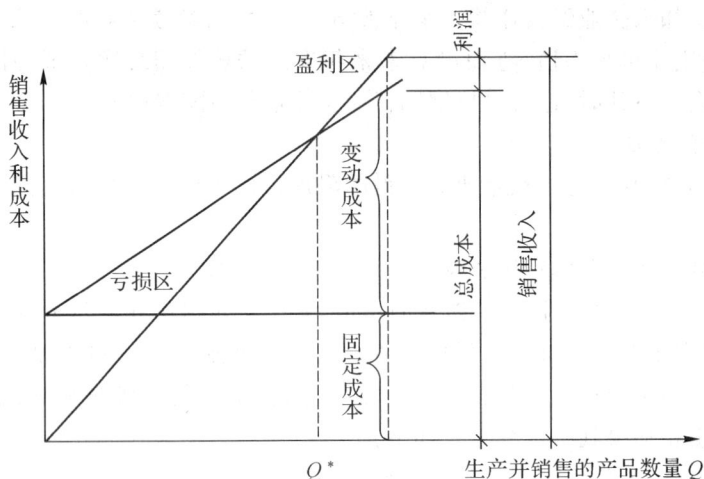

图 8-1　盈亏平衡分析图

盈亏平衡点＝固定成本/(1−变动成本比率)　　　　　　　　　　　(8.8)

边际盈利点＝固定成本＋股息分配/(1−变动成本比率)　　　　　　(8.9)

安全盈利点＝固定成本＋股息分配＋企业盈利保留/(1−变动成本比率)　(8.10)

根据上面三式，可以推断出企业支付薪酬成本的各种比率为：

薪酬管理

薪酬支付的最高比率(最高薪酬费用比率)＝薪酬成本总额/盈亏平衡点　　(8.11)

薪酬支付的可能限度(可能薪酬费用比率)＝薪酬成本总额/边际盈利点　　(8.12)

薪酬支付的安全限度(安全薪酬费用比率)＝薪酬成本总额/安全盈利点　　(8.13)

如:某公司的固定成本为3000万元(含薪酬成本1000万元),变动成本比率为70%,则在实现盈亏平衡经营时:

盈亏平衡点＝3000÷(1－70%)＝10000(万元)

最高的薪酬费用比率＝1000÷10000×100%＝10%

除以上方法外,确定薪酬预算总额,还可以根据企业以往薪酬总额及人数变化、薪酬增长情况等进行简单预算。

其计算公式为:

$$K=F\times(1+r\%)+n\times M \tag{8.14}$$

其中,K表示下年度薪酬总额预算值;F表示上年度实际支付给员工的薪酬总额;r表示企业薪酬的平均增幅;n表示下年度可能增加的人数;M表示上年度企业员工的年平均工资。

在简单预算法的计算公式中,r和n都是预测的,而且都带有很大的主观性,因此其预算的误差往往比较大。

2.自下而上式

"自下而上式"即首先根据企业确立的预算期目标、劳动力市场现有状况、企业内部环境、生活成本变动水平等方面的因素对薪酬水平造成的影响,提出企业各部门在预算期内的人员标准和人员配置数量、本企业的薪酬水平增长率(薪酬水平增长率＝(年末平均薪酬－年初平均薪酬)/年初平均薪酬×100%)或员工薪酬调整建议,在此基础上,确定出各部门的员工数量及薪酬水平,将各部门的数据整理汇总,就可以得出企业的薪酬总额预算。

薪酬费用应与企业的业绩目标相匹配,后者是前者的前提,前者是后者的重要保证。盲目加大薪酬费用或一味压缩薪酬费用,结果都是得不偿失的。

实践中通常的做法是,先由各部门根据部门人员配置和使用情况,估算需要的薪酬数额,然后上报,再汇总编制出企业整体预算。表8-1为某企业采用"自下而上式"所做的2009年度工资预算表。

表 8-1　2009 年企业工资预算汇总表

填报单位:　　　　　　　　　　　　　　　　计量单位:万元

指标名称	序号	2009 年预算			2008 年实际			人均工资分析比较		备注
		工资总额	人数	人均工资	工资总额	人数	人均工资	人均工资增减	工资变动/%	
栏次	—	1	2	3	4	5	6	7	8	9
合计	0									
一、领导人员	1									
二、企业员工	2									
其中:中层干部	3									
普通员工	4									

续表

指标名称	序号	2009 年预算			2008 年实际			人均工资分析比较		备注
		工资总额	人数	人均工资	工资总额	人数	人均工资	人均工资增减	工资变动/%	
技术人员	5									
其他人员	6									

企业负责人：　　　　　　　　　　　　　　　联系电话：

资料来源：www.chtgc.com

　　"自下而上式"的主要优点是简单易行，灵活性高，因接近实际从而员工容易满意。缺点是不容易控制薪酬成本。

　　3. 自上而下与自下而上相结合方式

　　单一地使用"自上而下式"来制定企业的薪酬预算，会因为忽略外部变化（社会薪酬水平的变化、行业发展状况的变化等）和内部变化（企业内部组织机构的调整等）对企业的影响，而使薪酬预算缺乏科学与合理性；"自下而上式"会因为其不能从企业总体角度考虑人力成本的分配，而导致薪酬预算无法正确有效的分配使用。因此，在制定预算的实际操作中应把"自上而下式"与"自下而上式"结合起来使用：首先采用"自上而下式"确定薪酬费用比率的浮动范围，充分考虑内外部变化对企业的影响及企业对这些影响的承受能力，确定薪酬费用总额的浮动范围；再运用"自下而上式"确定出各部门的员工数量及薪酬水平，从而确定出该部门预算期内的薪酬预期总量，将各部门的数据整理汇总，得出薪酬费用总额；然后将通过两种方法做出的结果进行比对，对两种方法得出的结果的差异进行分析后，找出计算过程中数据不合理之处，经过反复讨论推敲修改，最终得到通过两种计算方法基本一致的结果，这时可以确定出趋于科学合理的薪酬预算。

　　采用这种方式，企业薪酬预算必然更准确。但主要缺点就是操作复杂，加大了预算的工作量。

　　如某高新技术企业在前 4 年的薪酬费用比率分别为 18%、14%、12% 和 13%，企业下一个年度的销售目标是 1 亿元。根据企业经营现况及下一年度的业务开展计划，对比同行业的平均水平和内外部变化对企业的影响以及企业对这些影响的承受能力，将薪酬费用比率的浮动范围确定在 13% 和 14% 之间。因此通过"自上而下式"可以确定，薪酬费用总额大约在 1300 万至 1400 万元之间；而采用"自下而上式"得出企业下一个年度的薪酬预算总额为 1410 万元。对两种预算方式进行比较：在运用"自上而下式"测算企业薪酬预算时，确定的薪酬费用比率范围过大。通过对企业内外部环境及各项财务数据的进一步分析，确定企业的薪酬费用比率为 13.5%，即企业下一年度薪酬预算总额在 1350 万元左右。在应用"自下而上式"测算薪酬预算时，各部门对于员工数量需求的预测有疏漏之处，重新预测员工需求，汇总出各部门薪酬预算得出企业薪酬预算总额为 1340 万元。

　　经过分析研究，最终确定 1348 万元为企业在下一个年度的薪酬预算总额，并报决策层批准执行。

薪酬管理

第二节　薪酬控制

一、薪酬控制的概念

所谓控制,是指对事物起因、发展及结果的全过程的一种把握,是能预测和了解并决定事物的结果。薪酬预算的目的在于实现薪酬总额的控制,而薪酬控制的关键在于根据公司的实际情况确定一个合理的薪酬总额,然后以薪酬总额为标准,实施薪酬控制。

企业薪酬水平的高低,影响着企业生产成本的高低,决定了产品在市场上的竞争能力和企业的经济效益。因而,经营者期望可以控制薪酬费用,形成低成本优势。但是,薪酬水平较低对于企业在劳动力市场吸引优秀的人才非常不利,也不利于企业保留和激励员工。因此,一方面要合理地控制人力成本,避免使企业在产品市场上处于不利的地位,另一方面也要保持薪酬在劳动力市场上的竞争力,要处理好薪酬的竞争力和人工成本控制之间的关系,就必须关注成本支出的有效性。

许多企业在薪酬控制上往往过于关注员工的工资收入水平,并想方设法、挖空心思降低员工的工资,其结果往往"舍本求末",最后反而可能导致企业劳动生产率下降,人员增加,薪酬总额不降反升,造成企业得不偿失的后果。对庞大的薪酬体系进行控制,更应该是从总量上进行控制。

在薪酬控制的过程中,还有必要和员工进行及时的沟通和有效的宣传,尽量让员工满意。

知识链接

全球著名人力资源管理咨询与服务外包公司翰威特最新发布的 2009 年度半导体行业全面薪酬福利评估结果显示,2009 年半导体行业经历大量裁员,调薪比例也大幅缩水,各企业采取了多项措施来控制人力资源成本。但随着中国政府一系列经济刺激计划的出台以及中国经济的企稳回升,半导体业经过半年多的调整,在中国市场已经初步显现复苏迹象。

根据 2009 年度翰威特半导体行业薪酬福利研究报告,企业由于受金融危机影响,2009 年的调薪比例较 2008 年做的预计调薪比例有了较大幅度的缩水。在制造型企业,有 77.3% 的企业冻结了 2009 年的调薪计划,平均薪酬增长仅为 1.2%,若仅计算采取涨薪操作的公司,则平均工资涨幅达到 5.3%,其中一线工人、一般职员、专业人员、高级专业人员、中层经理、高级管理人员的薪酬涨幅分别为 4.8%、5.4%、5.8%、6.0%、5.8% 和 4.5%。而出于对 2010 年经济形势的乐观估计,2010 年的预计调薪稍高于 2009 年,涨幅达到 6.7%。在非制造型企业,有 68.4% 的企业冻结了 2009 年的调薪计划,平均薪酬增长仅为 1.7%,若仅计算采取涨薪操作的公司,则平均工资涨幅达到 5.8%,其中一般职员、专业人员、高级专业人员、中层经理、高级管理人员的薪酬涨幅分别为 5.2%、6.0%、6.2%、6.1% 和 5.4%。2010 年的预计调薪略低于制造型企业,涨幅为 6.3%。

值得注意的是,分别有 40.9% 的制造型企业和 55.3% 的非制造型企业在做 2010 年调薪预算时选择观望,这表明一部分半导体公司依然对整个行业前景及经济形势持谨慎态度,薪酬成本控制依然严格。同时,由于应届毕业生供大于求、市场经济环境低迷,2009 年半导体行业的毕业生起薪较 2008 年在各个学历上都普遍下降了 10% 左右。在福利方面,有部分企业降低了员工午餐标准或者取消了部分非必要的办公室食品和用品,以达到节约成本的目的。除此之外,私人轿车补助和公司配车这两个福利项目的享有率较 2008 年有了明显下降,而其他一些和全体员工利益更为相关的福利项目,如补充医疗、补充团体保险等则基本得到了保留,只是在价格和供应商的选择上,人力资源管理部门比以往更为谨慎,希望通过和供应商的谈判,帮助企业获得更高的投资回报率。

翰威特滚动月报显示,在半导体行业,主要的人力资源控制成本方式为减少培训费用支出、降低差旅标准及控制工作时间。2009 年半导体行业平均培训费用仅为 2008 年的 80% 左右,但培训时间却有所增加,这是由于大多数公司取消了外部培训,转而改为内部培训,既节约了成本,又有效地提高了公司资源的利用率。同时,翰威特的研究报告也显示出,企业在经济低迷时期会更倾向为高绩效员工提供培训。另一方面,原先在半导体公司较为普遍的海外培训,由于其附带的高额人力成本和交通成本,在 2009 年也被迫取消。半导体行业的商务差旅费用较 2008 年也下降了 10%。企业主要从两方面控制差旅费用,一方面是出差的次数,取消了不必要的差旅安排。另一方面,不少半导体企业重新制定了出差报销政策,住宿、餐饮、交通等出差标准较原有水平都有不同程度的下降。此外,64% 的半导体公司要求员工强制休带薪/无薪年假,规定一季度或一个月必须达到的年假天数。这一方面降低了企业日常运营成本,另一方面也缓解了薪酬成本压力。67.1% 的企业对加班时间进行了严格的控制,员工加班需经过多层批准。同时也有越来越多的公司开始用调休取代加班工资的发放。

(资料来源:翰威特公司网站(http://www.hewitt.com.cn)。)

二、薪酬控制的指标和原则

1. 薪酬控制的指标

企业进行薪酬控制,可以通过一些指标来对薪酬总额进行监控。薪酬控制的指标分主要有以下几方面。

(1)人均薪酬成本。人均薪酬成本反映的是企业员工薪酬平均水平的高低和薪酬成本的总体情况。用公式表示:

$$人均薪酬成本 = 年度薪酬总额/年度平均人数 \qquad (8.15)$$

(2)人工费比率。人工费比率是企业年度薪酬总额占年度税前收入的比率。

(3)人工成本比率。人工成本率是年度薪酬总额占年度营运成本的比率。

如果薪酬成本支出合理,以上三个指标应该呈现"一高二低",即人均薪酬成本高、人工费比率和人工成本比率低,表示人力资源高投入、高产出、高效益。

(4)增薪幅度。增薪幅度是指企业的全体员工的平均薪酬水平增长的数额。计算公式为：

$$增薪幅度＝本年度的平均薪酬水平－上一年度的平均薪酬水平 \qquad (8.16)$$

增薪幅度越大，说明企业的总体人工成本增长得越快，要注意适当地加以控制，使其保持在企业所能承担的范围内。如果增薪幅度较小，说明企业的整体薪酬水平比较稳定，人工成本变化小。因此，将企业的增薪幅度控制在合理的范围内，使其既不超出企业的承受能力，又能激励员工努力工作，为企业发展作出贡献。

(5)往年移动平均薪酬。对过去相邻的每三年的薪酬水平求出算术平均数，对这些平均数进行比较，绘出薪酬平均移动趋势图，以反映近年的薪酬水平的变化趋势。

在进行薪酬预算和控制时，企业可以综合利用这些指标对员工薪酬总额进行衡量，并作出比较，以此为依据控制员工薪酬总额和员工的提薪速度。

2.薪酬控制的原则

进行薪酬控制，应遵循以下几个原则。

(1)以薪酬战略为指导的原则。薪酬总量的控制、薪酬整体水平、在行业中的薪酬地位的确定，都是在具体薪酬战略指导下的产物，这是薪酬总量合理性的基础。

(2)以销售收入为基础的原则。薪酬总量是按照销售收入的一定比例来进行确定，综合考虑成本和利润关系，这是薪酬总量考虑的物质基础

(3)利益和风险共享的原则。员工与企业同享成功、共担风险；企业经营效益好，员工收入高，反之则越少，这是薪酬总量考虑的激励基础。

(4)具有一定的稳定性原则。员工收入在与企业经营挂钩的基础上，保持一定的稳定，避免大起大落，这是薪酬总量考虑的稳定性基础。

三、薪酬控制途径

在进行薪酬控制时，一般来说，主要依据企业的支付能力、员工所需的基本生活费用和市场行情等因素来计算薪酬总额，并通过控制员工人数、控制薪酬总额和采用薪酬控制技术来实现薪酬控制。

1.控制雇佣量

雇佣量是企业雇佣人数与他们的工时数量的乘积，所以控制雇佣量不仅是控制员工数量，也是控制工时数量。控制雇佣量来管理劳动力成本是最为简单也最为直接的一种做法。在薪酬水平一定的情况下，雇佣量越少，薪酬总额也就越低；反之，雇佣量越多，薪酬总额就会增加。

通常来说，由于受到法律法规的限制，变动员工的工时数量比较困难，余地不会很大，因此，控制雇佣量主要通过控制员工人数来实现。一般做法是：首先根据部门实际情况，分析人员状况，控制部门员工编制，然后再通过削减员工人数来达到控制薪酬的目的。表 8-2 为某公司部门编制削减建议表。

表 8-2 某公司部门编制削减建议表

部　门	岗位名称	编　制	姓　名	工资级别	具体工资(元)	岗位建议
技术研发部	技术计划统计员	1		10	2050	建议合并为一个
	统计员	1		8	1750	
锻压/金工/装配车间	车间计划统计员	9		6		建议每个车间只设一个统计员，某些职能可以由班组长兼任
				8	1750	
				8	1750	
				6	1450	
				6	1450	
				6	1450	
				9	1900	
				5	1350	
				6	1350	
研发试制车间	CNC编程师	1		14	2750	建议合并为一个
	CNC操作员	1		6	1450	
仓储科	仓管员	9		9	1900	生产理顺后，仓管员可以大量缩减
				8	1750	
				8	1750	
				8	1750	
				8	1750	
				6	1450	
				6	1450	
				5	1350	
				5	1350	

资料来源：中华管理在线文章《薪酬总量的战略调整与控制》，黄海龙.

在这个过程中，重点要关注那些高消耗岗位和无效益岗位，以提升企业效益，并削减低产出人员和高消耗人员，提高劳动生产率。

2.通过控制薪酬水平和薪酬结构进行控制

对薪酬的控制，最主要的还是要通过对薪酬水平和薪酬结构的调整来实现。此处的薪酬水平主要是指企业总体上的平均水平，而薪酬结构则主要涉及基本薪酬、可变薪酬和福利支出这样一些薪酬的构成及各个具体组成部分所占的比重大小。

据相关资料，相比于国外企业，中国企业的薪酬福利成本占总成本比例中位值不到8%，远远低于欧洲的22%和美国的34%；薪酬福利成本占总收入比例中位值不到7%，欧美企业分别为21%和28%。薪酬福利成本在欧美企业中是单项最大成本，约占总成本的15%～50%，而中国企业薪酬福利成本在总成本中的占比为5%～12%，可缩减空间已十分有限。

(1)基本薪酬。企业应按照科学的方法确定员工的基本薪酬。但在某些情况下,如企业盈利能力增加或市场薪酬水平发生变化时,企业需要为员工增加基本薪酬。当基本薪酬提高时,要考虑加薪的规模、加薪的次数、涉及的员工规模等。举例来说,如果企业存在着对每次加薪幅度的政策规定,那么管理者就需要决定,为了弥补某员工15%的薪酬差额,究竟是进行一次加薪还是两次或更多次加薪,即如何在企业管理目标及薪酬控制之间作出平衡。

(2)可变薪酬。越来越多的企业更愿意通过可变薪酬的调整来提高员工的积极性。从劳动力成本方面来看,可变薪酬相对于基本薪酬所占的比例越高,企业劳动力成本的变化余地也就越大,而管理者可以采取的控制预算开支的余地也就越大。

(3)福利开支及其他。除基本薪酬和可变薪酬外,还可以适当地压缩企业在一些福利、津贴方面的开支,从而达到控制成本的目的。具体措施主要有:要求员工少请假、缩短假期;缩小医疗保险范围或者要求员工们自己担负一部分医药费用;调整差旅费支出。

适当压缩部分福利项目的开支,可以避免强行降薪带来的不利影响,毕竟与基本薪酬相比,人们对福利的享受或要求弹性稍大一些。

3.利用适当的薪酬管理技术进行控制

企业可以利用工作评价、薪酬调查、薪酬结构、薪酬宽带、计算机辅助管理、最高最低薪酬水平控制、成本分析、薪酬比较比率等薪酬技术手段,来促进或改善薪酬成本控制。常见的用于薪酬控制的指标有以下几方面。

(1)最高薪酬水平和最低薪酬水平。一般地,每一薪酬等级都会具体规定出该级别内的最高薪酬水平和最低薪酬水平。其中,最高薪酬水平对于企业薪酬控制的作用更大。当企业中有许多员工薪酬由于各种原因高于所在等级的最高薪酬水平时,就需要提高警惕,考虑采取进一步的措施来适当控制薪酬总额了。

(2)薪酬比较比率。在进行薪酬控制时,薪酬比较比率是最直观也是最常用的一个指标。通过比较比率的计算,企业可以明确实际支付的薪酬水平与薪酬中值的比值大小情况,并作出进一步的分析,据此采取必要的纠正措施,对企业薪酬水平及薪酬总量进行控制。

4.其他方法

(1)薪酬冻结的方法。当人工成本过高时,不是直接降低薪酬,而是使员工的薪酬水平保持不变。不要以为这样做与降低薪酬没什么不同,其实,实行冻结薪酬的措施一般不会引起员工的反感,相反,员工会这样想:一定是我的工作表现不佳,业绩不突出,所以才没增加奖金,我应该努力工作,争取作出更好的成绩。这样,反而激励员工为企业作出更大的贡献,增加产量,从而降低了单位产品的人工成本。

暂时的薪酬冻结会使企业的实力增加,节省下来的一部分资金可用于提高产品的质量或开辟新的营销网络。其最根本的一点是稳定了员工的心情,保证了企业生产的连续性,从而为企业战胜竞争对手提供了机会和支持。

(2)延缓提薪。对于应该提薪的员工,暂时推迟一至两个月,等到企业摆脱了困境,经济效益好转之时再予以提薪。这时不妨向全体员工说明企业所面临的现状,争取造成"同仇敌忾"的气氛,团结一心,共渡难关。

控制企业的人工成本是薪酬管理的重要环节,当成功控制了成本的上升趋势,使企业在竞争中占据优势的时候,企业的管理水平将会跃上一个新的台阶。

第三节　薪酬调整

薪酬调整是指公司薪酬体系运行一段时间后，随着企业发展战略以及人力资源战略的变化，现行的薪酬体系可能不适应企业发展的需要，这时对企业薪酬管理作出系统诊断，确定最新的薪酬策略，同时对薪酬体系作出调整的措施。薪酬调整是保持薪酬动态平衡、实现组织薪酬目标的重要手段，也是薪酬管理的日常工作。

一、薪酬水平的调整

薪酬水平调整是指在薪酬结构、薪酬构成等不变的情况下，将薪酬水平调整的过程。薪酬水平调整包括薪酬整体调整、薪酬部分调整以及薪酬个人调整三个方面。

1. 薪酬整体调整

薪酬整体调整是指公司根据国家政策和物价水平等宏观因素的变化、行业及地区竞争状况、企业发展战略变化、公司整体效益情况以及员工工龄和司龄变化，而对公司所有岗位人员进行的调整。

薪酬整体调整就是整体调高或调低所有岗位和任职者的薪酬水平。调整方式一般有以下几种。

（1）等比例调整

等比例调整是所有员工都在原工资基础上增长或降低同一百分比。等比例调整使工资高的员工调整幅度大于工资低的员工，从激励效果来看，这种调整方法能对所有人产生相同的激励效用。

（2）等额式调整

等额式调整是不管员工原有工资高低，一律给予等幅调整。

（3）综合调整

综合调整考虑了等比例调整和等额式调整的优点，同一职等岗位调整幅度相同，不同职等岗位调整幅度不同。一般情况下，高职等岗位调整幅度大，低职等岗位调整幅度小。

在薪酬管理实践中，薪酬的整体调整是通过调整工资或津贴补贴项目来实现的。

如果是因为物价上涨等因素增加薪酬，应该采用等额式调整，一般采取增加津贴补贴项目数额的方法；如果是因为外部竞争性以及公司效益进行调整，应该采用等比例调整法或综合调整法，一般都是通过调整岗位工资来实现；如果是因为工龄（司龄）因素进行调整，一般采取等额式调整，对司龄（工龄）工资或津贴进行调整。

对于岗位工资的调整，一般都是对每个员工岗位工资调整固定的等级，调整形式是由工资等级表的形式决定的。一般情况下，不同等级员工岗位工资调整大致符合等比例原则，同等级员工岗位工资调整大致符合等比例原则或者等额原则。

2. 薪酬部分调整

薪酬部分调整是指定期或不定期根据公司发展战略、公司效益、部门及个人业绩、人力资源市场价格变化、年终绩效考核情况，而对某一类岗位任职员工进行的调整，可以是某一部门员工,也可以是某一岗位序列员工,亦或是符合一定条件的员工。

年末,人力资源部门根据公司效益、物价指数以及部门、个人绩效考核情况,提出岗位工资调整方案,经公司讨论后实施。一般情况下,个人绩效考核结果成为员工岗位工资调整的主要影响因素。对年终绩效考核结果优秀的员工,进行岗位工资晋级激励;对年终绩效考核结果不合格的员工,可以进行岗位工资降级处理。

根据人力资源市场价格变化,可以调整某岗位序列员工薪酬水平。薪酬调整可以通过调整岗位工资,也可以通过增加奖金、津贴补贴项目等形式来实现。

根据公司发展战略以及公司效益情况,可以调整某部门员工薪酬水平。薪酬调整一般不通过调整岗位工资实现,因为那样容易引起其他部门内部不公平感,一般情况下是通过增加奖金、津贴补贴项目等形式来实现。

3. 薪酬个人调整

薪酬个人调整是由于个人岗位变动、绩效考核或者为公司作出突出贡献,而给予岗位工资等级的调整。

员工岗位变动或者试用期满正式任用后,要根据新岗位进行工资等级确定;根据绩效管理制度,绩效考核优秀者可以晋升工资等级,绩效考核不合格者可以降低工资等级;对公司作出突出贡献者,可以给予晋级奖励。

二、薪酬结构的调整

在薪酬体系运行过程中,随着公司发展战略的变化,组织结构应随着战略变化而调整,尤其是在组织结构扁平化趋势下,公司的职务等级数量会大大减少;另一方面,由于受到劳动力市场供求变化的影响,公司不同层级、不同岗位薪酬差距可能发生变化,这些都会对薪酬结构的调整提出要求。

一般情况下,通过调整各岗位工资基准等级,就能实现不同岗位、不同层级薪酬差距调整要求。但当变化较大,现有薪酬结构不能适应变化后的发展要求时,就需要对公司的薪酬结构进行重新调整设计。薪酬结构的调整设计包括薪酬职等数量设计、职等薪酬增长率设计、薪级数量设计、薪级级差设计等各方面。

需要指出的是,在进行薪酬体系设计时,要充分考虑薪酬结构变化的趋势和要求,使通过调整各岗位工资基准等级,就能实现薪酬的结构调整,这样操作简单、方便。不到万不得已,不要轻易进行薪酬结构的重新设计。

三、薪酬要素组合的调整

在薪酬构成的不同部分中,不同的薪酬要素分别起着不同的作用,其中,基本工资和福利工资主要承担适应劳动力市场的外部竞争力的功能;而浮动工资则主要通过薪酬内部的一致性达到降低成本与刺激业绩的目的。薪酬要素组合调整就是调整基本工资、浮动工资、福利以及其他工资构成部分的比例关系。

一般情况下,基本工资和绩效工资是通过占有岗位工资比例来调整的。在企业刚开始进行绩效考核时,往往绩效工资占有较小的比例,随着绩效考核工作落到实处,绩效工资可以逐步加大比例。

津贴补贴项目也应根据企业的实际情况进行调整,在那些津贴补贴理由已经不存在的情况下,应该取消相应的津贴补贴项目。

浮动工资通常依据企业效益情况以及人力资源市场价格,进行增加或降低的调整。

提高薪酬竞争力,合理控制人工成本,应该以企业发展目标为依据,对劳动力市场和产品市场进行动态分析,针对员工群体的特点和需要,分析薪酬每一组成部分的不同管理特点,综合运用人力资源管理和财务管理的相关知识,使成本的支出能够最大限度地满足员工需求,从而提高其投入产出率,有效激励员工提高业绩水平,推动企业进一步发展的双赢局面。

知识链接

在 2009 年调薪预期一路下滑的情况下,在津贴、奖金和福利预算严格控制甚至缩减的情况下,如何进行有效的绩效管理,如何保留员工,是 HR 面临的难题。

一项最新调查显示,2009 年企业已经决定调低绩效目标的占 21.2%,考虑调低目标的占 60.1%,考虑调高目标的仅占 4.3%左右,与此相对应的员工的绩效目标也将会有相应变化。在调低目标的同时,企业绩效考核指标所占的权重会有所变化。

一些"聪明"的企业有意加重内部管理指标的比重,诸如工作流程改进、工作态度、能力提升等内部管理等指标,与此同时,财务指标的权重会降低。另外,某些依赖于团队合作的项目,团队或项目的指标的比重会增加,个人指标的比重则会降低。

有关人士分析,在目前的情况下,绩效沟通就显得尤为重要,绩效考核之后管理人员也十分有必要与员工及时、明确、正式地沟通,并针对工作中需要改进和提高的环节进行指导和培训。

非正式沟通也在企业中广泛应用,起到降低员工对薪酬心理预期和提升士气的作用,但如果始终没有管理层的正式的决策信息发布,只是由员工通过"小道消息"传播,容易对员工心理和士气产生消极的影响,在员工薪酬降低或年终奖推迟发放的情况下负面影响尤其严重。

事实上,在复杂困难的环境中,HR 在做绩效管理时不妨实施一些既符合企业实际经营情况又能更好激励员工的新措施,积极等待经济"暖春"的到来。目前已经有些企业意识到,当前生产量和业务量的减少恰恰是进行员工培训的好时机,为企业未来的可持续发展做好充分的人才准备。同时为了节约成本,企业会选择从内部培养有能力的员工作为培训师,进行在岗培训。

(资料来源:摘自经理人网(http://www.sino-manager.com),2009 年文章。)

由此可见,企业在进行薪酬管理与控制时,还需要关注其他人力资源管理职能的实现,而不仅仅是简单的降薪。另外,对企业来说,薪酬费用的控制是手段而不是目的,薪酬费用的控制也要注意适度,否则,将不仅影响员工的工作积极性,而且更长远地,还影响到企业经营业绩与战略目标的达成。

本章小结

薪酬预算属于企业薪酬体系控制的事先控制。影响企业薪酬预算的因素主要有宏观

薪酬管理

经济发展、市场薪酬水平、生活成本变动和国家政策等外部因素以及企业经营状况、人力资源规划和员工劳动生产率等内部因素。

薪酬预算的主要方式有"自上而下式"、"自下而上式"及"自上而下与自下而上相结合式"。主要的薪酬预算方法有经营业绩比率法、劳动分配率法和盈亏平衡点法。

常用的薪酬控制指标有人均薪酬成本、人工费比率、人工成本比率、增薪幅度、往年移动平均薪酬。企业可通过控制雇佣量、控制薪酬水平和薪酬结构及应用薪酬管理技术进行合理的薪酬控制。

薪酬调整主要包括薪酬水平调整、薪酬结构调整及薪酬要素组合调整。

思考题

1.薪酬预算的定义是什么？企业进行薪酬预算有何意义？

2.企业薪酬预算的方式和方法都有哪些？分别适用于什么情况？

3.什么是企业薪酬控制？为什么要实施薪酬控制？企业薪酬控制的主要途径有哪些？

4.企业薪酬体系调整主要包括哪些方面？考虑的因素是什么？

5.计算：某公司拥有固定资产200万元，员工80人，每人平均月薪2000元，公司在今年第一季度的销售额为80万元，附加值为70万元，利润为25万元。公司董事会期望的收益率为10％，并计划将利润的20％用于再投资。

(1)该公司今年第一季度的薪酬费用比率是多少？假定该公司总成本主要由固定成本和人工可变成本组成，其他可变成本忽略不计，如果公司分别要根据盈亏平衡点计算该公司第一季度适当的薪酬费用比率，应该如何调整？

(2)该公司今年第一季度的劳动分配率是多少？如果公司预计下个季度月平均附加值可达25万元，并期望在下季度的劳动分配率要达到80％，则该公司下个季度的平价薪酬调升的比率是多少？

案例分析

某房地产公司近年发展势头迅猛，目前下辖8个分、子公司，分别地处二、三线城市，不久的未来有望进军一线城市。公司一直通过编制预算对人工成本进行控制。2006年底，董事长提出要建立一套鼓励分、子公司"自主决策、自我约束、自谋发展"的灵活的管控与激励机制。于是，公司在先后尝试了将"人均利润产出"、"人均销售面积"纳入公司考核指标体系，以及启动"总经理基金"补充特殊激励之后，着手酝酿更加授权的人工成本管理模式——薪酬总额控制。但是，在新模式的建立过程中面临着以下困难。

一是各分、子公司仍然沿用5年前老的薪酬体系，无论结构还是薪资水平都严重脱离现实，甚至有的公司在非稀缺性岗位上大面积地使用谈判薪酬，新体系的建立迫在眉睫。

二是各分、子公司人事工作者大多年轻资历浅，缺乏操作薪酬设计的能力和经验，难以满足现实工作的需要。如果总部一刀切地实施总额控制，分、子公司自身缺乏"量入为出、系统规划"的体系建设能力，控制难以达到预期目的。

而假设以经营业绩比率法进行预算控制，则会出现以下两大难题：首先房地产经济存在明显的地域发展差异,处于成熟发展阶段的区域公司可以坐享一部分土地升值带来的超额利润,且旺盛的市场需求使得分公司几乎不承受销售压力;而在市场培育阶段的区域公司,营建和销售压力都比较大,获得的是精打细算出来的利润。这两类情况如何能用一把尺子进行衡量? 其次就是对于一些战略进驻公司,即当年不产生利润的公司,如何预算总额?

讨论:

假设你是该公司人力资源部经理,请根据以上情况,分析并指出对分、子公司进行薪酬预算和控制的思路和方法。

第九章　政府对薪酬的宏观调控

学习目标

1. 理解政府对薪酬监控指导的制度种类；
2. 掌握工效挂钩的内涵、基本模式和具体形式；
3. 掌握"两低于"原则自定工资总额的方法。

案例导入

中国劳动者何以活出尊严来

2009 年中国经济在经受金融危机的不利影响下,逐渐走出谷底。一个一直困扰我国经济增长的难题被广大专家和学者再次提出来,那就是居民消费不振,经济增长主要靠投资和外贸支撑,消费所占比例逐年下降。内需不能提振的原因很多,但居民收入低、增长缓慢是根本原因。长期以来,我国劳动者报酬占 GDP 的比例偏低、国民收入分配向国家和资本所有者倾斜的现象一直比较突出。

由中国社科院发布的《2008 年社会蓝皮书》显示,近年来我国劳动报酬所占国民收入比重逐年下降。上世纪 90 年代以前,劳动者报酬占比为 50％以上,2001 年后这个比重不断下降,到 2006 年已下降到 41％。与此同时,营业盈余比重由原来的 20％提高到 2006 年的 30.6％。在 2000—2008 年,我国财政收入年均增长 20.4％,但职工的实际工资年均仅增长 15.7％。这表明,我国国民收入结构失衡,特别是劳动者报酬所占国民收入比重不断下降。来自全国总工会的一项调查显示,在生活成本不断提高的近几年中,从未增加过工资的全国普通工人超过 26％。

与此同时,企业职工行业收入差距过大,铁路、电信、石油、电力、金融、烟草等垄断行业的高工资问题也屡屡被指责,垄断行业挤压了中小企业的利润空间,使竞争性行业提高工资乏力。

最低工资保障制度是政府对工资进行监控指导的制度。通过对世界 180 多个国家和地区的工资制度研究得出的结论之一是:最低工资要以人均 GDP 作参照,最低工资与人均 GDP 的比率发达国家为 37％,发展中国家为 68％,世界平均为 60％。2008 年,中国人均 GDP 是 3259 美元(世界货币基金组织数据),如果中国工资与国际惯例接轨的话,全国最低保障工资应是 3259×68％＝2216(美元/年),也就是 1261 元/月。

目前,我们中国有哪个地区的最低工资能达到 1261 元/月? 只有用法律的形式规定出合理的最低工资,才能理顺其他各行业、各部门的工资关系。国外从业人员的平均工资一般比最低工资高出 40%～60%,最高达 100%。

而为使多数企业能够支付 1261 元/月的最低工资,笔者建议,一方面,政府必须对企业减税,并减少各种收费;另一方面,大力开放垄断行业,使社会平均利润得以提高。如此,才能使劳动报酬增长不低于、甚至略高于经济增长和企业收入增长。

(资料来源:苏锡民,原载《观察与思考》.http://news.sina.com.cncsd2010-02-04/093019627529_3.shtml,编辑节选。)

在市场经济下,政府对薪酬的宏观调控是对社会经济活动进行调控的重要组成部分。通过对薪酬的宏观调控,不但可以保持国民收入分配中消费和积累之间合理的比例关系,促进社会经济健康发展,而且可以调节社会分配关系,有利于保持社会稳定。本章在介绍政府对薪酬的监控指导体系构成的基础上,重点突出政府对国有企业和国有控股企业的"工效挂钩"制度,以及由"工效挂钩"制度衍生出来的"两低于"原则制定工资总额方法。

第一节 政府对薪酬的监控指导

薪酬监控指导是市场经济条件下薪酬制度的重要特征之一。改革开放以来,围绕经济体制改革的中心任务,政府确定"市场机制调节、企业自主分配、职工民主参与、国家监控指导"的新型企业工资制度的改革目标,政府对薪酬的监控指导不断推进,在实行国有企业工资总额与经济效益挂钩的基础上,逐步建立了政府宏观调控、分级分类管理、企业自主分配的工资管理模式。初步形成了以法律法规为基础,以工资指导线制度、劳动力市场工资指导价位制度、人工成本预警制度、最低工资保障制度以及个人所得税制度为主要内容的薪酬监控指导体系。

一、工资指导线制度

工资指导线是在市场经济体制下,政府为保证宏观经济目标的实现,依据社会经济发展水平和城镇居民消费价格指数以及其他社会经济指标确定工资增长水平,指导工资分配的一种宏观调控方式。在一些市场经济国家,尽管政府不直接干预企业工资增长水平的确定,但是站在维护国家经济利益的立场上,从促进经济发展、保持物价稳定、增加就业机会出发,需要对以协商谈判方式确定工资增长的劳资双方施加影响,加以宏观上的指导。政府通过各种方式制定、发布的工资增长的意见、建议、方针和原则,就是我们所说的工资指导线。

我国工资指导线制度是社会主义市场经济体制下,国家对企业工资分配进行监控指导的一种制度。工资指导线改进了政府对企业工资分配的宏观调控机制,体现了政府对企业工资分配由直接管理向间接调控、由总量调控向水平调控的转变,并进一步体现了分类分级调控的原则。为充分体现工资政策的协商原则,使工资指导线制定得更加合理,我国工资指导线的确定采取以劳动行政部门为主,会同政府有关部门、工会、企业协会等组织共同制定。

我国工资指导线包括两个基本内容:①经济形势分析。对国家宏观经济形势和宏观政策的简要分析;对本地区上一年度经济增长、企业工资增长分析;对本年度经济增长预测以及与周边地区的比较分析。②工资指导线意见。对本地区本年度企业工资水平增长的基准线、上线和下线提出明确的意见和建议。基准线是指企业货币平均工资平均增长幅度,代表了一般的水平;工资增长上线也可称为预警线,是指企业货币平均工资增长允许达到的最高幅度;工资增长下线是企业货币平均工资增长应达到的最低幅度,可以是零增长也可以是负增长。

(1)工资增长基准线适用于生产正常发展、经济效益增长的企业,这类企业应按工资指导线基准线的要求,妥善安排职工工资的正常增长。

(2)工资增长上线(预警线)适用于经济效益有较快增长的企业,它是政府允许企业工资增长的最高限额,所有企业都必须自觉遵守,不得突破。

(3)工资增长下线适用于经济效益下降或亏损企业,但企业必须严格遵守国家有关最低工资的规定。

工资指导线的调控对象是本地区内所有各种类型的企业,但对不同类型的企业实行不同类型的调控办法。国有企业和国有控股企业,应严格执行政府颁布的工资指导线,企业在工资指导线所规定的下线和上线区间内,围绕基准线,根据企业经济效益合理安排工资分配,各企业工资增长均不得突破指导线规定的上线。在工资指导线规定的区间内,对工资水平偏高、工资增长过快的国有垄断性行业和企业,按照国家宏观调控阶段性从紧的要求,根据有关政策,从严控制其工资增长。城镇集体企业、外商投资企业、私营企业等非国有企业,应根据工资指导线进行集体协商确定工资,尚未建立集体协商制度的企业,依据工资指导线确定工资分配,并积极建立集体协商制度。企业在生产经营正常的情况下,工资增长不应低于工资指导线所规定的基准线水平,效益好的企业可相应提高工资增长幅度。

工资指导线水平的确定要和本地区经济发展水平、物价水平、劳动力市场状况等相适应,并符合国家对工资增长的总体要求。制定需要定性分析与定量分析相结合,以本地区年度经济增长率、社会劳动生产率、城镇居民消费价格指数为主要依据,并综合考虑城镇就业状况、劳动力市场价格、人工成本水平、对外贸易状况等相关因素。

二、劳动力市场工资指导价位制度

劳动力市场的运作,归根结底是围绕劳动力市场价格和市场工资率及其变化进行的。没有公平合理的劳动力价格体系,劳动力市场是很不完整的。真实的劳动力市场均衡价格,具有客观地反映劳动力的价值,引导劳动力流动,并且影响劳动力的供求和结构的功能。因此,建立和完善劳动力市场工资指导价位制度是市场经济条件下,国家对企业工资分配进行监控指导的有效机制。

劳动力市场工资指导价位制度,即劳动保障行政部门按照国家的统一规范和制度的要求,定期对各类企业中不同职业(工种)的工资水平进行调查、分析、汇总、加工,形成各类企业(工种)的工资价位,向社会发布。工资指导价位反映的是某地区一段时期内一些具体职位的工资总体水平和走势。工资指导价位强调的是指导作用,不强制企业执行。政府通过向劳务双方提供真实的劳动力市场工资现状及发展趋势,来引导企业合理确定职工工资水平和工资关系,并调节劳动力市场价格。

劳动力市场工资指导价位的形成过程要经过制订调查方案、实施调查、汇总分析和制定价位、公开发布4个步骤。调查范围包括城市行政区域内的所有城镇企业，调查内容为上一年度企业中有关职业(工种)在岗职工全年工资收入及有关情况。一般采用抽样调查方法，在16个大行业中，以农林牧渔、采掘业、制造业、电力煤气及水的生产和供应业、建筑业、交通运输仓储及邮电电信业、批发零售贸易餐饮业、金融保险业、房地产业、社会服务业10个行业为重点，根据本地区的产业结构进行选择，并可根据实际需要对大行业进行细化。根据当地产业结构来确定调查工种，特别注重选择通用的或市场上流动性较强的职业(工种)。调查行业确定后，将企业按上年职工平均工资水平从高到低排列，采取等距抽样办法抽取企业。企业户数每个城市一般不少于100户。

在确定的调查企业中，根据企业职工工资调查表的要求进行调查，采集有关数据、资料。

汇总分析和制定价位的过程是将同一职业(工种)全部调查的职工工资收入从高到低进行排列，高位数为工资收入数列中前5%的数据的算术平均数；中位数是处在工资收入数列中间位置的数值，计算方法：中位数位置＝$(n+1)/2$，其中 n 为同一职业(工种)工资收入数列的项数；若 n 是奇数，则处于数列中间位置的工资收入数值就是中位数；若 n 是偶数，则处于中间位置相邻的两个工资收入数值的算术平均数为中位数；低位数是工资收入数列中后5%的数据的算术平均数。

工资指导价位一般每年6月底以前发布，每年发布一次。指导价位发布后，各级劳动保障部门将收集各方反映，以对工资指导价位的作用、科学性和代表性进行评价，不断修改、完善工资指导价位的调查和分析方法。

我国1999年开始在北京等35个大中城市进行试点，一些城市根据市场需求的变化，将工资价位按性别、职称、行业、所有制类别进行分类，提高了发布信息的质量和针对性。截止到2004年，上海、青岛、重庆、杭州四城市发布的价位职数已分别达647个、457个、333个、301个。成都、长春、延吉等城市还采用中英文对照的方式发布价位信息，以方便外国投资者。2004年已有124个城市发布了劳动力市场工资指导价位。据人力资源和社会保障部网站统计，2010年武汉、成都、西安分别发布价位职数为423个、357个、249个，北京按行业进行了职位发布，深圳发布的工资指导价最高为25296元/月，最低为1257元/月。全国劳动力市场工资指导价位制度的框架已经初步形成，工资指导价位已成为企业确定工资水平、劳动者求职时的重要参照系。

三、最低工资保障制度

所谓最低工资保障制度，是国家通过一定的立法程序，为保障劳动者在履行必要的劳动义务后相应获得维持劳动力再生产的最低工资收入的一种法律形式。它的中心目的是保证劳动者所获得的最低工资能够满足其家庭成员的基本生存需要。这种生存需要，必须与其所在国的经济和社会发展状况相适应。

1. 最低工资的内涵

(1)最低工资的定义

根据《最低工资规定》，最低工资标准是指劳动者在法定工作时间或依法签订的劳动合同约定的工作时间内提供了正常劳动的前提下，用人单位依法应支付的最低劳动报酬。

"法定工作时间"就是指法定工时,国务院发布的《关于职工工作时间的规定》实行标准工时制的用人单位每天工作8小时,每周工作40小时作为法定工时,除法律规定的特殊情况,劳动者工作时间达到此要求即为达到法定工作时间,任何单位所签订的劳动合同约定的工作时间不能超出这一规定。"加班加点工资"不能作为最低工资的组成部分。"正常劳动"是劳动者按照法律规定提供劳动。劳动者应探亲假、婚丧假以及其他按照规定休假期间,依法参加国家和社会活动,均视为提供了正常劳动。劳动者由于主观、客观原因未能提供正常劳动的,不适用最低工资的有关规定。职工病假、事假、待工期间的工资待遇和企业因生产经营发生困难,按有关规定经政府批准或者有关部门裁定关闭、整顿、进入破产程序的,均不适用最低工资的规定。

(2)最低工资的组成

根据我国的统计口径,工资一般由计时工资、计件工资、奖金、津贴和补贴、加班加点工资、特殊条件下的工资6部分组成。从理论上来看,最低工资只应包括制度工作时间内完成定额劳动所得的基本报酬,不应包括奖金、加班加点工资、特殊条件下的津贴和国家规定的保险福利待遇。但是,由于我国现行的工资构成不合理,基本工资的比重过小,奖金绝大部分已成为某种程度上对全体职工发放的附加工资。因此,没有把奖金排除在最低工资的组成部分之外。

《最低工资规定》中将下列收入排除在最低工资组成之外:①延长工作时间工资;②中班、夜班、高温、低温、井下、有毒有害等特殊工作环境、条件下的津贴;③法律、法规和国家规定的劳动者福利待遇等。

原劳动部于1993年11月24日公布并实施的《企业最低工资规定》,对最低工资的界定与上述规定基本相同。《企业最低工资规定》的附件《最低工资率测算方法》规定,"确定最低工资一般考虑城市居民生活费用支出、平均工资、劳动生产率、失业率、经济发展水平等因素"。因为《最低工资率测算方法》没有将职工个人缴纳社会保险费作为确定最低工资的参考因素,所以根据《企业最低工资规定》,劳动者的保险待遇不是最低工资组成部分,劳动者个人应缴纳的"三金"不应从最低工资中抵扣。而劳动和社会保障部于2004年1月20日公布,于2004年3月1日实施的《最低工资规定》的附件《最低工资标准测算方法》将职工个人缴纳社会保险费作为确定最低工资标准的参考因素,《最低工资规定》在不作为最低工资组成部分的内容中不包括劳动者保险这一项,所以劳动者的社会保险是最低工资的组成部分,劳动者个人应缴纳的"三金"是计入最低工资的。

如果最低工资是2004年3月1日以前确定的,即依据《最低工资率测算方法》制定的,因其未将职工个人缴纳社会保险费作为确定最低工资的参考因素,依《企业最低工资规定》第十七条之规定,那么,职工最低工资中不能抵扣"三金";如果最低工资是2004年3月1日以后确定的,即依据《最低工资标准测算方法》得出的,因其将职工个人缴纳社会保险费作为确定最低工资的参考因素,依《最低工资规定》第十二条之规定,职工最低工资中应当抵扣"三金"。

但全国各地的做法不同,有的省市测算的最低工资包含职工个人缴纳的社会保险,有的省市却不包含职工个人缴纳的社会保险费。所以,当前比较各地最低工资标准时,要把口径统一起来,才有可比性。

2.最低工资的适用范围

根据《最低工资规定》，本规定适用于在中华人民共和国境内的企业、民办非企业单位、有雇工的个体工商户和与之形成劳动关系的劳动者。国家机关、事业单位、社会团体和与之建立劳动合同关系的劳动者，依照本规定执行。

3.最低工资标准的确定和调整

最低工资率是指单位劳动时间的最低工资数额，它的确定实行政府、工会、企业三方代表民主协商原则。由国务院劳动保障行政主管部门对全国最低工资制度实行统一管理。省、自治区、直辖市人民政府劳动行政主管部门对本行政区域最低工资制度的实施实行统一管理。

确定和调整月最低工资标准，应参考当地就业者及其赡养人口的最低生活费用、城镇居民消费价格指数、职工个人缴纳的社会保险费和住房公积金、职工平均工资、经济发展水平、就业状况等因素，高于当地的社会救济金、失业保险金标准，低于平均工资最低工资率，一般按月确定，也可按周、日或小时来确定。各种单位时间的最低工资率可以互相转换。最低工资率考虑到同一地区不同区域和行业的特点，对不同经济发展区域和行业可以确定不同的最低工资率。各省、自治区、直辖市劳动保障行政主管部门会同工会、企业家协会在确定最低工资率时，应该向当地工商业联合会、财政、民政、统计等部门咨询。

省、自治区、直辖市劳动保障行政部门在确定最低工资率后，应上报当地人民政府批准，并在批准后7日内在当地政府公报上和至少一种全地区性报纸上发布。省、自治区、直辖市劳动保障行政部门应在发布后10日内将最低工资标准报人力资源和社会保障部。

四、个人所得税制度

个人所得税是一个舶来品，是以个人（自然人）取得的应税所得为征税对象所征收的一种税。它起源于19世纪初的英国，当时主要是为了筹集战费，而且是临时性的。到19世纪末才由于财政收入的需要而成为一项固定性的税收。美国是在1913年才通过立法开始正式征收此税。在西方国家，个人所得税、遗产及赠与税、财产税以及社会保障、社会福利等转移性支付制度，在20世纪第二次世界大战后在调节个人收入差距、缓和贫富悬殊、减轻社会矛盾、保持政局稳定和社会的长治久安起到了极其重要的作用。个人所得税是调节收入分配的一个重要杠杆，其中很大的部分是对工资收入的宏观调控。我国的个人所得税制度实行以来，对调节收入分配、缩小收入差距起到了重要的作用。

从国际上看，个人所得税的税制模式主要分为综合税制、分类税制以及综合与分类相结合的税制（也称为混合税制）三种类型。

综合税制是以年为纳税的时间单位，要求纳税人就其全年全部所得，在减除了法定的生计扣除额和可扣除费用后，适用超额累进税率或比例税率征税。分类税制是将个人各种来源不同、性质各异的所得进行分类，分别扣除不同的费用，按不同的税率课税。综合与分类相结合的税制模式兼有综合税制与分类税制的特征。目前国际上大多数国家都采用综合税制或综合与分类相结合的税制，而我国实行的则是分类税制。

在纳税人方面，我国个人所得税纳税义务人包括居民纳税义务人和非居民纳税义务人。居民纳税义务人是指在中国境内有住所，或者无住所而在境内居住满一年的个人，其从中国境内和境外取得的所得，均应依法缴纳个人所得税；非居民纳税义务人是指在中国境内无住所又不居住或者无住所而在境内居住不满一年的个人,其从中国境内取得的所得,应依法缴纳个人所得税。

在征税模式上,我国现行个人所得税实行分类征收制度,应税所得分为11项,具体包括工资、薪金所得;个体工商户的生产、经营所得;对企事业单位的承包经营、承租经营所得;劳务报酬所得;稿酬所得;特许权使用费所得;利息、股息、红利所得;财产租赁所得;财产转让所得;偶然所得;经国务院财政部门确定征税的其他所得。

在税率方面,我国个人所得税税率包括超额累进税率和比例税率两种形式。其中,工资、薪金所得适用 5%～45% 的九级超额累进税率;个体工商户的生产经营所得,对企事业单位的承包、承租经营所得,个人独资企业和合伙企业投资者的生产经营所得,适用 5%～35% 的五级超额累进税率;稿酬所得,劳务报酬,特许权使用费所得,利息、股息、红利所得,财产租赁所得,财产转让所得,偶然所得和其他所得等均适用 20% 的比例税率。

在费用扣除方面,我国现行个人所得税的费用扣除采用定额扣除和定率扣除两种方法,比较简明易行,但对于一些情况比较特殊的家庭难以完全兼顾。2011 年全国"两会"召开前夕,国务院常务会议讨论并原则通过《中华人民共和国个人所得税法修正案(草案)》,会议认为有必要对个人所得税方法进行修改,提高工资薪金所得减除费用标准,调整工资薪金所得税率级次级距。但官方并未透露具体数额,外界猜测的数额为从 3000～5000 元不等。温家宝在 2011 年政府工作报告中对 2011 年税收改革的总体表述为:"继续实行结构性减税,依法加强税收征管。"除减税之外,个人所得税由分类向综合转变的改革亦在推进中。

为鼓励特定纳税人或照顾部分特殊人群,个人所得税法及相关法规还规定了若干个人所得税减免税政策,主要包括:省、部和军级以上单位以及外国组织和国际组织颁发的科学、教育、文化等方面的奖金;国债利息;单位和个人按规定缴纳的住房公积金、基本养老保险费、基本医疗保险费、失业保险费;个人转让自用 5 年以上、并且是唯一的家庭生活用房取得的所得;城镇居民按照国家规定标准取得的拆迁补偿款;经国务院财政部门批准免税的其他所得等。

在征收方式上,我国个人所得税实行源泉扣缴和纳税人自行申报纳税两种征税方式。对工资薪金、劳务报酬、稿酬、利息、股息、红利等各项所得,一般由支付所得的单位和个人代扣代缴个人所得税。但对于年所得 12 万元以上的、从中国境内两处或者两处以上取得工资、薪金所得、从中国境外取得所得以及取得应税所得没有扣缴义务人的等情形的纳税义务人,则要求其到主管税务机关办理纳税申报。

我国的个人所得税制度对工资收入和其他收入的调节力度还有待提高,其中发挥作用不力的原因很多,主要有个人收入不规范、支付形式现金化占很大比重、代扣代缴制度执行不规范、个人信誉约束机制不健全等。要想提高个人所得税制度对工资收入为主的个人收入的调节作用,除了对上述的问题进行解决外,还要从所得税的类型、扣除额、税率等多方面进行完善。

第二节 政府对企业工资总额的调控

向市场经济过渡时期，我国确定了企业工资与经济效益挂钩，改变了国有企业的工资决定机制，克服了在计划经济体制下企业吃国家"大锅饭"、职工吃企业"大锅饭"的弊端，大大激发了企业职工的积极性，促进了企业经济效益的提高。工效挂钩作为一项制度，对社会主义市场经济建设功不可没。但在市场经济日益凸显的今天，工效挂钩的弊端也日益凸显，需要进一步加以改进和完善。本节将对企业工资总额决定机制改革的进程作一回顾，并对工效挂钩和"两低于"原则自定工资这两种政府对工资总额的调控方式进行梳理，同时对工效挂钩从理论上进行探讨，以及完善的具体措施。

一、工资总额决定机制的改革进程

在计划经济条件下，国家的工资分配制度不断进行改革，但单一按劳分配的收入分配体制始终没有脱离计划的影子。从 1951 年开始的第一次工资改革，企业工资制度进行了 3 项改革：①统一以"工资分"为工资的计算单位，并统一规定了工资分所含实物的种类和数量。当时，一个工资分折合粮食 0.8 斤、白布 0.2 尺、盐 0.02 斤、煤 2 斤。②建立了工人和职员的工资等级制度。工人按技术划分实行 8 级工资制，职员按职务规定等级，一职数级，上下交叉。工人和职员的等级工资制还按产业、地区、企业分类，规定不同标准。③建立了经常性的定级、升级制度。各产业或企业结合本部门、本单位的实际情况，制定了工人技术标准，工人按照技术等级标准评定或考工晋级，工程技术人员和职员则按德才条件兼顾资历提升工资级别。

随后 1956 年的第二次工资改革：一是取消工资分和物件津贴制度，实行货币工资制度。实行工资分是在解放初期为了保证职工收入不致受物价上涨的影响而采用的一种以实物作为计算单位、以货币支付工资的方法。随着生产的恢复和发展，职工生活水平不断提高，根据变化的客观实际，将以工资分计算工资标准改变为直接以货币计算工资标准。对各地区存在的地区差别，采取了规定不同工资区类别和地区工资标准的办法。二是调整产业、部门、地区及各类人员之间的工资关系。在产业关系上，规定重工业比轻工业的工资标准高一些；在部门关系上，规定直接生产部门的工资略高于其他部门；在地区关系上，对同类产业在不同地区的企业规定不同的工资标准，同时规定不同的增长幅度，其原则是：物价较高，重点发展地区多增。在同一产业内部的企业之间、同一企业中的各类人员之间，根据劳动复杂程度，劳动繁重程度和劳动条件的好坏，规定不同的工资标准。三是改革企业职工的等级工资制度。在多数产业工人所实行 8 级工资制的基础上，实行了建筑业的 7 级工资制，纺织业的岗位制，邮电业的职务工资制，商业售货员的 3 类 5 级制等不同的等级工资制度，使工人的工资同劳动和企业生产的技术特点更密切地结合起来。职员则实行统一的职务等级制。管理人员、技术人员合并执行一个工资标准。

这一套工资制度初步体现了简单劳动和复杂劳动、繁重劳动和轻便劳动的差别，基本体现了地区、部门、行业、企业及企业内部职工的工资差别，并开始采取了计时工资、计件工作、奖金、津贴等多种劳动报酬形式,使工资制度有了一定的灵活性。由于传统的工资制度是在当时高度集中的计划体制下形成和发展的,所以不可避免地被打上了计划体制的烙印。在传统工资制度下,由中央政府规定全国统一的工资标准、工资等级、升级时间、升级比例、奖金金额等,一切企业增加工资的时间、条件、人员范围、增长幅度等都由中央统一安排,并通过国家指令性计划来实现。工资计划不可更改,增资限额不准突破,节余必须上缴,使得基层没有任何工资分配的自主权。后来,由于"左"倾思潮的影响,按劳分配原则多次受到严重冲击,工资分配领域内存在严重的平均主义。20世纪70年代末,人们把传统的工资制度导致的缺陷和弊端概括为"低、平、乱、死"四个字,即工资水平低、工资分配中存在严重的平均主义、工资标准庞杂繁乱、工资管理体制过分集中与僵化死板。经济体制改革后,传统工资制度日益暴露出弊端,成为解决平均主义分配和提高劳动积极性的一个障碍。

1978年,中共十一届三中全会后,我国进入改革开放时期。随着经济体制改革的不断深化,企业工资分配和工资总额决定逐步走向市场,充分发挥市场机制作用,具体可以划分为以下四个阶段。

第一阶段:1978—1984年的工资分配改革。这一阶段是政府对企业工资总额调控改革初步启动时期。随着重新确立按劳分配原则和国家调整国营企业管理体制,对企业放权让利,工资分配改革主要做了以下工作:一是国家先后为企业、机关、事业单位职工增加了工资,根本改变了职工工资水平长期不动的局面。1979年,《全国物价工资会议纪要》决定,从1979年11月起给部分职工调整工资。国务院又发出《关于职工升级的几项具体规定》,职工升级面为40%,并对升级工作做了具体安排。由于规定工资升级面引起矛盾,国务院决定从1981年起进行工资"普调"。1983年,对企业职工调整工资。这次调整工资,采取"两挂钩""一浮动"的原则和"调改结合"的方针。所谓"两挂钩",是指企业调整工资要和企业经济效益挂钩,职工升级调资要和本人贡献挂钩。所谓"一浮动",是指职工经过考核升级后,所升的级别暂不固定,经过两三年考核合格,才能固定,考核不合格,所升的级别还要降下来。所谓"调改结合",是指对经过整顿的企业,经济效益好且有条件进行工资制度改革的企业,经过批准,允许从企业自有资金中提出一定比例进行工资改革。二是对企业恢复了奖金和计件工资制度。1978年,国务院决定恢复实行计件工资和奖励制度。规定凡实行奖励制度的企业,奖金总额不得超过标准工资总额的10%～12%;实行计件工资制度的企业和提成制的服务行业,计件超额工资和提成工资部分不得超过实行计件标准工资总额的30%。1979年进行利润留成试点,把从成本中列支奖金改为从利润中列支奖金,开始把奖金同经营成果挂起钩来。1984年4月,国务院发出了《国营企业发放奖金有关问题的通知》,决定奖金同企业经济效益挂钩,实行"奖金不封顶,征收奖金税"。

第二阶段:1985年至1991年的工资分配改革。随着对计划经济体制进行改革,国营企业普遍实行承包经营责任制,结合第二次利改税,工资分配实行了重大改革。在全国推行了企业工资总额同经济效益挂钩办法,开始探索运用地区、行业工资总挂钩等手段调控企业工资总量,与机关事业单位工资分配脱钩,实行分类分级工资管理体制。1985年1月5日,国务院发出《关于国营企业工资改革问题的通知》。通知规定:"企业职工工资的增长应依靠本企业经济效益的提高。"为了贯彻落实国务院的通知,劳动人事部、财政部、国家计委、国家经委、中国人民银行这5个部门联合制定下发了《国营企业工资改革试行办法》,对实行企业工效挂钩工作中的有关政策作了具体规定。从1985年开始,试行企业工资总额同经济效益挂钩的办法,当年首批试点 1300 多家。经过试点逐步推行,到 1999 年新中国成立 50 年时,全国有近 10 万家国有企业、4000 多万职工实行工效挂钩的工资分配办法。工效挂钩之所以出现和发展,是我国经济体制改革所决定的。

第三阶段:1992—1999 年的工资分配改革。中央明确提出要坚持按劳分配为主体、多种分配方式并存的原则,允许和鼓励资本、技术等生产要素参与收益分配,探索建立与现代企业制度相适应的收入分配制度。根据这一精神,确立了"市场机制决定、企业自主分配、职工民主参与、政府监控指导"这一企业工资分配制度改革目标;对于工资总额调控,改革工资总量管理方式,改进完善工资总额与经济效益挂钩办法,对自我约束机制比较健全的企业,开始试行"两低于"前提下自主确定工资总额的办法,对部分企业开展了工资集体协商的试点;党的十四大后,为了适应向市场经济体制过渡的要求,1992 年 12 月 15 日全国劳动厅局长会议指出,对管理比较规范和健全的企业,可以实行企业自定工资总额,劳动部门以经济效益和劳动生产率为标准考核企业的增资幅度。这就是指在"两低于"前提下企业自主确定工资总额的办法。这一办法比工效挂钩有更大的优点,可以实现激励机制和约束机制的结合。特别是在党的十五届四中全会之后,各地区企业工资制度改革步伐进一步加快,对改革企业工资总额决定办法的重要性有了更深刻的认识。一些地区积极采用分类改革方式,选择部分在产权制度改革、建立现代企业制度方面比较规范的企业,先行放开了政府部门对其工资总额的直接控制,促使企业真正成为市场竞争的主体和运用市场机制灵活分配的主体。从改革的效果来看,这些企业的积极性和责任感增强了,并且没有出现工资失控问题。上海对部分竞争性企业放开工资总额的控制。上海的试点面比较大,效果也比较好,这与劳动保障和财政部门的大力支持分不开。特别是一些上市公司,其自主决定工资的做法比较规范,董事会一般都能够根据政府的指导、市场的信号、本企业状况等多种因素,对年度工资总额或工资成本作出详细周密的测算,并进行合理控制、灵活调节,使职工工资在适当的时候能增能减。比如:上海轻工系统的几家上市公司由于 1999 年经济效益有所下降,几家企业都适时地根据市场竞争需要,相应调整了职工的工资,其下调幅度分别为:"英雄股份"9%,"凤凰股份"13.2%,"永久股份"13.8%等。

第四阶段:2000 年至今的工资分配改革。政府不断完善工效挂钩制度,以适应市场经济的发展。大力推行工资集体协商制度,建立企业工资共决机制。同时,扩大工资指导线、劳动力工资指导价位和人工成本信息指导制度实施范围,全面建立最低工资制度,政府对企业工资总额的调控方式注重法律方式和经济方式。2000 年《工资集体协商试行办法》和 2004 年《集体合同规定》的出台,对企业工资集体协商起到巨大的推动作用。党的十七大报告中提到要建立企业工资集体协商制度,建立健全企业工资正常增长机制和支付保障机制。

二、工效挂钩的基本模式和主要政策

工效挂钩政策起源于 20 世纪 80 年代中期,党的十二届三中全会通过的《中共中央关于经济体制改革的决定》明确提出,要采取必要的措施,使企业职工的工资和奖金同企业经济效益更好地挂起钩来。正是在这种大背景下,工效挂钩应运而生。所谓工效挂钩,是指企业的工资总额同企业经济效益挂钩,在由政府有关部门为企业核定工资基数和效益基数的基础上,按企业实际实现效益的增长率来确定企业工资总额的一种办法。工效挂钩是政府对企业工资总额进行调控的重要方式。

1.工效挂钩的基本模式和主要形式

基本模式是核定工资总额基数、经济效益基数以及工资总额同经济效益挂钩浮动的比例,工资总额随报告期经济效益指标的完成情况,按确定的比例增加或减少,其公式为:

$$W_1 = W_0 + \Delta W \tag{9.1}$$
$$\Delta W = W_0 \times r \times \Delta E/E_0 \tag{9.2}$$

式中:W_1 为当年工资总额,ΔW 为新增效益工资,W_0 为工资总额基数,ΔE 为经济效益指标净增加额,E_0 为经济效益指标基数,r 为挂钩浮动比例(挂钩系数)。

在这个模型中,ΔW 是因变量,W_0、E_0 是基期常数,r 是确定 ΔW 数量变化而相应增减的比例(系数)。它的具体含义是,在确定了企业工资总额基数和经济效益指标基数及其增长率的相关系数之后,企业新增效益工资直接取决于经济效益指标的增减。这里涉及了三个最基本的概念,即工资总额基数、经济效益和浮动比例(挂钩系数)。

目前,国家对国有企业实行工效挂钩的基本类型,可以从三个角度进行划分。

(1)从挂钩的经济效益指标上划分,可以分为以下三类。

①工资同价值量指标挂钩,包括工资同上缴税利、实现税利、销售收入、销售产值、外贸出口收汇额、净产值、劳动生产率等挂钩形式。

②工资同实物量或工作量指标挂钩,包括与煤炭、水泥、矿石、黄金等实物产量或销售量挂钩,以及与换算周转量、吞吐量等挂钩形式。

③工资与复合指标挂钩,即工资与两个或两个以上的指标挂钩。

(2)从挂钩浮动比例采用的方式上划分,可以分为含量法、单价法和系数比例法三种。含量法,如百元产值工资含量、百元销售收入工资含量等;单价法,如吨煤工资单价包干以及其他单位产品工资单价包干等;系数比例法,如工资同上缴税利、实现税利、净产值挂钩等;含量法与单价法,一般是挂钩的工资总额与挂钩的经济效益指标以同一幅度增长,两者增长的比例为 1:1,当经济效益超过一定幅度时,需适当降低工资含量或工资单价。系数比例法则是挂钩的工资总额低于挂钩的经济效益指标的增长幅度,一般规定为 1:0.3～1:0.7。

(3)从企业挂钩后,奖励基金以及新增效益工资列支渠道上划分,可分为"总挂总提"和"总挂分提"两种挂钩形式。"总挂总提"是指核入工资总额的奖励基金进入成本,并且新增效益工资全部在成本中列支的挂钩办法。1988 年以前,多数企业实行了这种挂钩形式。"总挂分提"是指奖励基金核入工资总额基数,但不进成本,仍在企业留利中列支,而新增效益工资则按工资总额基数中的基本工资和奖金的比例,分别在成本和留利中列支的挂钩办法。1989 年以后,有一部分企业实行了这种挂钩形式。

2.工效挂钩的基本方法和政策

劳社部函〔2007〕235 号文《关于做好 2007 年企业工资总额同经济效益挂钩工作的通知》指出:各地要认真执行《关于进一步做好企业工资总额同经济效益挂钩工作的通知》(劳社部发〔2003〕31 号)的规定,指导、督促企业建立工资与经济效益相联系的机制,使企业工资总额和工资水平增长与经济效益增长保持合理关系,严格按照国家政策规定审核工效挂钩方案。对在岗职工工资水平相当于当地城镇在岗职工平均工资两倍以上的国有企业,继续按照现行政策从严审批工效挂钩方案。有关主管部门要加强对企业工资总额发放的调控,避免工资水平过快增长。对经济效益下降的企业,要严格按照国家工效挂钩政策核减企业效益工资,切实建立工资能升能降的机制。对挂钩的经济效益基数与工资总额基数倒挂的企业,要视其工资水平和经济效益情况,适当降低挂钩浮动比例。

(1)经济效益基数的核定

①挂钩经济效益指标的确定。挂钩经济效益指标,是指由企业选择并报经劳动、财政部门审核确定的经济指标。政府先后发布文件对挂钩经济效益指标的确定予以指导,企业可以根据生产经营特点,采用不同的挂钩形式,但应以能够综合反映企业经济效益和社会效益的指标作为挂钩指标,一般有实现税利、实现利润、上缴税利为主要挂钩指标;也可将实物工作量、业务量、销售收入、创汇额、收汇额以及劳动生产率、工资税利率、资本金税利率等综合经济效益指标作为复合挂钩指标。经财政部门认定亏损的企业,可实行工资总额与减亏指标挂钩,或采用新增工资按减亏额的一定比例提取的办法。工资总额与税利严重倒挂的企业,可采取税利新增长部分按核定定额提取效益工资的办法。

劳社部发〔2003〕31号文进一步规定为:要突出综合反映企业经济效益指标,一般以实现利润、实现利税为主要挂钩指标,国有资本保值增值率为否定指标。对目前实行复合挂钩指标、单一业务量(实物量)指标挂钩的企业(企业集团)要降低业务量(实物量)挂钩指标所占的比重,并尽快转为以实现利润和实现利税为主要指标。亏损企业可实行工资总额与减亏指标挂钩办法。少数减亏额较大的企业,可以适当增加工资总额,但不得因增加工资使企业亏损超过上年实际数。

②经济效益基数的核定。经济效益基数,是指用以计算企业选择并报经核定的企业工效挂钩经济效益指标增长幅度的基数。按照劳动部、财政部劳部发〔1995〕371号,即《关于做好1995年企业工资总额同经济效益挂钩工作有关问题的通知》的规定为:新实行工效挂钩的部门(企业),其经济效益指标基数,一般以上年实际完成数为基础(上年完成数低于前三年平均数的,以前三年平均数为基础),剔除不合理部分后核定。基数核定既要对企业自身经济效益高低、潜力大小进行纵向比较,又进行企业间的横向比较,还要参照本地区同行业平均水平进行核定。

劳社部发〔1999〕30号文进一步规定为:"新挂钩企业一般以上年经会计师事务所审计确认的会计报表数据为基数;1999年以前已挂钩企业以上年计提工资的经济效益基数为基础,并考虑以下因素调整后确定:列入国家计划的新建扩建项目移交生产后增人和接收大中专毕业生,应参照同行业或该企业上年人均效益水平,合理核增挂钩的经济效益基数;成建制划入或划出人员,原则上按上年经会计师事务所审计确认的会计报表数据调整经济效益基数。"该文件还规定:"从企业整体剥离出去组成独立核算的多种经营企业要从挂钩范围中分离出去,按减少的人数及上年人均水平核减经济效益基数和工资总额基数。"

劳社部发〔2003〕31号文规定:经济效益指标基数要按照鼓励先进、鞭策后进的原则核定,一般以上年经中介机构审计确认的会计报表中实际完成数为基础,剔除不可比因素或不合理部分,并参照本地区同行业平均水平进行核定。新挂钩企业如果上年实际完成数低于前三年平均数,则以前三年平均数为基础核定。

已实行工效挂钩的企业,核定经济效益指标基数还应考虑以下因素:

一是列入国家计划的新建扩建项目由基建正式移交生产后的增人和按国家政策接收复转军人、大中专毕业生,应参照同行业或该企业人均效益水平合理核增挂钩的经济效益指标基数；

二是企业之间成建制划入划出职工,按上年经中介机构审计确认的会计报表数据调整经济效益指标基数。

③效益考核指标体系。劳部发〔1993〕161号文件规定:"要建立能够全面反映企业综合经济效益和社会效益的考核指标体系。考核指标一般包括:企业承包合同完成情况,国有资产保值增值状况,以及质量、消耗、安全等。要把国有资产保值增值作为否定指标,达不到考核要求的不能提取新增效益工资。其他考核指标达不到要求的,要扣减一定比例的新增效益工资。"劳社部发〔1995〕371号文件进一步明确挂钩企业都要将国有资产的保值增值作为提取效益工资的否定指标。在考核指标体系中,国有资产保值增值指标,计算公式为:

$$国有资产保值增值率＝企业国有资产净值/上年国有资产余额×100\% \qquad (9.3)$$

劳社部发〔2003〕31号文强调:强化国有资本保值增值对工资增长的约束作用,在计提新增效益工资时,应严格按照《国有资本金效绩评价规则》和《国有资本保值增值结果计算与确认办法》有关规定,考核国有资本保值增值情况,当年没有实现国有资本保值增值的企业,不得提取新增效益工资。

(2)工资总额基数的核定

所谓的工资总额基数,指经劳动、财政部门审核确定的工效挂钩企业用以计算年度工资总额提取量的基额。企业挂钩的工资总额,应为国家规定的全部职工的工资总额。企业工资总额是指企业在一定时期内实际支付给全部职工的劳动报酬。根据国家统计局的规定,工资总额包括计时工资、计件工资、奖金、津贴和补贴、加班加点工资和其他工资。

计时工资,是按计时工资标准(包括地区生活费补贴)和工作时间支付给个人的劳动报酬,以及根据国家法律、法规和政策规定,因病、工伤、产假、计划生育假、事假、探亲假、定期休假、停工、学习、执行国家或社会义务等原因按计时工资标准或计时工资标准的一定比例支付的工资。

计件工资,是指对已做工作按计件单价支付给职工的劳动报酬。

奖金,是指支付给职工的超额劳动报酬和增收节支的劳动报酬,包括生产奖(业务奖)、节约奖、劳动竞赛奖和其他奖金。

津贴和补贴,是指为了补偿职工特殊或额外的劳动消耗和因其他特殊原因支付给职工的津贴,以及为了保证职工的工资水平不受物价影响支付给职工的补贴。

加班加点工资,是指按规定支付的加班工资和加点工资。

其他工资,是指其他根据国家规定支付的工资,如保留工资、附加工资、调整工资、补发上年的工资等。

企业挂钩工资总额的核定,要区别新老挂钩企业,采取不同的方法。

①新挂钩企业一般以上年国家统计局工资总额年报数为基础,核减一次性补发上年工资、成建制划出职工工资以及各种不合理的工资性支出,核增上年增人、成建制划入职工的翘尾工资以及国家规定的增减工资后确定。

②老挂钩企业以上年清算提取的工资总额为基础,加上上一年度清算提取的工资增长基金核定。除企业自身纵向比较外,还要结合和同行业横向比较,贯彻增人不增资的原则,并考虑以下因素调整后确定:核增企业上年接收复转军人、大中专毕业生、成建制划入增

人、列入国家计划的新建扩建项目移交生产后增人增资等项目。核减成建制划出人员的工资。

劳社部发〔1999〕30号文件还规定,适当核减企业下岗人员工资,原则上按照企业上年进入再就业服务中心的下岗职工人数和企业上年平均工资水平计算。

(3)挂钩浮动比例的核定

挂钩浮动比例(系数)是指经济效益增长率与工资增长率的比例关系,即每一个经济效益增长单位所能带动的工资增长幅度,或者说,经济效益每增长1%,职工工资能相应增长的百分比。在工效挂钩中,这个比例(系数)是由政府劳动部门和财政部门核定给每个企业的,按照1985年国家开始工资总额与企业上缴税利挂钩试点时的规定,这个系数可以根据企业的具体情况在1∶0.3和1∶0.7的范围内核定。在企业效益一定的情况下,挂钩浮动比例核定的越高,工资增长率越高。按照劳社部发〔1993〕161号文件确定的原则,对实行工资含量办法的企业,经济效益指标完成核定基数和超过基数一定幅度后,一般按不超过工资系数(含量)的70%提取含量工资。挂钩基数、浮动比例的核定,可以实行"环比"办法,办法每年核定一次,也可采取"定比"法、"工资系数"法或"工资含量"法,一定3～5年不变。

由于挂钩企业经过几年后,经济效益增长的难度相对加大,工资增长的压力加大,0.7的挂钩比例实际难以满足需要,因此在现在的工效挂钩实际工作中,只要严格遵循工资增长不超过劳动生产率增长速度的原则,根据各种挂钩形式的实际需要,挂钩的浮动比例可以在1∶1以下结合具体情况确定。

在核定企业工效挂钩浮动比例的时候,要考虑企业经济效益的增长潜力,考虑工资水平与经济效益水平的对应关系,分析影响经济效益增长的各种因素。在一般情况下,企业经济效益增长的难度大,不利因素多,核定的比例就会相对高一些;企业经济效益增长的潜力大,对企业有利的客观因素多,核定的比例就会低一些。近年来政府部门为了解决一些企业经济效益水平高,但由于挂钩比例不合理所引起的"鞭打快牛"则采用横向比较方法,将企业的资金利税率、工资利税率和劳动生产率等经济指标与同行业经济指标进行比较,高于同行业指标的可以核定给企业一个相对较高的浮动比例;低于同行业指标的,只核定一个相对较低的浮动比例。这样可以鼓励先进企业,鞭策后进企业。同时为了对经济效益指标增长过快的挂钩企业尤其是垄断行业的企业的工资增长有所调节、控制,也有按经济效益指标增长一定幅度后,采取递减比例系数的办法,对挂钩浮动比例分档核定。

3.工效挂钩的具体形式

(1)工资总额同经济效益价值量指标挂钩

经济效益价值量指标主要包括实现税利、净产值、实现利润、上缴税利、销售收入、出口收汇等指标。

①工资总额同实现税利挂钩

工资总额同实现税利挂钩是目前多数企业普遍采用的形式之一。这一办法的做法为,在核定企业挂钩工资总额和实现税利总额基数的基础上,实现税利每增长1%,工资总额可增长0.3%～0.7%。实现税利比上缴税利可以更全面反映职工劳动成果和企业经济效益。工业企业实现税利是销售收入扣除成本后的余额,就是企业职工创造的净产值扣除职工工资以后的企业纯收入。实现税利包括两部分:一是向国家缴纳的税金,二是企业实现的利润。企业实现税利,与上缴税利相比,受国家财政税收政策的影响较小,从实际数据看,实现税利的增长也较上缴税利稳定。因此,同实现税利挂钩,有利于工资的稳步增长,避免大起大落。

实现税利是指企业实现上缴的增值税、消费税、资源税、营业税、城市房地产税、土地增值税、房产税、车船使用税、城市建设维护税、屠宰税、城市土地使用税、印花税、固定资产投资方向税、实现利润。与上缴税利相比,实现税利中多了企业所得税后的利润部分。

基数的核定应按上一部分介绍的有关规定执行,计提新增效益工资的公式如下:

$$\Delta E = E_0 \times \frac{\Delta E'}{E_0 + W_0 \times r} \tag{9.4}$$

$$R = \frac{\Delta E}{E_0} \times 100\% \tag{9.5}$$

$$\Delta W = W_0 \times r \times R \tag{9.6}$$

式中:ΔE 为当年实现税利净增加额,E_0 为实现税利基数,$\Delta E'$ 为当年实现税利毛增加额,W_0 为工资总额基数,r 为工资浮动系数,R 为实现税利净增长率,ΔW 为当年应提新增工资。

工资总额同上缴税利挂钩的新增效益工资的计提方法也可按上述公式计算,只是上缴税利和实现税利包括范围不同,并且,当年上缴税利毛增加额计算当年上缴税利净增加额时分母工资总额基数除了要乘以挂钩浮动比例外,还要乘以所得税率,因为上缴税利净增加额是指新增工资计入成本以后的上缴税利增加额。

②工资总额同净产值挂钩

工资总额同净产值挂钩,就是把工业企业的工资总额同工业企业一定时期内实现的净产值挂起钩来。工资同净产值挂钩,就是把工业企业工资总额同工业企业一定时期内实现的净产值挂钩。工业净产值是一定时期内工业活劳动新创造的价值,即工业总产值(生产量×销售价格)扣除物质消耗(包括外购原材料、燃料、动力的价值;提取的折旧费和大修理基金;订货者来料价值和生产销售中的其他一些物质消耗价值)以后的价值。同净产值挂钩的计算公式:

$$\Delta W = W_0 \times \frac{\Delta E}{E_0} \times r \tag{9.7}$$

$$W = W_0 + \Delta W \tag{9.8}$$

式中:ΔW 为当年应提新增工资,W_0 为工资总额基数,ΔE 为当年净产值增加额,E_0 为净产值基数,r 为工资浮动系数,W 为当年工资总额。

③工资总额同实现利润挂钩

工资总额同实现利润挂钩的办法在外贸行业普遍实行。这种方法是对外贸企业原实行出口收汇美元工资含量分配办法的一个改革,〔1994〕外经贸计财发第 687 号文件规定,企业报告期职工工资的增长与企业出口收汇和实现税利挂钩。挂钩系数上限为 0.80,下限为 0.15,挂钩系数中出口收汇增加额占 60%,利税增加占 40%。年终根据企业报告用出口收汇实绩和利税实绩、基期美元工资含量和利税工资含量、报告期美元工资含量浮动系数和利税工资含量浮动系数确定计提报告期工作总额。这种办法对促进企业努力扩大出口,提高经济效益,搞好搞活工资分配,建立工资增长机制和约束机制,起到了积极作用。但是,此办法在执行中也暴露出了一些问题,需要加以改进和完善。1997 年劳动部、财政部、外经贸部联合下发了《关于印发〈外贸企业工资总额同经济效益挂钩办法〉的通知》(劳部发〔1997〕235 号),文件明确规定了外贸企业实行工资总额同实现利润挂钩,挂钩浮动比例最高为 1：0.75。为鼓励企业在提高经济效益的基础上扩大出口，对实现利润和出口收汇达到双增长（不包括负增长）的盈利企业，在上述浮动比例基础上，出口收汇每增长 1％，挂钩工资浮动比例增加 0.005，最多增加 0.05。

④建筑安装企业百元产值工资含量包干

"百含"办法目前在建筑施工企业普遍推行。这种方法属于含量法，即按基期总产值和工资总额求出百元产值工资含量系数，企业报告期应提工资总额根据实际完成的总产值和含量系数确定。这种方法的缺点是偏重考虑产出，较少考虑投入，容易导致企业片面追求产值且费用成本提高，利润下降。同时，"百含"综合含量系数的核定缺乏科学性、合理性，系数一定多年不变，与企业的生产实际脱离。

"百含"就是以预算定额为依据，按照预算收入的工资总额占建筑安装产值的百分比实行包干，并与工程质量、竣工面积、实现利润等主要经济技术指标挂钩，实行工资总额浮动。实行这一办法，在确定工资含量的产值时，应当以工程的预算为依据。当年计提工资含量的产值以当年实际完成的产值为依据，但计提工资含量的产值原则上按不变价格计算。建筑施工企业自行采购的建筑材料实际价格和预算价格差部分要单独列出，在计提含量工资时，实际价格高于预算价格部分要从产值中剔除。此外，核定工资含量系数的产值、计提工资含量的产值以及计算产值利润率的产值，口径必须一致，均按国家统计局关于计算总产值的规定执行。计提工资产值中如包括外包工完成的产值，工资中也包括支付给外包工的工资。假定其他主要经济技术指标，如工程质量、竣工面积、实现利润不变的情况下，核定百元产值工资含量按下列公式进行：

$$百元产值工资含量系数 = \frac{核定的某年工资总额}{某年实际产值} \times 100\% \qquad (9.9)$$

$$当年应提工资总额 = 当年企业实际完成的产值 \times 百元产值工资含量包干系数 \qquad (9.10)$$

（2）工资总额同实物量挂钩

实物量是各种不同产品的统称，如煤炭总量、金属矿产量、黄金产量、水泥产量等。企业工资总额同实物量挂钩，也称"销售合格产品全额计件工资制"，就是企业的工资总额随本企业产品产量的多少上下浮动。目前，工资总额同实物量挂钩的具体形式主要有：煤矿中吨煤工资单价包干；金属矿或非金属矿实行的吨矿工资单价包干；建材企业实行吨水泥工资单价办法。实行工资总额同实物量挂钩办法一般要求是：第一，计提工资总额的实物量，是指产品实际销售量；第二，实物量指标基数，一般以上年实际完成的实物量为基础，同时根据企业设计能力（包括技术改造后的新增能力）、历年生产水平、同行业平均先进水平等因素，综合评价后确定；第三，计提工资，要同时严格考核利润、产品质量、安全等经济技术指标。

实行工资总额与实物量挂钩的计算公式是：

$$产量工资单价 = \frac{核定的工资总额基数}{核定的实物产量基数} \qquad (9.11)$$

$$当年工资总额 = 当年实物产量 \times 产量工资单价 \qquad (9.12)$$

$$当年新增工资额 = （当年实物产量 - 实物产量基数） \times 产量工资单价 \qquad (9.13)$$

$$当年工资总额 = 工资总额基数 + 当年新增工资额 \qquad (9.14)$$

薪酬管理

（3）工资总额同复合指标挂钩

工资总额同两个或两个以上指标挂钩，称为复合指标挂钩。此办法是结合企业的不同特点，使工资全面反映企业的经济效益，是目前企业采用较多的一种挂钩形式。

①同复合指标挂钩新增工资的计算

在工资同复合指标挂钩中，通常是选择一个实物量或工作量指标，再选择一个价值量指标，如，实现利润、实现利税、上缴利税。由于构成复合指标的各个经济指标的类型不同，在计算企业新增工资时对企业的成本和净效益的影响不同，所以在计算新增效益工资时，要先计算对企业成本和净效益没有影响的指标，也就是先计提实物量或工作量增长的新增效益工资，然后再计算价值量指标增长的新增工资。同样，各价值量指标计算企业新增工资时对企业的成本和净效益的影响也不同，有的指标增长计提新增工资后对成本和净效益没有影响，而有的指标有影响。这样，在按价值量指标增长计算新增工资时，也要先计算计提新增工资后对成本和净效益没有影响的价值量指标。

②工资与复合指标挂钩计提新增工资和工资总额的步骤及公式

A. 运用与挂钩的实物量或工作指标的计算公式计算新增工资：

$$\text{与实物量挂钩的新增工资} = \text{工资总额基数} \times$$

$$\frac{\text{当年实际实物量或工作量指标} - \text{核定的实物量或工作量基数}}{\text{核定的实物量或工作量基数}} \times$$

$$\text{与实物量挂钩的浮动系数} \qquad (9.15)$$

B. 将新增工资计入成本，求出价值量指标扣减新增工资后的毛增加额：

$$\text{价值量指标扣减新增工资后的毛增加额} = \text{扣减新增工资前的毛增加额} -$$
$$\text{与实物量挂钩的新增工资} \qquad (9.16)$$

C. 用工资同不同价值量指标挂钩的计算公式，各扣除随实物量或工作量挂钩计提新增工资后的价值量挂钩指标毛增加额，计算由于价值量指标增长的新增工资。其公式已在前面作了介绍，不再重复。

D. 计算全部新增工资，其公式为：

$$\text{全部新增工资} = \text{与实物量挂钩计提的新增工资} + \text{与价值量挂钩计提的新增工资}$$
$$(9.17)$$

（4）工效挂钩形式的改进

用工效挂钩法测算工资总额把企业经济效益同工资增长合理地联系到一起，为测算工资增长提供了一种很好的方式。但其也有其本身的缺点，最重要的一点就是这种方法单纯用经济效益增长价值量或实物量来解释工资增长，但市场经济下工资增长是多种因素综合的结果。为此，需要在工效挂钩法基础上进行改进，尝试增加其他参考因素，或者是综合考虑影响经济效益多种指标。现在介绍"风险分担法"和"劳动分红法"测算工资增长。

①风险分担法。员工工资增长来源于企业经济效益的提高，但由于市场因素变化较快，经营决策上存在一定的风险，可能出现企业经营收入与增加值不同步（比如员工生产出来的产品由于市场变化滞销，员工创造的增加值在市场中得不到回报，企业收益下滑，利润下降）的情况，为降低风险，在进行工资集体谈判时综合考虑企业人均销售收入增长率和人均工业增加值增长率等因素，合理确定工资调整额。计算公式为：

$$\Delta W = W_0 \times \frac{S + P + A}{3} \tag{9.18}$$

调整后的几何平均数公式:

$$\Delta W = W_0 \times \sqrt[3]{S \times P \times A} \tag{9.19}$$

式中:ΔW 为工资增加额,W_0 为基期工资总额,S 为销售收入增长率,P 为实现利润增长率,A 为净产值增长率。

②工资加劳动分红法。在有些股份制企业中,按劳分配与按生产要素分配的问题已经成为股份制企业工资分配的重要问题。一些企业经营者占大股,因而有意压低职工工资或降低人工成本中其他工资性支出,以扩大按资分配比例,损害职工利益。工效挂钩的另一种形式"劳动分红法"被提了出来,提出工资加劳动分红的分配办法:职工的工资坚持以按劳分配为主体,根据职工劳动生产率的提高不断提高职工基本工资水平;另外在企业税后利润分配中,根据各生产要素对企业利润贡献的大小,共同参与企业利润分配,专门拿出一定比例(税后利润 5%~20%)用于劳动要素分红。具体公式为:

$$\text{劳动报酬} = \text{个人年度工资} + \text{年度工资额} \times \text{劳动分红比例} \tag{9.20}$$

三、"两低于"原则自定工资总额

"两低于"原则自定工资总额的办法,是工效挂钩的一种改进形式,是指工资总额增长幅度低于企业经济效益(依据实现税利计算)增长幅度,职工实际平均工资增长幅度低于本企业劳动生产率(以净产值计算)增长幅度的前提下确定工资总额,职工全部工资收入进成本。

1. 各项指标的确定

要实施这一办法,首先需要确定工资总额、企业经济效益、职工平均工资和企业劳动生产率四个指标。实行办法的第一年,工资总额由劳动保障部门核定工资基数,财政部门核定经济效益基数,浮动比例由企业按"两个低于"的原则自主确定。第二年开始,工资基数和经济效益基数不再核定,由企业按上一年的结算数作为当年的基数。工资总额基数按照《关于工资总额组成的规定》的范围实施。平均工资基数,在实行的第一年,指平均货币工资基数,其计算公式为:

$$\text{平均货币工资} = \frac{\text{核定的企业工资总额}}{\text{企业上一年平均人数}} \tag{9.21}$$

经济效益基数,一是实现税利基数,可按照前面介绍的工资总额与实现税利挂钩中实现税利基数核定的办法核定。劳动生产率基数,要用净产值来计算。净产值,又称工业增加值,是指工业企业在一定时期内工业生产活动新创造的价值,即工业总产值(生产量×销售价格)扣除物质消耗(包括外购原材料、燃料、动力的价值;提取的折旧费和大修理基金;订货者来料价值和生产销售中的其他一些物质消耗价值)以后的价值。工业增加值是衡量工业企业生产成果的重要指标,在国民经济核算中占有十分重要的地位。工业增加值按生产法和收入法两种方法计算。

(1)生产法工业增加值=工业总产出-工业中间投入工业总产出=工业总产值+工业企业本年应交增值税。

(2)收入法工业增加值=劳动者报酬+生产税净额+固定资产折旧+营业盈余。

劳动生产率用净产值来计算,当年挂钩的劳动生产率基数计算公式为:

$$劳动生产率 = \frac{上一年企业净产值}{上一年企业平均人数} \tag{9.22}$$

劳动生产率表示生产某种产品的劳动效率和生产的能力。劳动生产率水平可以用单位时间内所生产的产品的数量来表示,也可以用生产单位产品所耗费的劳动时间来表示。单位时间内生产的产品数量越多,劳动生产率就越高,反之,则越低;生产单位产品所需要的劳动时间越少,劳动生产率就越高,反之,则越低。影响劳动生产率高低的因素很多,主要受到技术、组织和管理因素的影响。由于整个社会的技术组织条件不断优化,因此,劳动生产率呈现不断增长的规律。

2.“两低于”法自定工资总额的计算公式

“两低于”原则确定工资总额选择指标的标准要考虑能够控制和比较真实反映经济效益为依据,所以要按两个指标中增长较低的一个确定工资总额。如果实现税利增长超过劳动生产率增长,说明企业的销售产值增长主要是产品价格上涨带来的,工资总额的增长应按低于劳动生产率增长的原则确定;如果劳动生产率增长超过实现税利的增长,说明产品销售情况不好,也可能是减人但生产规模没有增加造成的,这时,工资总额的增长应按低于实现税利增长的原则确定。

M_1 企业工资总额增长率=(测算工资总额-上年工资总额)÷

上年工资总额×100% $\qquad$ (9.23)

M_2 经济效益(实现税利)增长率=(预计实现税利-上年实现税利)×

上年实现税利绝对值÷(上年实现税利绝对值+

上年工资总额)÷上年实现税利×100% $\quad$ (9.24)

N_1 职工平均工资增长率=(测算工资总额÷预计职工人数-

上年工资总额÷上年职工人数)÷

(上年工资总额÷上年职工人数)×100% $\quad$ (9.25)

N_2 劳动生产率增长率=(预计增加值总额÷预计职工人数-

上年增加值总额÷上年职工人数)÷

(上年增加值总额÷上年职工人数)×100% $\quad$ (9.26)

求解不等式组:$\min(M_1 \leqslant M_2, N_1 \leqslant N_2)$

得:测算工资总额≤工资总额值。

【例】 三和公司经核定的 2007 年净产值基数为 720 万元,实现税利基数 400 万元,工资总额基数 120 万元,职工平均人数 500 人。自定浮动比例为 1:0.8。2008 年该企业实现净产值 850 万元,利税 440 万元,职工人数 540 人。该企业 2008 年应提取工资总额多少?

解:由上述资料可知:

实现税利基数为:400 万元

劳动生产率基数为:720 万/500 人=14400 元/人

工资总额基数:120 万元

平均货币工资:120 万/500 人=2400 元/人

2008 年实际为:

实现税利净增加额=实现税利基数×[当年实现税利毛增加额/(实现税利基数+

$$\text{工资总额基数×工资浮动系数})]$$
$$=400×[(440-400)/(400+120×0.8)]$$
$$=400×40/496$$
$$=32.26(万元)$$

实现税利净增长率＝32.26/400×100％＝8.06％

劳动生产率增长率＝8500000/540/14400-100％＝9.31％

由于实现税利净增长率低于劳动生产率增长率,故工资总额增长应按低于实现税利增长的原则确定,即:

2008 年新增工资额＝上年工资总额基数×工资浮动系数×实现税利净增长率
$$=120×0.8×8.06％$$
$$=7.7376(万元)$$

当年工资总额＝120＋7.7376＝127.7376(万元)

当年工资总额增长率＝7.7376/120×100％＝6.45％。

本章小结

政府对薪酬的宏观调控是薪酬管理的重要组成部分。政府对薪酬的监控指导不断推进,在实行国有企业工资总额与经济效益挂钩的基础上,逐步建立了政府宏观调控、分级分类管理、企业自主分配的工资管理模式。政府的宏观监控体系包括工资指导线制度、劳动力市场工资指导价位制度、最低工资保障制度、个人所得税制度,这些制度从不同的着力点发挥各自的作用,对薪酬进行宏观调控。

所谓工效挂钩,是指企业的工资总额同企业经济效益挂钩,在由政府有关部门为企业核定工资基数和效益基数的基础上,按企业实际实现效益的增长率来确定企业工资总额的一种办法,是政府对国有企业工资总额进行调控的重要方式。现行工效挂钩办法从挂钩的经济效益指标上划分,可以分为三类:工资同价值量指标挂钩,包括工资与实现利润、上缴利润等;工资同实物量或工作量挂钩,包括工资与换算周转量、吞吐量挂钩等;工资同复合指标挂钩。工效挂钩的改进方法有风险分担法、工资加劳动分红法。

"两低于"原则自定工资总额的办法,是工效挂钩的一种改进形式,是指工资总额增长幅度低于企业经济效益(依据实现税利计算)增长幅度,职工实际平均工资增长幅度低于本企业劳动生产率(以净产值计算)增长幅度的前提下确定工资总额,职工全部工资收入进成本。

薪酬管理

思考题

1. 简述我国政府对薪酬的宏观监控指导体系包括哪些制度?

2. "工效挂钩"的基本模式是什么?

3. "两低于"原则自定工资总额法中选择指标时应遵循什么原则?

4. 提高职工收入的工资宏观调控方式有哪些?

案例分析

坚持社会公平正义　保障职工收入分配权益

合理的收入分配制度是社会公平的重要体现,也是广大劳动群众平等参与社会分配权益的基本保障。随着国民经济的快速发展,我国职工总体收入水平不断提高,但忽视、侵害职工收入分配权益的现象依然严重。2009年全国总工会就此专项调研,了解到以下几方面信息。

一是低收入职工比例大,主要集中在一线和农民工群体。调查显示,被调查职工月均工资2152元,为全国城镇在岗职工月均工资的88%。其中低于此标准的占67.2%;低于标准50%、每月只拿1000元左右的占17.3%;低于最低工资标准、每月只拿几百元的占4.8%。据国家统计局调查,2008年全国城镇私营企业职工月均工资1423元,其中尤以农民工居多。

二是收入分配差距过大,呈现利益群体分化态势。2008年20个行业门类收入差距为4.77倍,有的高达10倍。据上市公司年报分析,208家国企高管与一线职工的收入差距,从2006年6.72倍扩至2008年17.95倍。在一般企业中,干部与普通职工、城镇工与农民工、正式工与劳务派遣工之间,也存在明显不合理收入差距,特别是劳务派遣工,工资收入仅为同岗位正式工的一半左右。

三是侵犯劳动报酬权益问题突出,劳动争议案增多。2009年有14.4%的职工被拖欠工资,比2007年高10.3个百分点。近60.2%的职工有超时劳动现象,其中劳动密集型、私营企业人均每周工作51.8和53.16小时。37.6%的职工领不到或未能足额领到加班费。2009年1至9月因收入分配引发劳动争议案51.9万件,占全部劳动争议案36.4%,1月份引发群体事件1150余起,涉及职工14万人,金额10.5亿元。

四是社保制度不够完善,再分配"逆向调节"问题突出。由于社保强制性不足,在城镇就业人员中,养老、医疗保险参保率仅为62%和60%。农民工的参保水平更低,参加养老、医疗保险的不足20%和31%。许多劳务工的社保缴费基数低于工资水平,甚至按最低工资标准计算。与此同时,央企却占据了90%以上企业年金市场,通过补充保险进一步拉大二次分配差距。

五是投资与消费结构不合理,工资增长低于经济增长。1997至2007年,在GDP比重中政府财政收入从10.95%升至20.57%,企业盈余从21.23%升至31.29%,劳动者报酬却从53.4%降至39.74%。2002至2009年,我国GDP年递增幅度10.13%,职工工资扣除物价因素年均增长8.18%。23.4%的职工5年间未增加工资。近年物价房价上涨,造成部分职工实际生活水平下降。

调查显示,61%的职工认为普通劳动者收入过低是当前最大的不公平。中国工人是改革开放和现代化建设的功臣,这一点连美国《时代》杂志都承认。尊重职工群众,维护他们的权益,是社会主义制度的本质要求,也是国家和谐稳定发展的必然需要。为此建议以下几点。

一、加强国家政策调控,着力提高居民收入在国民收入分配中的比重和劳动报酬在初次分配中的比重,将促进职工工资正常增长和提高低收入职工工资水平纳入国家经济社会发展总体计划,作为各级政府及主要负责人的考核目标,确保广大职工特别是普通职工共享改革发展成果。

二、尽快出台《工资条例》,对工资支付范围、标准、程序作出具体规定,赋予政府部门一定的指导和裁决权;尽快修订《刑法》,明确对欠薪逃匿行为追究法律责任;完善《劳动合同法》司法解释,强化执法监督和劳动监察,运用法律力量确保职工收入分配权益不受侵害。

三、发挥政府主导作用,健全收入分配宏观调控体系,完善工资指导线、人工成本信息指导等制度,提高其实效性;健全最低工资制度,适时提高最低工资标准,促进低收入岗位工资增长;加强劳动定额标准管理,纠正企业劳动定额无人监管的现象。

四、以非公和中小企业为重点,推动工资集体协商和工资支付保障制度建设,支持工会或职工代表开展协商,提高职工对工资分配的参与度;完善工资支付监控和工资保证金制度,有效预防和解决拖欠克扣工资问题;引导国企建立合理的薪酬制度和约束机制。

五、提高社会保险水平,加强政策配套研究,确保城镇职工养老保险转移接续暂行办法落到实处;着力解决行业垄断带来的分配差距,通过征收资源占用税等措施控制薪酬水平,促进市场公平竞争;健全个人收入税收调节体系,发挥税收对收入分配的调节作用。

(本文来自在全国政协十一届三次会议上张世平委员代表全国总工会界别的发言。)

薪酬管理

第十章　机关事业单位工资制度

学习目标

1. 了解新中国成立后我国机关事业单位工资制度的改革历程；
2. 了解每次工资改革的重点是什么,解决的主要问题是什么；
3. 了解机关事业单位工资制度的发展趋势；
4. 掌握机关事业单位现行工资制度的核心内容。

案例导入

某建筑设计院绩效工资改革案例

一、案例背景

某建筑设计院为市属事业单位,设计院的发展战略是成为集规划、建筑、园林、监理、建筑安装、施工项目管理为一体的综合性设计单位。现有员工213人,本科及以上学历的人员占到90%,属于典型的知识型企业。

由于原有事业单位的管理模式,尤其是薪酬分配机制,影响了员工的积极性,受人才市场的影响,近年核心人才的流失率逐渐增高,因此该设计院迫切需要进行绩效薪酬改革,以保留和吸引优秀人才。

二、问题分析

1. 分配平均主义

在事业单位的管理框架下,薪酬管理比较粗放,即使细分也没有合理的依据,因此职能部门与技术部门之间、高绩效与低绩效员工之间的矛盾越来越明显,薪酬分配的平均恰恰显示出分配的不平衡。

2. 激励不明显

在原有的薪酬管理体制下,员工之间的薪酬拉开的距离不大。由于员工之间的素质能力和绩效水平跨度很大,没有差距就没有激励,所以一些素质能力高的员工的积极性没有发挥出来,而在当前的薪酬模式下,这种状况已经无法得到改善。

3. 奖金分配不透明

项目奖金的分配缺乏明确的标准,即使有也比较模糊,使得奖金的分配人为因素增加,管理者为了减少矛盾,不透明的奖金分配成为办法中的办法。但这种分配方式也没有减少员工的抱怨,仍然制约着员工积极性和创造性的发挥。

4.绩效管理流于形式

该设计院也在进行绩效管理,由于缺乏科学的技术和手段,绩效指标设置、评价标准有些设置的不合理,有些难以实施,使得绩效管理实施流于形式。同时绩效管理缺乏系统性,管理环节缺失,难以形成闭环系统,因此组织绩效水平的提高微乎其微。

如何实施有效的绩效工资?

(资料来源:事业单位改革研究中心任英、马红素:http://blog.sina.com.cn/s/blog_6289edac0100f16g.html,2009年10月26日。)

机关事业单位是我国政治体制、经济体制中必不可少的职能部门,担当着制定政策、监督执行、维护秩序、提供保障服务、提升全民素质等一系列重要角色,其工资制度也是整个薪酬体系中不可或缺的部分,所以研究机关事业单位工资制度有着非常重要的意义。

第一节　机关事业单位工资制度历史沿革

我国机关事业单位的工资制度沿革可以追溯到旧中国,但是我们仅从解放区(根据地)的分配制度谈起,主要分以下几个时期进行介绍。

一、解放区(根据地)的分配制度

在长期的革命战争时期,根据地新民主主义经济的主要任务,是支援革命战争,保证革命的胜利。这一时期,建立在新民主主义经济基础上的分配制度,也是为了保证革命战争胜利服务的。革命根据地的分配制度主要有两种形式:在部队和机关实行军事共产主义性质的供给制;在国营企业实行供给制、部分供给部分工资制和工资制。可见,供给制既在机关实行,也在企业实行,那时还没有事业单位。

所谓供给制,就是按照工作和生活必不可少的需要,对革命工作人员免费供给生活必需品的一种分配制度。供给的范围包括个人的衣、食、住、行、学等各个方面,以及子女的生活、保育费和一些零用津贴等。

在部队和机关实行的供给制呈现以下几个特点:供给的范围不断扩大,由最初只包括红军指战员,逐步扩展到党政工作人员以及少数干部的家属(在革命队伍中出生的干部子女);供给的项目逐渐增多,从开始时只包括伙食扩展到衣、食、住、行、学、生、老、病、死、伤、残各个方面;供给水平的高低,随着战争形势和经济状况的好坏而调整,但总体而言,供给水平不断提高;供给标准由无差别到有差别,规定差别时主要考虑各类人员在工作和生活上的不同需求、贡献大小和责任轻重、技术的高低(技术人员),对有影响的民主人士规定了较高的供给津贴,以示优待。

二、1952年前后的工资制度改革

新中国成立初期,国家机关工作人员和解放军指战员,仍然实行战争时期的供给制。

但随着形势的发展变化,这种带有军事共产主义性质的分配制度,越来越不适应新中国成立后的工作和生活。于是从 1950 年就开始对这种工资制度进行改革。1950 年 7 月财政部制定了《中央直属各机关一九五零年度暂行供给标准》,规定把供给制的国家机关工作人员的生活费(包括粮食、菜金、煤炭、细粮补贴,鞋袜、棉被补贴,过节费,轻病号补助等)及其他津贴一律折米包干供给。标准分大、中、小灶三种。1952 年 7 月,政务院颁布了《各级人民政府机关技术人员暂行工资标准表》等 9 种工资标准表,共分 29 级,最高的一级 2200 个“工资分”,最低的一级 85 个“工资分”。

1955 年 1 月,人民解放军干部全部改行了工资制。同年 7 月,国务院发布了《关于国家机关工作人员实行工资制和改行货币工资制的命令》,决定从 7 月起,将国家机关工作人员实行包干制的人员一律改为工资制。从此,结束了历史遗留下来的供给制和工资制并存局面。

供给制改为工资制后,国家机关工作人员及其家属的一切生活费用,均由个人负担;住、用公家的房屋、家具、水电的,一律缴租、付费;因子女多生活有困难的,按规定予以补助。

一般我们称其为第一次全国性工资改革。这次工资改革,全国以各大行政区为单位进行,各行政区内部的工资制度统一,行政区之间有一些差异。

三、1956 年全国工资制度改革

1956 年 6 月,党中央、国务院根据当时国家的政治、经济状况,决定对机关事业单位的工资制度进行改革。国务院第 32 次全体会议制定了《关于工资改革的决定》(即〔1956〕国调周字第 53 号)。7 月 4 日,国务院以〔1956〕国议周字第 51 号公布了《关于工资改革中若干具体问题的规定》。这次工资改革(一般称为第二次全国工资改革),取消了工资分制度和物价津贴制度,实行了直接用货币规定工资标准的制度,即职务等级工资制,又称“一条龙”形式的工资等级制度。这是新中国成立以来第一次全国性的重大改革,奠定了我国工资制度的基础,在推动社会主义建设方面起到了积极作用。

职务等级工资制的主要内容是行政管理人员的工资由高到低分为 30 个等级,330 个工资标准。一职分为数级,级间上下交叉。如 1 级为 560 元,30 级为 20 元。各级的工资标准根据各地的物价指数和生活水平确定。全国划分为 11 类工资区,同一等级的工资标准,11 类地区比 1 类地区高出 30%(见表 10-1)。

表 10-1 机关管理人员职务等级工资表 单位:元

等级＼类别	1	2	3	4	5	6	7	8	9	10	11
1	560	577	593	610.5	627	644	661	677.5	694.5	711	728
2	505	520	535	550.5	565.5	581	596	611	626	641.5	656.5
3	450	463.5	477	490.5	504	517.5	531	544.5	558	571.5	585
4	400	412	424	436	448	460	472	484	496	508	520
5	360	371	381.5	392.5	403	414	425	435.5	446.5	457	468
6	320	329.5	339	349	358.5	363	377.5	387	397	406.5	416

续表

等级＼类别	1	2	3	4	5	6	7	8	9	10	11
7	280	288.5	297	305	313.5	322	330.5	339	347	355.5	364
8	250	257.5	265	272.5	280	287.5	295	302.5	310	317.5	325
9	220	226.5	233	240	246.5	253	259.5	266	273	279.5	286
10	190	195.5	201.5	207	213	218.5	224	230	235.5	241.5	247
11	170	175	180	185.5	190.5	195.5	200.5	205.5	211	216	221
12	150	154.5	159	163.5	168	172.5	177	181.5	186	190.5	195
13	135	139	143	147	151	155.5	159.5	163.5	167.5	171.5	175.5
14	120	123.5	127	131	134.5	138	141.5	145	149	152.5	156
15	108	111	114.5	117.5	121	124	127.5	130.5	134	137	140.5
16	96	99	102	104.5	107.5	110.5	113.5	116	119	122	125
17	86	88.5	91	93.5	96.5	99	101.5	104	106.5	109	112
18	76	78.5	80	83	85	87.5	89.5	92	94	96.5	99
19	68	70	72	74	76	78	80	82.5	84.5	86.5	88.5
20	61	63	64.5	66.5	68.5	70	72	74	75.5	77.5	79.5
21	54	55.5	57	59	60.5	62	63.5	65.5	67	68.5	70
22	48	50	51.5	53	54.5	56	57	58.5	60	61.5	63
23	43	44.5	45.5	47	48	49.5	50.5	52	53.5	54.5	56
24	37.5	30.5	40	41	42	43	44.5	45.5	46.5	47.5	49
25	32.5	33.5	34.5	35.5	36.5	37.5	38.5	39.5	40.5	41.5	42.5
26	28.5	29.5	30	31	32	33	33.5	34.5	35.5	36	37
27	26	27	27.5	28.5	29	30	30.5	31.5	32	33	34
28	24	24.5	25.5	26	27	27.5	28.5	29	30	30.5	31
29	22	22.5	23.5	24	24.5	25.5	26	26.5	27.5	28	28.5
30	20	20.5	21	22	22.5	23	23.5	24	25	25.5	26

资料来源：庄启东，袁伦渠，李建立．新中国工资史稿．北京：中国财政经济出版社，1986．

国家机关工程技术人员的工资等级分为18个，也分为11个地区类别，共有198个工资标准。此外，工程技术人员的工资标准还根据产业不同而划分为5类。第一类包括钢铁、煤矿、有色金属、地质、火工、航空；第二类包括电力、石油加工、机器制造、重化学、木材等工业；第三类包括建筑、铁路、电信、公路、农业、造林、水利、气象；第四类包括纺织、造纸、制药、印刷、油脂、橡胶、计量；第五类包括面粉、火柴、烟草、食品等。第一类工资标准为最高，第五类为最低（见表10-2）。

表 10-2　国家机关第六类地区工程技术人员工资标准表　　　　　单位:元

等级产业 类别	1	2	3	4	5	6	7	8	9	10	11	12	13	14	15	16	17	18
一类	310.5	276	241.5	213	183	157.5	135.5	117.5	102.5	88.5	75.5	62	55	48.5	42.5	37	31	27.5
二类	305	271.5	238	210.5	181.5	156.5	134.5	116	101	87.5	75	62	55	48.5	42.5	37	31	27.5
三类	299	267	234.5	207	178.5	154	133.5	115	100	86.5	73.5	62	55	48.5	42.5	37	31	27.5
四类	293.5	261	230	203.5	176.5	152.5	131	114	99	85	72.5	62	55	48.5	42.5	37	31	27.5
五类	278.5	256.5	225.5	200	172.5	149.5	130	112.5	98	84	72.5	62	55	48.5	42.5	37	31	27.5

职务名称:
总工程师、副总工程师
工程师
技术员
助理技术员
练习生

资料来源:康士勇,林玳玳. 工资理论与管理实务. 北京:中国经济出版社,2003.

国家机关其他人员如民警工资分为 13 个等级,143 个标准;翻译人员分为 15 个等级,165 个工资标准;工人分为 10 个等级,110 个工资标准。同时,在改革中,教育、科研、文化、卫生等国家事业单位也都制定了本系统的工资标准,一般都是按职务或职称确定工资标准,并且同国家机关工作人员一样实行 11 类工资区。此项制度一直沿用到 1985 年工资制度改革时为止。

这次工资改革,在全国范围内统一了职工的工资标准,一直执行到 1985 年工资改革之前,奠定了我国工资制度的基础,职工工资水平有较大提高。但是,也存在一些问题,为此,进行了一定的调整。

四、1985 年工资制度改革

随着我国国民经济和社会事业的不断发展,1956 年建立起来的职务等级工资制因自身存在较大弊端,已越来越不适应经济体制改革不断深化的需要,如国家机关干部的工资差别较大,高级领导干部的工资标准偏高;工资增长幅度大,国家财政支出和物资供应紧张,在一定程度上引起了物价上涨等;指标体系复杂,操作繁琐;职级严重不符,平均主义严重;没有建立正常的增资机制等。1983 年劳动人事部成立后,就积极着手工资制度改革的准备工作,1985 年 1 月,国务院办公厅以国办发〔1985〕2 号转发了《关于国家机关、事业单位工作人员工资制度改革方案》(征求意见稿),广泛征求意见。5 月 18 日,在北京召开了全国工资工作会议,正式部署国家机关、事业单位的工资制度改革工作。

这次改革的主要内容是:将企业的工资制度与机关事业单位的工资制度分离,企业工资与经济效益挂钩,内部分配自主。在机关事业单位建立了以职务工资为主的结构工资制。它是依据工作人员工作的不同特点,按照工资的不同职能,将职工个人全部工资所得分解为若干单元,并使各单元按其各自规律运行的一种工资制度。以职务工资为主要内容的结构工资制,由基础工资、职务工资、工龄津贴和奖励工资 4 部分组成。

基础工资:是国家对工作人员最低生活的保障部分,它可以随着国民经济的发展和物价水平的变化而变动。从国家领导到一般工作人员,都执行一个标准。1995年工资改革时,按照大体维持工作人员本人的基本生活费计算,六类工资区为40元,五类工资区为39元。

职务工资:是结构工资制的主体,是体现按劳分配的主要部分,按工作人员的职务高低、责任大小和业务技术水平来确定。它随职务的变动而变动,实行一职数级、上下交叉。最高标准为477元,最低标准为11.5元。

工龄津贴:是根据工作人员工作年限的长短而逐年计发的报酬。按年度计算,每工作一年每月0.5元,最高限额为20元。工龄津贴的基本功能是随着工作人员劳动积累量的增加而增加。

奖励工资:用于奖励在工作中作出显著成绩的工作人员,按每人每月15元的标准发给,是对超常劳动的补偿和临时性的物质鼓励。

这次工资制度改革,废除了原来大一统的等级工资制,实现了企业工资制度与机关、事业单位工资制度脱钩,初步理顺了工资关系;解决了职级不符的问题,过去长期存在的一些突出矛盾得到初步缓解,较好地体现了按劳分配的原则。

五、1993年工资制度改革

新中国成立后,机关、事业单位先后经历了1952年、1956年、1985年三次大的工资制度改革。这三次改革,在当时都起到了积极的作用。但是,由于机关、事业单位执行同一工资制度,没有体现机关、事业单位的自身特点,同时未能建立起正常的晋级增资机制,加之工资制度本身也存在一些不足,使工资的职能难以充分发挥,已越来越不适应国民经济发展和经济体制改革的需要。因此,根据中共十四大提出的"机关、事业单位工资制度改革,就是要根据改革开放和建立社会主义市场经济体制的要求,进一步贯彻按劳分配原则,克服平均主义,建立起符合机关和事业单位各自特点的工资制度与正常的工资增长机制"的要求,在总结和吸收前几次工资制度改革经验的基础上,结合机构改革和公务员制度的推行,国务院颁发国发〔1993〕79号文件《关于机关和事业单位工作人员工资制度改革问题的通知》,决定从1993年10月起对机关、事业单位的工资制度进行新中国成立以来的第四次重大改革。

这次改革,机关和事业单位分别建立了符合自身特点的工资制度,有关的制度内容如下。

(1)机关实行职级工资制

机关工作人员(除工勤人员外)实行职级工资制,按照工资的不同职能,将工资分为职务工资、级别工资、基础工资和工龄工资4个主要部分。其中,职务工资和级别工资是工资构成的主体和体现按劳分配的主要部分。

职务工资:按工作人员的职务高低、责任轻重和工作难易程度确定。在职务工资标准中,每一职务层次设置若干工资档次,工作人员按担任的职务确定相应的职务工资,并随职务的变动而变动。

级别工资:按工作人员的资历和能力确定,主要依据职务和工作年限两个因素。级别共分为15级,一个职务对应若干个级别,上下交叉,一个级别设置一个工资标准。

基础工资:按大体维持工作人员本人基本生活费用确定,数额为每人每月 90 元,当年调整为每人每月 230 元。各职务人员均执行相同的基础工资标准。

工龄工资:按工作人员的工作年限确定,工作年限每增加一年工龄工资增加 1 元,一直到离退休当年为止。主要体现工作人员的贡献积累。

(2)事业单位实行不同类型的工资制度

事业单位专业技术人员根据不同行业的工作性质和特点,分别实行不同类型的工资制度。第一类是教育、科研、卫生等,根据其专业技术人员较为集中,工作人员的水平、能力、责任、贡献等主要通过专业技术职务来体现的特点,实行专业技术职务等级工资制;第二类是地质、测绘、交通、海洋、水产等,根据野外作业、流动性大等特点,实行专业技术职务岗位工资制;第三类是文化艺术表演团体,根据成才早、新陈代谢快等特点,实行艺术结构工资制;第四类是体育运动员,实行体育津贴奖金制;第五类是金融单位,实行行员等级工资制。事业单位管理人员,根据其性质不同于专业技术人员,又不同于机关公务员的特点,实行职员职务等级工资制。

事业单位在工资结构上分为固定部分和活的部分两大块。固定部分主要体现工作人员的学历、资历以及水平高低、责任大小;活的部分主要体现工作人员实际工作量的多少、效益大小和岗位差别。

事业单位的工资构成比例按经费预算分全额拨款、差额拨款、自收自支三种不同类型分别确定并实施管理。全额拨款单位,津贴部分占基本工资的 30%;差额拨款单位,津贴部分占 40%;自收自支单位,根据单位的实际情况,津贴部分占的比例可更高一些,但最高不得超过 50%。对于收取各种规费和管理费为收入来源,从事管理活动的自收自支单位,其工资构成比例一般按全额拨款单位确定。

(3)机关事业单位工人工资制度

机关、事业单位工人分为技术工人和普通工人两大类。

机关工人根据其劳动特点,技术工人实行岗位技术等级(职务)工资制,基本工资由岗位工资、技术等级(职务)工资、奖金三部分组成;普通工人实行岗位工资制,基本工资由岗位工资和奖金两部分组成;机关工人的奖金在工人基本工资中的比例为 30%,根据对工人劳动实绩、劳动态度、服务质量的考核确定。

事业单位工人、技术工人实行技术等级(职务)工资制,基本工资由技术等级(职务)工资和岗位津贴两部分组成;普通工人实行等级工资制,基本工资由等级工资和作业津贴两部分组成。

(4)地区津贴和岗位津贴制度

地区津贴制度是现行工资制度妥善处理机关、事业单位工作人员工资关系的一项重要措施,是对原有工资区类别制度的重大改革。国家统一制定全国机关、事业单位工作人员的工资政策、工资制度和工资标准,在此前提下,考虑到全国各地在经济发展水平、物价水平、自然地理环境以及地方财政承受能力等方面差异很大,因此,通过建立地区津贴制度来体现不同地区机关、事业单位工作人员的工资差别。除实行地区津贴外,对在特殊岗位工作的机关、事业单位工作人员,实行岗位津贴、补贴,岗位津贴、补贴是国家对特殊工作岗位上的工作人员给予的额外劳动报酬。

（5）建立正常增资机制

正常增资机制，是机关、事业单位工作人员现行工资制度的重要组成部分和运行机制，没有正常增资机制，机关、事业单位工作人员的工资制度就无法正常运转。正常增加工资主要有以下三种途径。

一是考核晋升职务工资档次和级别工资。机关工作人员在严格考核的基础上，考核结果为称职以上的，每两年可以在本职务工资标准内晋升一个工资档次。事业单位工作人员在严格考核的基础上，凡考核合格的，每两年可在本职务工资标准内晋升一个工资档次；对少数考核优秀并作出突出贡献的专业技术人员，可提前晋升或越级晋升职务工资。机关工作人员连续 5 年考核称职或连续 3 年考核优秀的，在本职务对应的级别范围内晋升一级级别工资。

二是晋升职务、级别后增加工资。工作人员晋升职务时，按晋升的职务相应增加工资。技术工人技术等级（职务）晋升后，按晋升的技术等级（职务）相应增加工资。机关工作人员晋升级别后，可相应增加级别工资。机关工作人员职务晋升后，级别工资可根据新任职务和工作年限按国办发〔1993〕85 号文件附表一《级别确定表》的对应关系确定。

三是定期调整工资标准。为保证机关、事业单位工作人员的实际工资水平随着经济的发展逐步增长，根据经济发展情况、企业相当人员工资水平状况和物价指数变动情况，定期调整机关、事业单位工作人员的工资标准。

（6）改革奖金制度

在严格考核的基础上，对年度考核优秀和称职（合格）的工作人员，年终发放一次性奖金，奖金按本人当年 12 月份的月基本工资计发。

6. 2006 年工资制度改革

根据《国务院关于改革公务员工资制度的通知》（国发〔2006〕22 号）、《公务员工资制度改革实施办法》（国人部发〔2006〕58 号）、《关于印发事业单位工作人员收入分配制度改革方案的通知》（国人部发〔2006〕56 号）、《事业单位工作人员收入分配制度改革实施办法》（国人部发〔2006〕59 号），2006 年进行了机关事业单位工资制度改革，这是新中国成立以来第五次大的改革。与以往历次工资制度改革相比，这次改革涉及内容较多，主要有四个方面，一是机关公务员实行职务与级别相结合的工资制度；二是事业单位实行岗位绩效工资制度；三是完善机关事业单位的津贴补贴制度；四是调整机关事业单位离退休人员待遇。

（1）关于公务员职级工资制度改革

一是改革工资制度和清理规范津贴补贴相结合。这次改革公务员工资制度，从一开始就与清理规范津贴补贴紧密结合。清理规范公务员津贴补贴，既是规范公务员的收入分配秩序，也是为改革制度创造条件。目的是通过改革建立严格的国家统一的工资制度，通过规范秩序促进严肃纪律，建立起新的收入分配机制，为今后继续深化改革奠定基础。因此，这次改革不是简单地增加工资。一方面，在清理津贴补贴、摸清底数的基础上，结合公务员职级工资制改革，将一些地方和部门的部分津贴补贴纳入基本工资，适当提高基本工资占工资收入的比重，优化公务员工资收入结构。另一方面，对津贴补贴进行规范，合理确定水平，科学规范项目，分类分步调控，严格监督管理，为规范公务员和事业单位工作人员工资收入分配秩序奠定基础。

二是简化基本工资结构,增强工资的激励功能。将公务员现行基本工资结构由职务工资、级别工资、基础工资、工龄工资四项构成简化为职务工资、级别工资两项构成,同时,合理设计工资标准,既保证低职务人员适当的工资标准,又适当加大不同职务、级别的工资差距。职务工资主要体现公务员的工作职责大小,一个职务对应一个工资标准,为体现岗位职责的差别,领导职务和非领导职务对应不同的职务工资标准。级别工资主要体现公务员的资历、职务和工作实绩,每一级别设若干个工资档次,公务员根据所任职务、德才表现、工作实绩和资历确定级别和级别工资档次。解决原来切块偏多、功能重叠的矛盾,更好地发挥各部分的作用。适当拉开不同职务级别之间的工资差距,进一步理顺工资关系,更好地体现公务员的职责和贡献大小。

三是适当向基层倾斜。我国公务员绝大部分在县以下基层单位工作和担任科级以下职位,为了鼓励广大基层公务员安心本职工作,缓解都去挤职务这个"独木桥"的矛盾,公务员职级工资制改革方案中采取了相应的倾斜措施。主要包括:适当加大不同职务对应级别的交叉幅度,将公务员对应的级别数由现行15个增加到27个,各职务对应的级别数相应增加,科员、办事员从现在对应的6个级别增加到对应9个级别,副科级从现在对应的5个级别增加到对应8个级别,给低职务公务员提供了充分的级别晋升空间。加大级别工资的比重,使晋升级别对提高工资发挥更大的作用。实行级别与工资等待遇挂钩,使公务员不晋升职务也能提高待遇。这样既缓解了因职数限制而晋升职务难的问题,又体现了坚持条件,解决的面更为合理、适度。

四是完善正常增资办法,实现工资调整的制度化、规范化。结合公务员基本工资结构的调整,相应调整公务员正常晋升工资的办法。公务员晋升了职务,相应提高职务工资和级别工资;累计两年和五年年度考核合格,可以晋升一个工资档次和级别工资等级。按照公务员法规定,要建立工资调查制度,定期进行公务员工资水平的调查比较,为调整公务员工资标准提供科学依据。今后,国家将根据工资调查比较的结果,结合国民经济发展、财政状况、物价水平等情况,适时调整工资标准。

在改革公务员职级工资制度的同时,相应完善机关工人工资制度。技术工人现在实行岗位技术等级工资制,基本工资由现行技术等级(职务)工资、岗位工资、奖金三项构成。由于奖金没有发挥应有作用,这次适当调整机关工人的级别工资结构,取消奖金,简化为技术等级(职务)工资和岗位工资两项构成。技术等级(职务)工资根据技术水平高低确定,一个技术等级(职务)对应一个工资标准。岗位工资根据工作难易程度和工作质量确定,按初级工、中级工、高级工三个技术等级和技师、高级技师两个技术职务设置,分别设若干工资档次。普通工人级别工资由现行岗位工资、奖金两项构成简化为岗位工资一项构成。同时,相应制定了机关工人从现行工资制度过渡到新工资制度的套改办法。

(2)关于事业单位岗位绩效工资制度改革

针对事业单位现行工资制度岗位因素体现不足、简单与机关对应、收入分配政策不完善、调控机制不健全等突出矛盾和问题,这次事业单位的收入分配制度改革是为了适应深化事业单位改革的需要,逐步建立起宏观上注重公平,微观上体现激励,关系合理、秩序规范的岗位绩效工资制度。改革的主要特点有以下五个方面。

一是与深化事业单位体制改革相适应。事业单位收入分配制度改革是事业单位整体改革的重要组成部分,与事业单位分类管理、人事制度、财务制度、养老保险制度等改革密切相关。这次事业单位收入分配制度改革,在内容和方法步骤上,都充分考虑了相关配套改革的要求和进程,既有利于深化收入分配制度改革,也有利于推动事业单位其他各项改革。

二是建立体现事业单位特点的收入分配制度。事业单位在功能性质、资源配置、管理方式、用人机制等方面都不同于机关,收入分配制度改革必须体现自身的特点,进一步实现与公务员工资制度脱钩。新的岗位绩效工资制度,在制度模式上,突出岗位、绩效的激励功能,工作人员的收入与其岗位职责、工作业绩和实际贡献相联系,事业单位的总体收入水平与单位完成社会公益目标任务及考核情况相联系,充分调动工作人员的积极性,促进事业单位不断提高公益服务水平。在运行机制上,适应事业单位聘用制和聘期管理的需要,工作人员按考核结果实行每年增加一级薪级工资。岗位绩效工资包括岗位工资、薪级工资、绩效工资和津贴补贴四部分,其中岗位工资和薪级工资为基本工资。

岗位工资主要体现工作人员所聘岗位的职责和要求,是基本工资的主体部分。与事业单位聘用制度改革和岗位管理相适应,根据各岗位的特点,在现行各职务序列基础上,分别对专业技术岗位、管理岗位、工勤技能岗位设置不同的岗位等级,对同一层级专业技术岗位进行适当细分,以体现不同岗位等级之间的差别,实行"一岗一薪,岗变薪变"。为使事业单位工作人员能根据本人岗位执行相应的工资,做到"对号入座"。

薪级工资主要体现工作人员的工作表现和资历,实行"一级一薪,定期升级"。根据实际运行需要,对专业技术人员和管理人员设置65个薪级,对工人设置40个薪级,对不同岗位规定不同的起点薪级,每年考核合格,可升一个薪级工资。基本工资中增设体现资历因素的部分,是应近年来事业单位工作人员的普遍要求而设置的,薪级工资的设置,就是有利于工作人员经考核随工作年限的延长而增加工资,鼓励大家做好本职工作。

绩效工资是事业单位收入分配中活的部分,主要体现工作人员工作业绩和实际贡献。在基本工资外设置绩效工资,有利于进一步加大事业单位搞活内部分配的力度,增强工资的激励功能。国家对绩效工资进行总量调控,事业单位在核定的绩效工资总量内享有分配自主权,使绩效工资与工作人员表现、业绩相联系,合理拉开差距,调动大家的积极性。同时,将绩效工资总量与单位完成社会公益目标任务及考核情况相联系,促进事业单位不断提高公益服务的能力和水平,避免片面追求经济效益,忽视社会效益。

三是完善工资正常调整机制。事业单位在收入分配制度改革的基础上,逐步建立适应事业单位整体改革要求的工资正常调整机制,在运行机制上体现了事业单位的特点;建立基本工资标准和津贴补贴标准的动态调整机制,使事业单位工作人员收入水平与国民经济社会发展相协调。

四是完善高层次人才的分配激励约束机制。完善高层次人才收入分配激励机制,是贯彻中央人才工作会议精神,体现尊重知识、尊重人才,鼓励创新创造,增强自主创新能力,进一步加大对高层次人才的倾斜力度,使知识、技术、管理等生产要素参与分配的一项重要措施。通过进一步完善各项激励措施,在继续执行政府特殊津贴的同时,采取一次性奖励、建立特殊津贴、建立重要人才国家投保制度等措施,对部分急需人才实行协议工资、项目工资等灵活多样的分配办法,实现一流人才、一流业绩、一流报酬,充分调动高层次人才的积极性、主动性和创造性。

五是建立分级管理体制,健全收入分配宏观调控机制。为适应社会主义市场经济体制

薪酬管理

和分级管理财政体制的要求,这次改革要进一步明确中央、地方和部门的管理权限,分级管理、分级调控,完善收入分配调控政策,加强工资收入支付管理,进一步理顺分配关系,规范分配秩序,充分发挥地方和部门在调控管理和监督检查等方面的作用,逐步形成统分结合、权责清晰、运转协调、监督有力的宏观调控体系。

（3）完善津贴补贴制度

津贴补贴是补偿职工在特殊工作环境下的劳动消耗,或特定条件下工作生活的额外支出。

公务员和事业单位津贴现在主要有两类:一类是地区性的,另一类是岗位性的。

完善地区津贴制度,包括完善艰苦边远地区津贴和实施地区附加津贴制度,这是调控地区工资差距的重要措施。

艰苦边远地区津贴主要反映不同地区自然地理环境、社会发展等方面的差异,是扶持艰苦边远地区提高工资水平的主要措施。这项制度自2001年开始实施,目前共有15个省区市的719个县市区列入实施范围,实施情况总的比较稳定,但也存在范围、类别划分不尽合理等问题。这次完善艰苦边远地区津贴制度,主要有4个方面措施:一是建立科学合理的实施范围和类别评估指标体系。通过委托科研机构进行课题研究,选取自然地理环境和人文社会发展两个方面共7个指标,同时考虑国家安全等政策性因素,评价一个地区的艰苦边远程度,作为确定范围和类别的基本依据。二是适当扩大实施范围,增加类别。在现有范围的基础上增加了200多个县市区,将符合条件的地区纳入实施范围;将类别由现行4类调整为6类,合理体现不同地区艰苦边远程度的差别。三是适当提高津贴标准。扶持艰苦边远地区提高工资水平,缓解不同地区之间差距过大的矛盾。四是建立动态调整机制。根据各地自然地理环境和社会发展等情况的变化,定期对实施范围和类别进行评估调整,根据国家经济发展、财政状况及调控地区工资差距的需要,适时调整津贴标准,逐步建立规范化、制度化的管理方法。

地区附加津贴主要反映地区间经济发展水平和物价消费水平的差异,国家对地区附加津贴实行分级管理,对各地的地区附加津贴水平进行调控。由于多方面的原因,这项制度目前尚未实施。考虑到建立地区附加津贴制度体系,是一项十分复杂的工作,需要研究和理顺多种利益关系与因素。为稳妥起见,先在清理津贴补贴的基础上对津贴补贴进行规范,经过一段时间的实践,总结经验,再提出实施地区附加津贴制度的具体意见。

岗位津贴是国家对在特殊岗位工作的人员给予的倾斜政策。国家对岗位津贴实行统一管理,除国务院和国务院授权的人事部、财政部外,任何地区、部门和单位不得自行建立岗位津贴项目或调整岗位津贴实施范围和标准。

7.2010年深化机关事业单位工资制度改革

中央决定2010年将深化机关事业单位工资收入分配制度改革,切实加强对企业工资分配的指导和监管。一是完善公务员工资制度,合理确定公务员的工资水平和工资结构。二是继续稳慎推进事业单位实施绩效工资工作。

2009年9月2日召开国务院常务会议,决定在公共卫生与基层医疗卫生事业单位和其他事业单位实施绩效工资。

实施绩效工资是事业单位收入分配制度改革的重要内容。在规范津贴补贴的同时实施绩效工资,逐步形成合理的绩效工资水平决定机制、完善的分配激励机制和健全的分配宏观调控机制,对于调动事业单位工作人员的积极性,促进社会事业发展、提高公益服务水平,具有重要意义。事业单位实施绩效工资分三步展开:第一步从 2009 年 1 月 1 日起先在义务教育学校实施;第二步配合医药卫生体制改革,特别是实行基本药物制度,从 2009 年 10 月 1 日起,在疾病预防控制、健康教育、妇幼保健、精神卫生、应急救治、采供血、卫生监督等专业公共卫生机构和乡镇卫生院、城市社区卫生服务机构等基层医疗卫生事业单位实施;第三步从 2010 年 1 月 1 日起,在其他事业单位实施。事业单位实施绩效工资的同时,对离退休人员发放生活补贴。

事业单位实施绩效工资遵循的基本原则:一是实施绩效工资与清理规范津贴补贴相结合,规范事业单位财务管理和收入分配秩序,严肃分配纪律。二是以促进提高公益服务水平为导向,建立健全绩效考核制度,搞活事业单位内部分配。三是分级分类管理,因地制宜,强化地方和部门职责。四是统筹事业单位在职人员与离退休人员的收入分配关系,不断完善绩效工资政策。

实施绩效工资涉及广大事业单位工作人员的切身利益,政策性强,工作任务重,需妥善处理各方面关系,如:要处理好事业单位新旧工资制度的关系、要处理好基本薪酬与"绩效"薪酬的关系、要处理好事业单位内部各岗位人员之间的工资关系、要处理好绩效工资与绩效考核的关系、要处理好绩效工资与社会保障的关系等,以确保绩效工资实施工作平稳进行。

截止到 2009 年 12 月份,机关事业单位工资制度改革取得了一定成效。人力资源和社会保障部部长尹蔚民在 2009 年 12 月 18 日召开的全国人力资源和社会保障工作会议上透露,我国工资收入分配制度改革取得新进展:第一,事业单位实施绩效工资稳步推进;第二,积极推动公务员工资制度完善;第三,企业工资管理工作进一步加强。

2010 年机关事业单位工资制度的深化改革,试点工作取得了一定进展,但是还没有出台具体实施办法。有些地方开始事业单位绩效工资的试点工作,但是绩效工资试点推行时遇到许多困难,特别是绩效考核问题,还有待于深入研究。所以,下文阐述机关事业单位现行工资制度,依据为国发〔2006〕22 号、国人部发〔2006〕56 号、国人部发〔2006〕58 号、国人部发〔2006〕59 号、国人部发〔2006〕60 号等相关工资改革文件进行研究,令读者了解机关事业单位工资制度的基本内容。

薪酬管理

第二节　机关工作人员工资制度

按照党的十六大关于"完善干部职务与职级相结合的制度,建立干部激励和保障机制"的精神和公务员法规定,经党中央、国务院批准,改革公务员现行工资制度,实行国家统一的职务与级别相结合的公务员工资制度,完善机关工人工资制度,形成科学合理的工资水平决定机制和正常增长机制,建立适应经济体制和干部管理体制要求的工资管理体制,实现工资分配的科学化、规范化和法制化。

本次公务员工资改革遵循的主要原则是:①贯彻按劳分配原则,进一步理顺工资关系,合理拉开不同职务、级别之间的工资差距;②坚持职务与级别相结合,增强级别的激励功能,实行级别与工资等待遇适当挂钩;③健全公务员工资水平正常增长机制,建立工资调查制度,定期调整工资标准,使公务员的工资水平与经济社会发展水平相适应;④加强工资管理,严格监督检查,有效调控地区工资差距,逐步将地区工资差距控制在合理的范围。

一、公务员工资制度

1.公务员基本工资构成

公务员基本工资由职务工资和级别工资两项组成,取消了1993年工资制度中职务工资、级别工资、基础工资和工龄工资的后两项。

职务工资,主要体现公务员的工作职责大小。一个职务对应一个工资标准,领导职务和相当职务层次的非领导职务对应不同的工资标准(见表10-3)。公务员按所任职务执行相应的职务工资标准。

级别工资,主要体现公务员的工作实绩和资历。公务员的级别由原来的15个调整为27个,取消原级别。每一职务层次对应若干个级别(见表10-3),每一级别设若干个工资档次(见表10-4)。公务员根据所任职务、德才表现、工作实绩和资历确定级别和级别工资档次,执行相应的级别工资标准。

表 10-3　公务员职务对应级别及职务工资标准表　　　　单位:元/月

职　务	对应级别	工资标准	
		领导职务	非领导职务
国家级正职	1	4000	
国家级副职	2~4	3200	
省部级正职	4~8	2510	
省部级副职	6~10	1900	
厅局级正职	8~13	1410	1290
厅局级副职	10~15	1080	990
县处级正职	12~18	830	760
县处级副职	14~20	640	590
乡科级正职	16~22	510	480
乡科级副职	17~24	430	410
科员	18~26		380
办事员	19~27		340

注:大学专科、本科、双学士学位本科、未取得硕士学位的研究生为科员,获硕士学位的研究生为副主任科员,获博士学位的研究生为主任科员。

表 10-4　级别工资标准表　　　　　　　　　　　　　　　　　　单位:元/月

档次\级别	1档	2档	3档	4档	5档	6档	7档	8档	9档	10档	11档	12档	13档	14档
一级	3020	3180	3340	3500	3660	3820								
二级	2770	2915	3060	3205	3350	3495	3640							
三级	2530	2670	2810	2950	3090	3230	3370	3510						
四级	2290	2426	2562	2698	2834	2970	3106	3242	3378					
五级	2070	2202	2334	2466	2598	2730	2862	2994	3126	3258				
六级	1870	1996	2122	2248	2374	2500	2626	2752	2878	3004	3130			
七级	1700	1818	1936	2054	2172	2290	2408	2526	2644	2762	2880			
八级	1560	1669	1778	1887	1996	2105	2214	2323	2432	2541	2650			
九级	1438	1538	1638	1738	1838	1938	2038	2138	2238	2338	2438			
十级	1324	1416	1508	1600	1692	1784	1876	1968	2060	2152	2244			
十一级	1217	1302	1387	1472	1557	1642	1727	1812	1897	1982	2067	2152		
十二级	1117	1196	1275	1354	1433	1512	1591	1670	1749	1828	1907	1986	2065	
十三级	1024	1098	1172	1246	1320	1394	1468	1542	1616	1690	1764	1838	1912	1986
十四级	938	1007	1076	1145	1214	1283	1352	1421	1490	1559	1628	1697	1766	1835
十五级	859	924	989	1054	1119	1184	1249	1314	1379	1444	1509	1574	1639	1704
十六级	786	847	908	969	1030	1091	1152	1213	1274	1335	1396	1457	1518	1579
十七级	719	776	833	890	947	1004	1061	1118	1175	1232	1289	1346	1403	
十八级	658	711	764	817	870	923	976	1029	1082	1135	1188	1241	1294	
十九级	602	651	700	749	798	847	896	945	994	1043	1092	1141		
二十级	551	596	641	686	731	776	821	866	911	956	1001			
二十一级	504	545	586	627	668	709	750	791	832	873				
二十二级	461	498	535	572	609	646	683	720	757					
二十三级	422	455	488	521	554	587	620	653						
二十四级	386	416	446	476	506	536	566	596						
二十五级	352	380	408	436	464	492	520							
二十六级	320	347	374	401	428	455								
二十七级	290	316	342	368	394	420								

注:大学专科为26级2档,大学本科为25级2档,双学士学位本科、研究生班毕业和未取得硕士学位的研究生为25级3档,获硕士学位的研究生为24级3档,获博士学位的研究生为22级1档。

2.基本工资正常晋升

公务员晋升职务后,执行新任职务的职务工资标准,并按规定晋升级别和增加级别工资。公务员年度考核称职及以上的,一般每五年可在所任职务对应的级别内晋升一个

薪酬管理

级别,一般每两年可在所任级别对应的工资标准内晋升一个工资档次。公务员的级别达到所任职务对应最高级别后,不再晋升级别,在最高级别工资标准内晋升级别工资档次。

(1)晋升职务增加工资

公务员晋升职务后,从晋升职务的次月起执行新任职务的职务工资和相应的级别工资。原级别低于新任职务对应最低级别的,晋升到新任职务的最低级别;原级别在新任职务对应级别以内的,晋升一个级别。级别工资逐级就近就高套入晋升后级别对应的工资标准。

(2)按年度考核结果晋升级别增加工资

从2006年7月1日起,公务员年度考核累计五年称职及以上的,从次年1月1日起在所任职务对应级别内晋升一个级别,级别工资就近就高套入晋升后级别对应的工资标准。下一次按年度考核结果晋升级别的考核年限,从级别变动的当年起重新计算。

公务员晋升职务相应晋升级别时,如晋升一个级别,按年度考核结果晋升级别的考核年限从上一次按考核结果晋升级别的当年起计算;如晋升两个级别及以上,按年度考核结果晋升级别的考核年限从晋升职务变动级别的当年起重新计算。

公务员的级别工资达到所任职务最高级别后,年度考核累计五年称职及以上的,不再晋升级别,在所任级别对应工资标准内晋升一个工资档次。

(3)按年度考核结果晋升级别工资档次

从2006年7月1日起,公务员年度考核累计两年称职及以上的,从次年1月1日起在所任级别对应工资标准内晋升一个工资档次。下一次按年度考核结果晋升级别工资档次的考核年限,从工资档次晋升的当年起重新计算。

(4)其他

公务员晋升级别相应增加级别工资时,如增资额超过下一级别一个工资档差,晋升级别工资档次的考核年限从级别晋升的当年起重新计算;如增资额不超过下一级别一个工资档差,晋升级别工资档次的考核年限从上一次晋升级别工资档次的当年起计算。晋升两个以上级别时,逐级计算增资额是否超过下一级别一个工资档差。

公务员晋升级别和按年度考核结果晋升级别工资档次在同一时间的,先晋升级别,再晋升级别工资档次

二、其他人员薪酬制度

1.机关工人岗位技术等级(岗位)工作制

(1)机关工人基本工资结构

①技术工人仍实行岗位技术等级工资制,基本工资由岗位工资和技术等级(职务)工资两项构成(由原岗位工资、技术等级(职务)工资和奖金三项调整而来)。岗位工资根据工作难易程度和工作质量确定,按初级工、中级工、高级工三个技术等级和技师、高级技师两个技术职务设置,分别设若干工资档次。技术等级(职务)工资根据技术水平高低确定,一个技术等级(职务)对应一个工资标准(见表10-5)。

②普通工人实行岗位工资制,按岗位确定基本工资(由原岗位工资和奖金两项调整为岗位工资一项)(见表10-6)。

表 10-5　机关技术工人岗位技术等级工资标准表　　　　　　　　单位:元/月

技术等级(职务)	技术等级工资	岗位工资																	
		1	2	3	4	5	6	7	8	9	10	11	12	13	14	15	16	17	18
高级技师	410	895	936	977	1024	1071	1118	1171	1124	1277	1336	1395	1454	1519	1584	1649			
技师	270	760	795	830	865	905	945	985	1031	1077	1123	1175	1227	1279	1338	1397			
高级工	195	650	681	712	743	777	811	845	882	919	956	998	1040	1082	1129	1176	1228	1280	
中级工	155	570	598	626	654	685	716	747	781	815	849	886	923	960	1001	1042	1087	1132	1177
初级工	125	500	526	552	578	606	634	662	693	724	755	788	821	854	891	928	965	1006	1047

表 10-6　机关普通工人岗位工资标准表　　　　　　　　单位:元/月

	1	2	3	4	5	6	7	8	9	10	11	12	13	14	15	16	17	18	19
普通工	610	634	658	684	710	738	766	797	828	862	896	934	972	1013	1054	1098	1142	1186	1230

(2)基本工资正常晋升

机关工人年度考核合格及以上的,一般每两年可在对应的岗位工资标准内晋升一个工资档次。

2.新录用人员工资待遇

(1)试用期工资

直接从各类学校毕业生中录用的公务员试用期工资分别为:初中毕业生 570 元;高中、中等专业学校毕业生 590 元;大学专科毕业生 655 元;大学本科毕业生 685 元;获得双学士学位的大学本科毕业生(含学制为 6 年以上的大学本科毕业生)、研究生班毕业和未获得硕士学位的研究生 710 元;获得硕士学位的研究生 770 元;获得博士学位的研究生 845 元。

其他新录用的公务员试用期工资,按管理权限由主管部门参考录用前本人工作经历和录用后拟任职务、级别,按照比本单位同等条件人员低一个级别工资档次的数额确定。

新录用到艰苦边远地区或国家扶贫开发工作重点县工作的公务员,仍实行一年的试用期,试用期工资可直接按试用期满后工资确定。

(2)试用期满后的工资

新录用公务员试用期满合格后,按所任职务和级别执行相应的工资标准。

直接从各类学校毕业生中录用的公务员,职务工资分别执行下列职务对应的标准:初中、高中和中专毕业生按办事员;大学专科、大学本科、获得双学士的大学本科毕业生(含学制为 6 年以上的大学本科毕业生)、研究生班毕业和未获得硕士学位的研究生按主任科员;获得硕士学位的研究生按副主任科员;获得博士学位的研究生按主任科员。级别和级别工资分别定为:初中毕业生 27 级 1 档;高中、中专毕业生 27 级 2 档;大学专科毕业生 26 级 2 档;大学本科毕业生 25 级 2 档;获得学士学位的大学本科毕业生(含学制为 6 年以上的大学本科毕业生)、研究生班毕业和未获得硕士学位的研究生 25 级 3 档;获得硕士学位的研究生 24 级 3 档;获得博士学位的研究生 22 级 1 档。

其他新录用公务员试用期满合格后,按所任职务比照本单位同等条件人员执行相应的

208

薪酬管理

工资标准。

录用到艰苦边远地区或国家扶贫开发工作重点县工作的大中专以上毕业生,试用期满合格后级别工资可高一至两档。

三、调整基本工资标准

建立工资调查制度,定期对公务员和企业相当人员的工资水平进行调查比较,调查比较结果可作为调整公务员工资水平的依据。工资调查指标列入国家统计指标体系,调查比较每年进行一次,由人事部、财政部会同有关部门组织实施。

根据工资调查比较的结果,结合国家经济发展情况,适时调整机关工作人员基本工资标准。工资标准调整的幅度,根据国民经济发展、财政状况、物价变动等情况和工资调查比较结果确定。在工资调查制度建立前,主要根据国民经济发展、财政状况、物价水平等因素确定。

四、实行年终一次性奖金

对年度考核为称职(合格)及以上的工作人员发放年终一次性奖金,在考核结果确定后兑现,奖金标准为本人当年 12 月份的基本工资。年度考核为基本称职、不称职(不合格)的人员,不发放年终一次性奖金。

第三节　事业单位工资制度

一、事业单位工资制度概述

事业单位实施岗位绩效工资制度。岗位绩效工资由岗位工资、薪级工资、绩效工资、津贴补贴 4 部分构成,其中岗位工资和薪级工资为基本工资。

岗位工资,主要体现工作人员所聘岗位的职责和要求,实行"一岗一薪,岗变薪变"。事业单位岗位分为专业技术岗位、管理岗位和工勤技能岗位。专业技术岗位设置 13 个等级,管理岗位设置 10 个等级,工勤技能岗位分为技术工岗位和普通工岗位,技术工岗位设置 5 个等级,普通工岗位不分等级。不同等级的岗位对应不同的工资标准,工作人员按所聘岗位执行相应的岗位工资标准。

薪级工资,主要体现工作人员的工作表现和资历,实行"一级一薪,定期升级"。对专业技术人员和管理人员设置 65 个薪级,对工人设置 40 个薪级,每个薪级对应一个工资标准。对不同岗位规定不同的起点薪级。工作人员根据工作表现、资历和所聘岗位等因素确定薪级,执行相应的薪级工资标准。

绩效工资,是事业单位收入分配中活的部分,主要体现工作人员的实绩和贡献。国家对事业单位绩效工资分配进行总量调控和政策指导。事业单位在核定的绩效工资总量内,按照规范的程序和要求,采取灵活多样的分配形式和办法,自主决定本单位绩效工资的分配,绩效工资分配应以工作人员的实绩和贡献为依据,合理拉开差距。

津贴补贴，事业单位津贴补贴分为艰苦边远地区津贴和特殊岗位津贴补贴。

一是要完善艰苦边远地区津贴制度。建立科学合理的艰苦边远地区津贴实施范围和类别的评估指标体系，建立艰苦边远地区津贴水平正常增长机制和实施范围、类别调整机制。

二是要规范特殊岗位津贴补贴管理。对在事业单位苦、脏、累、险及其他特殊岗位工作的人员，实行特殊岗位津贴补贴。国家统一制定特殊岗位津贴补贴政策和规范管理办法，规定特殊岗位津贴补贴的项目、标准和实施范围，明确调整和新建特殊岗位津贴补贴的条件，建立动态管理机制。除国务院和国务院授权的人事部、财政部外，任何地区、部门和单位不得自行建立特殊岗位津贴补贴项目、扩大实施范围和提高标准。

二、事业单位工资制度类别

1.管理岗位工资制度

管理人员按本人现聘用的岗位（任命的职务）执行相应的岗位工资标准。聘用在部级正职岗位的人员，执行一级职员岗位工资标准；聘用在部级副职岗位的人员，执行二级职员岗位工资标准；聘用在局级正职岗位的人员，执行三级职员岗位工资标准；聘用在局级副职岗位的人员，执行四级职员岗位工资标准；聘用在处级正职岗位的人员，执行五级职员工资标准；聘用在处级副职岗位的人员，执行六级职员岗位工资标准；聘用在科级正职岗位的人员，执行七级职员岗位工资标准；聘用在科级副职岗位的人员，执行八级职员岗位工资标准；聘用在科员岗位的人员，执行九级职员岗位工资标准；聘用在办事员岗位的人员，执行十级职员岗位工资标准。详见表10-7。

2.专业技术岗位工资制度

专业技术人员按本人现聘用的专业技术岗位，执行相应的岗位工资标准。聘用在正高级专业技术岗位的人员，执行一至四级岗位工资标准，其中执行一级岗位工资标准的人员，需经人事部批准；聘用在副高级专业技术岗位的人员，执行五至七级岗位工资标准；聘用在中级专业技术岗位的人员，执行八至十级岗位工资标准；聘用在助理级专业技术岗位的人员，执行十一至十二级岗位工资标准；聘用在员级专业技术岗位的人员，执行十三级岗位工资标准。详见表10-8。

3.工勤技能岗位工资制度

工人按本人现聘用的岗位（技术等级或职务）执行相应的岗位工资标准。聘用在高级技师岗位的人员，执行技术工一级岗位工资标准；聘用在技师岗位的人员，执行技术工二级岗位工资标准；聘用在高级工岗位的人员，执行技术工三级岗位工资标准；聘用在中级工岗位的人员，执行技术工四级岗位工资标准；聘用在初级工岗位的人员，执行技术工五级岗位工资标准；聘用在普通工岗位的人员，执行普通工岗位工资标准。详见表10-9。

表 10-7　事业单位管理人员基本工资标准表　　　　　　　单位:元/月

管理岗位工资等级	岗位工资标准	薪级	薪级工资标准	一级管理岗位	二级管理岗位	三级管理岗位	四级管理岗位	五级管理岗位	六级管理岗位	七级管理岗位	八级管理岗位	九级管理岗位	十级管理岗位
一级	2750	65	2600	一级管理岗位（最低46级）									
		64	2520										
		63	2440										
		62	2360										
		61	2280										
		60	2200										
		59	2130										
		58	2060										
二级	2130	57	1990										
		56	1920										
		55	1850										
		54	1785										
		53	1720		二级管理岗位								
		52	1655										
		51	1590										
		50	1534										
三级	1640	49	1484										
		48	1434										
		47	1384			三级管理岗位							
		46	1334										
		45	1289		45		四级管理岗位						
		44	1244		44								
		43	1199		43			五级管理岗位					
		42	1154		42								
四级	1305	41	1109		41				六级管理岗位				
		40	1064		40								
		39	1024		39					七级管理岗位			
		38	984			38							
		37	944			37					八级管理岗位		
		36	904			36							
五级	1045	35	869			35						九级管理岗位	
		34	834			34							
		33	799			33							十级管理岗位
		32	767			32							
		31	735			31							
		30	703				30						
		29	673				29						
六级	850	28	643				28						
		27	613				27						
		26	583				26						
		25	555					25					
		24	527					24					
		23	499					23					
七级	720	22	471					22					
		21	443					21					
		20	417						20				
		19	391						19				
		18	365						18				
		17	341						17				
八级	640	16	317							16			
		15	295							15			
		14	273							14			
		13	253							13			
		12	233							12			
九级	590	11	215								11		
		10	197								10		
		9	181								9		
		8	165								8		
		7	151									7	
		6	137									6	
		5	125									5	
十级	550	4	113									4	
		3	102										3
		2	91										2
		1	80										1

表 10-8　事业单位专业技术人员基本工资标准表　　单位:元/月

岗位工资		
专技岗位	岗位工资等级	岗位工资标准
高级岗位	一	2800
	二	1900
	三	1630
	四	1420
	五	1180
	六	1040
	七	930
中级岗位	八	780
	九	730
	十	680
初级岗位	十一	620
	十二	590
	十三	550

薪级工资		管理岗位与薪级对应					
薪级	薪级工资标准	一级专业技术岗位	二至四级专业技术岗位	五至七级专业技术岗位	八至十级专业技术岗位	十一至十二专业技术岗位	十三级专业技术岗位
65	2600						
64	2520						
63	2440						
62	2360						
61	2280						
60	2200						
59	2130						
58	2060						
57	1990						
56	1920						
55	1850						
54	1785						
53	1720						
52	1655						
51	1590						
50	1534						
49	1484						
48	1434						
47	1384						
46	1334						
45	1289						
44	1244						
43	1199						
42	1154						
41	1109						
40	1064						
39	1024						
38	984	38					
37	944	37					
36	904	36					
35	869	35					
34	834	34					
33	799	33					
32	767	32					
31	735	31					
30	703	30					
29	673	29					
28	643	28					
27	613	27					
26	583	26					
25	555	25					
24	527		24				
23	499		23				
22	471		22				
21	443		21				
20	417		20				
19	391		19				
18	365		18				
17	341		17				
16	317		16				
15	295			15			
14	273			14			
13	253			13			
12	233			12			
11	215			11			
10	197			10			
9	181			9			
8	165				8		
7	151				7		
6	137				6		
5	125				5		
4	113					4	
3	102					3	
2	91					2	
1	80					1	

表 10-9　事业单位工人基本工资标准表　　　　　　　　　　单位:元/月

岗位工资		薪级工资							
岗　位	工资标准	薪级	工资标准	薪级	工资标准	薪级	工资标准	薪级	工资标准
技术工一级	830	1	70	11	188	21	363	31	614
技术工二级	690	2	80	12	202	22	386	32	643
技术工三级	615	3	90	13	217	23	409	33	675
技术工四级	575	4	101	14	232	24	432	34	707
技术工五级	545	5	112	15	248	25	455	35	739
普通工	540	6	124	16	264	26	478	36	774
		7	136	17	282	27	504	37	809
		8	148	18	300	28	530	38	844
		9	161	19	320	29	556	39	879
		10	174	20	340	30	585	40	915

注:各技术工岗位的起点薪级分别为一级岗位 26 级,二级岗位 20 级,三级岗位 14 级,四级岗位 8 级,五级岗位 2 级。普通工岗位的起点薪级为 1 级。

4.新聘用员工资待遇

(1)新参加工作的各类学校毕业生见习期工资标准分别为:初中毕业生 570 元,高中、中专毕业生 590 元,大学专科毕业生 655 元,大学本科毕业生 685 元,获得双学士学位的大学本科毕业生(含学制为 6 年以上的大学本科毕业生)、研究生班毕业和未获得硕士学位的研究生 710 元。

见习期工资执行期满后,上述人员按所聘专业技术岗位或管理岗位执行相应的岗位工资标准,薪级工资按以下办法确定:初中毕业生执行一级薪级工资标准,高中、中专毕业生执行两级薪级工资标准,大学专科毕业生执行五级薪级工资标准,大学本科毕业生执行七级薪级工资标准,获得双学士学位的大学本科毕业生(含学制为 6 年以上的大学本科毕业生)、研究生班毕业和未获得硕士学位的研究生执行九级薪级工资标准。

获得硕士学位的研究生初期工资标准为 770 元,获得博士学位的研究生初期工资标准为 845 元。明确岗位后,按所聘专业技术岗位或管理岗位执行相应的岗位工资标准,薪级工资分别执行十一级和十四级薪级工资标准。

到艰苦边远地区或国家扶贫开发工作重点县工作的大中专及以上毕业生,可提前转正定级,转正定级时薪级工资高定一至两级。

(2)新参加工作的工人,实行学徒期和熟练期制度。学徒期、熟练期工资待遇以及学徒期、熟练期期满后的定级工资待遇,由各省、自治区和直辖市人民政府确定。

(3)其他新聘用人员,已明确岗位的,岗位工资按所聘岗位确定,薪级工资比照同等条件人员确定;未明确岗位的,由所在单位根据实际情况,确定其工资待遇。

三、工资的正常调整

1.正常增加薪级工资

从 2006 年 7 月 1 日起,年度考核结果为合格及以上等次的工作人员,每年增加一级薪级工资。

2. 岗位变动调整工资

工作人员岗位变动后,从变动的下月起执行新聘岗位的工资标准。岗位工资按新聘岗位确定,薪级工资按以下办法确定:由较低等级的岗位聘用到较高等级的岗位,原薪级工资低于新聘岗位起点薪级工资的,执行新聘岗位起点薪级工资,第二年不再正常增加薪级工资;原薪级工资达到新聘岗位起点薪级工资的,薪级工资不变。由较高等级的岗位调整到较低等级的岗位,薪级工资不变。由专业技术岗位、管理岗位、技术工岗位和普通工岗位之间变动的,薪级工资按新聘岗位比照同等条件人员重新确定。

3. 调整基本工资标准

国家根据经济发展、财政状况、企业相当人员工资水平和物价变动等因素,适时调整事业单位工作人员的基本标准。

4. 调整津贴补贴标准

国家根据经济发展和财力增长及调控地区工资收入差距的需要,适时调整艰苦边远地区津贴标准;根据财政状况和对特殊岗位的倾斜政策,适时调整特殊岗位津贴补贴标准。

四、收入分配宏观调控

1. 建立工资分级管理体制

国家主要负责制定事业单位收入分配制度、政策和工资标准,对各类事业单位的收入分配进行政策指导和宏观管理,合理调控地区间、部门间事业单位的收入水平;各地区、各部门主要负责贯彻落实事业单位收入分配政策并组织实施,调控本地区、本部门事业单位收入水平,加强对事业单位收入分配的监督管理。

2. 完善收入分配调控政策

国家制定事业单位绩效工资分配的指导意见和工作人员兼职兼薪管理办法,完善事业单位收入中可用于工作人员收入分配的资金管理政策,将工作人员的工资收入纳入国家调控范围,规范收入分配秩序。

3. 加强工资收入支付管理

事业单位应当按照《行政事业单位工资和津贴补贴有关会计核算办法》规定,设立专门账簿进行核算管理。事业单位发放给工作人员的收入一律纳入专门账簿核算,不得账外列支。事业单位要建立工作人员个人工资银行账户,工资支付应以银行卡的形式发放,原则上不得发放现金。

4. 严肃收入分配纪律

新的收入分配制度入轨后,各地区、各部门和各事业单位应严格执行国家的政策规定,一律不得在国家收入分配政策以及工资列支渠道之外,直接或变相发放津贴补贴和奖金。在对事业单位收入分配政策执行情况的监督检查时,综合运用法律、经济和行政等手段,维护收入分配政策的严肃性。

五、高层次人才和单位主要领导分配激励约束机制

1. 高层次人才分配激励措施

(1)中国科学院院士、中国工程院院士以及为国家作出重大贡献的一流人才,经批准,执行专业技术一级岗位工资标准。

(2)对有突出贡献的专家、学者和技术人员,继续实行政府特殊津贴。

(3)对承担国家重大科研项目和工程建设项目等为我国经济建设和社会发展作出重要贡献的优秀人才,给予不同程度的一次性奖励。

(4)对基础研究、战略高技术研究和重要公益领域的事业单位高层次人才,逐步建立特殊津贴制度。对重要人才建立国家投保制度。

(5)对部分紧缺或者急需引进的高层次人才,经批准可实行协议工资、项目工资等灵活多样的分配办法。

2. 事业单位主要领导收入分配激励约束机制

国家对事业单位主要领导收入分配制定指导意见,选择有条件的事业单位进行试点,探索建立单位主要领导收入分配激励约束机制。政府人事、财政等部门制定事业单位主要领导的收入分配办法,结合考核合理确定其收入水平,使事业单位主要领导收入与单位的社会经济效益及长远发展相联系,规范事业单位主要领导的收入分配,并加强监督管理。事业单位主要领导收入分配激励约束机制有待不断完善。

本章小结

我国机关事业单位的工资制度经历了五次改革,1952年全国以各大行政区为单位进行,各行政区内部的工资制度统一,行政区之间有一些差异;1956年工资改革,在全国范围内统一了职工的工资标准,一直执行到1985年工资改革之前,奠定了我国工资制度的基础,职工工资水平有较大提高;1985年工资制度改革,废除了原来大一统的等级工资制,实现了企业工资制度与机关、事业单位工资制度脱钩,初步理顺了工资关系,较好地体现了按劳分配的原则;1993年工资制度改革,建立了符合机关和事业单位各自特点的工资制度与正常的工资增长机制,符合改革开放和建立社会主义市场经济体制的要求;2006年的工资制度改革主要从四个方面进行,一是机关公务员实行职务与级别相结合的工资制度,二是事业单位实行岗位绩效工资制度,三是完善机关事业单位的津贴补贴制度,四是调整机关事业单位离退休人员待遇。经过五次工资制度改革,机关事业单位的工资制度逐渐走向完善,特别是在事业单位实行岗位绩效工资制度,更体现机关和事业单位工资制度的不同之处。当然事业单位的岗位绩效工资制度还有待于进一步探索。

思考题

1. 新中国成立后我国机关事业单位工资制度改革经历了哪几次?

2. 每次工资制度改革的重点是什么?解决的主要问题是什么?

3. 2006年机关事业单位工资制度的核心内容有哪些?

4.事业单位实施绩效工资,其难点在哪里?为什么?如何解决?

5.机关事业单位工资制度发展趋势是什么?

案例分析

对引导案例的分析,经研究提出的解决方案如下。

一、岗位梳理及评价方案

绩效薪酬的管理是基于岗位实施的,因此对岗位的重新处理和评价是实施绩效管理和薪酬管理的基础。在绩效薪酬改革的过程中,首要的基础工作就是对岗位的梳理和评价。

1.岗位设置

根据该院的战略目标,对组织结构进行调整,在设计所和项目组之间实行矩阵式管理,增强组织的扁平化程度和快速响应能力。组织机构分为:职能管理、专业设计所、项目部、二级单位四块。

根据组织机构设置,重新定位部门职能,编制《部门职责》,根据部门职责合理设置岗位和编制,通过工作分析,编制《岗位说明书》。岗位说明书是进行岗位评价的基础。

2.岗位评价

岗位评价采用了 IPE 七要素评价法,从职责规模、职责方位、工作复杂度三个维度,对企业的影响、监督管理、责任范围、沟通技巧、任职资格、解决问题难度、环境条件七个方面的要素进行评价(见表1)。

表1　某建筑设计院岗位评价结果(部分)

排　序	职　位	分　值
1	院长	872
2	标准副院长	830
3	设计副院长	824
4	发行副院长	801
5	总工	763
6	副总工	727
7	结构设计室主会	631
8	建筑设计室主任	629
9	设备设计室主任	628
10	信息网络部主任	592
11	财务部主任	572
12	计划经营部主任	560
13	人力资源部主任	546
14	技术质量部主任	534
15	设计室技术分管副主任	509

续表

排 序	职 位	分 值
16	钢结构中心主任工程师	495
17	结构设计室主任工程师	480
18	建筑设计室主任工程师	479
19	设备设计室主任	470
20	信息网络主任工程师	465
…	…	…
32	计划经营部计划经营	406
33	钢结构中心科研设计	389
34	信息网络部技术开发	386
35	结构设计管理	380
36	建筑设计管理	378
37	设备设计管理	375
38	地下室专业管理	365
39	产品应用研究室专业管理	360
40	财务部会计	359
…	…	…
53	设计室后勤辅助	185
54	地下室后勤辅助	135
55	建筑室后勤辅助	128
57	设备室后勤辅助	124

二、绩效改革方案

1.建立绩效管理组织机构

(1)建立绩效管理领导小组:由院长任组中,各模块由副院长、总工及其他高层管理人员组成。主要职责:负责审核和批准设计院绩效薪酬改革方案。

(2)建立绩效改革执行小组:由分管人力资源的副院长为组长,人力资源部和院办公室为执行机构。主要职责:设计绩效薪酬改革方案,并组织实施。

(3)实施主体:各中层管理人员负责绩效改革方案的具体实施。

(4)基层员工:在主管领导的指导下实施个人绩效管理,并提出反馈意见。

2.设定绩效指标

根据设计院的发展要求,分三层构建设计院的绩效指标库,即:设计院组织绩效指标(高层人员绩效指标)、部门绩效指标(中层管理人员的绩效指标)、员工个人绩效指标(基层人员绩效指标)。

(1)设计院组织绩效指标库

设计院组织绩效指标从财务指标、市场与客户指标和组织建设三个维度进行设计(见表2)。

表2 某建筑设计院建筑标准设计室组织绩效指标库示意(部分)

绩效维度	具体指标	权 重
财务指标	产值	50%
	利润率	
	资产负债率	
	百万产值人工成本	
	成本降低率	
	...	
市场与客户	精品项目个数	25%
	大型项目个数	
	中标率	
	客户满意度	
	年设计量	
	重大设计产品事故数量率	
	...	
组织建设	管理体系建设计划率	25%
	优秀人才引进数量和质量	
	员工培训覆盖率	
	员工满意度	
	...	

(2)部门绩效指标库

部门从业务水平、内部管理和客户评价三个维度进行设计(见表3)。

表3 某建筑设计院建筑设计所绩效指标库示意(部分)

绩效维度	绩效指标	权 重
业务水平	计划任务完成率	60%
	设计图纸质量	
	技术创新成果数量	
	设计出错次数	
	重大产品事故次数	
	...	

续表

绩效维度	绩效指标	权　重
内部管理	制度体系建设	25%
	专业人员培养人数	
	培训覆盖率	
	人工成本降低率	
	管理费用控制	
	…	
客户指标	甲方满意度	15%
	内部客户满意度	
	…	

（3）员工个人绩效指标库（见表4）

表4　某建筑设计院建筑设计主任工程师绩效指标库示意（部分）

绩效维度	绩效指标	权　重
业绩指标	设计量	70%
	产值	
	计划任务完成率	
	技术创新数量	
	技术创新质量	
	…	
	培养专业人员人数	
	专业培训次数与时间	
	内部满意度	
	被客户谴责度	
	…	

3.绩效管理运行机制建立

完整的绩效循环过程包括：绩效计划、绩效辅导、绩效评估、绩效改进和绩效反馈。为保证绩效循环的闭环运行，UTC建议在每个环节设置必要的程序进行控制（见表5）。

表5　绩效管理过程控制手段示意图

序　号	绩效管理环节	过程控制手段
1	绩效计划	绩效合同
2	绩效辅导	绩效面谈（周计划、月计划）
3	绩效评估	月度运营会

序　号	绩效管理环节	过程控制手段
4	绩效改进	绩效改进会议
5	绩效反馈	绩效申诉机制

三、薪酬改革方案

1. 专业技术人员薪酬改革方案

专业技术人员作为建筑设计院的核心人力资源,对其的管理对设计院的持续发展有着重要的影响。专业技术人员的技术水平跨度很大,UTC认为:专业技术人员纵向应划分较多层级,实现专业技术人员职业晋升的双通道设置,提高专业技术人员的工作动力(见表6)。

表6　某建筑设计院专业技术人员分层分级示意表

层级	管理类	技术类
高　层	专业总工程师	专业技术带头人
中　层	所长	
	项目经理	资深设计师
	二级单位负责人	高级设计师
	资深项目管理员	
基　层	高级项目管理员	中级设计师
	中级项目管理员	助理设计师
	辅助员	技术员

专业技术人员是创造设计院经济效益的核心资源,其薪酬采用绩效工资薪酬模式。薪酬结构为:

薪酬收入＝基本工资＋项目奖金＋年终效益奖＋福利

根据管理层级高低与承担的责任轻重,薪酬收入中的固定部分(基本工资)和浮动工资(项目奖金、年终效益奖)的分配比例进行不同设置(见表7)。

表7　某建筑设计院专业技术类薪酬模式示意表

层　级	薪酬模式	固定∶浮动	适用岗位
高层	年薪制:月基薪＋年终风险收入	月基薪年总额∶年终风险收入＝3∶7	专业总工程师、专业技术带头人等
中层	绩效工资制:基本工资＋项目奖金＋年终效益奖	基本工资∶(项目奖金＋年终效益奖)＝4∶6	资深设计师、高级设计师、项目经理、资深项目管理员、高级项目管理员等
基层	绩效工资制:基本工资＋项目奖金＋年终效益奖＋福利	(基本工资＋福利)∶(项目奖金＋年终效益奖)＝5∶5	中级设计师、助理设计师技术员、中级项目管理员、初级项目管理员、辅助员等

固定工资由员工的能力素质决定,项目奖金由员工的产值和绩效考核结果决定,年终

效益奖由员工的年度绩效考核结果和设计院的年度经济效益决定。

2.职能人员岗位工资制

职能管理人员根据其工作性质,采用岗位工资制,薪酬结构为:

薪酬收入＝基本工资＋绩效工资＋年终效益奖＋福利

根据职能人员的管理层级不同,薪酬收入中的固定部分(基本工资)和浮动工资(绩效工资、年终效益奖)的分配比例进行不同设置(见表8)。

表8　某建筑设计院职能管理类薪酬模式示意表

层　级	薪酬模式	固定：浮动	适用岗位
高层	年薪制:月基薪＋年终风险收入	月基薪年总额：年终风险收入＝4：6	所长、职能系统分管副院长
中层	绩效工资制:基本工资＋绩效工资＋年终效益奖	基本工资：(绩效工资＋年终效益奖)＝6：4	部门经理
基层	岗位工资制:基本工资＋绩效工资＋年终效益奖＋福利	(基本工资＋福利)：(项目奖金＋年终效益奖)＝7：3	职能管理人员

四、实施效果

薪酬绩效改革实施一年后,公司薪酬满意度明显提高,核心人才的离职率降低,同时由于薪酬体系设计时,薪酬分配倾向于专业技术人才,其薪酬标准高于市场平均水平,同时对特殊人才设计了灵活的薪酬政策,对同业优秀人才的吸引力增强。仅一年时间公司成功引进了6名高级设计型人才,提升了设计院的整体水平。

(资料来源:事业单位改革研究中心任英、马红素:http://blog. sina. com. cn/s/blog_6289edac0100f16g.html,2009 年 10 月 26 日。)

参考文献

1. 康士勇. 工资理论与工资管理. 北京:中国劳动出版社,1998.

2. 邱小平. 工资收入分配. 北京:中国劳动社会保障出版社,2004.

3. 尹隆森,孙宗虎. 岗位评价与薪酬体系设计实务. 北京:中国邮电出版社,2006.

4. 朱大旗. 关于完善个人所得税若干重大问题的法律思考. 法学家,2001(3).

5. 中华全国总工会. 工会保障工作概论. 北京:中国工人出版社,2006.

6. 林燕玲. 国际劳工标准. 北京:中国工人出版社,2002.

7. 姚凯. 企业薪酬系统设计与制定. 成都:四川人民出版社,2008.

8. 李中斌等. 薪酬管理理论与实务. 长沙:湖南师范大学出版社,2007.

9. 李新建. 企业薪酬管理. 天津:南开大学出版社,2003.

10. 文跃然. 薪酬管理原理. 上海:复旦大学出版社,2003.

11. 庄启东,袁伦渠,李建立. 新中国工资史稿. 北京:中国财政经济出版社,1986.

12. 康士勇,林玳玳. 工资理论与管理实务(第二版). 北京:中国经济出版社,2003.

13. 刘昕. 薪酬管理. 北京:中国人民大学出版社,2002.

14. 刘军胜. 薪酬管理实务手册. 北京:机械工业出版社,2005.

15. Lawrence S. KIeiman. 人力资源管理:获取竞争优势的工具. 北京:机械工业出版社,2003.

16. 金萍. 薪酬管理. 大连:东北财经大学出版社,2006.

17. 胡昌全. 薪酬福利管理. 北京:中国发展出版社,2006.

18. 周斌. 现代薪酬管理. 成都:西南财经大学出版社,2006.

19. 刘洪. 薪酬管理. 北京:北京师范大学出版社,2007.

20. 张正堂. 薪酬管理. 北京:北京大学出版社,2007.

21. 刘爱军. 薪酬管理:理论与实务. 北京:机械工业出版社,2008.

22. 李新建,孟繁强. 企业薪酬管理概论. 北京:中国人民大学出版社,2006.

23. 刘昕. 薪酬管理(第二版). 北京:人民大学出版社,2009.

24. 董克用. 人力资源管理概论. 北京:人民大学出版社,2007.

25. 赵曼. 人力资源开发与管理. 北京:中国劳动社会保障出版社,2004.

26. 方振邦. 战略性绩效管理. 北京:中国人民大学出版社,2007.

27. 谢琳,余晓明,米建华. 危机下的股权激励——以华为公司为例. 中国人力资源开发与管理,2009.

28. 莫勇波. 绩效薪酬制度的两种模式及其适用. 江苏商论,2009(1).

29.曹阳.股权激励模式的激励与分析.企业活力,2009(6).

30.李宏,廖晓慧.美、日、德三国企业经营者年薪制概览.价格月刊,2005(9).

31.刘爱军.薪酬管理理论与实务.北京:机械工业出版社,2008.

32.宋培林.薪酬管理——理论·操作·案例.北京:首都经济贸易大学出版社,2006.

33.刘金花.薪酬管理.大连:东北财经大学出版社,2007.

34.康士勇.薪酬设计与薪酬管理.北京:中国劳动社会保障出版社,2006.

35.刘洪.薪酬管理.北京:北京师范大学出版社,2007.

36.窦海燕.企业年金计划探析.社会保障论坛,2007.

37.仇雨临.员工福利管理.上海:复旦大学出版社,2004.

38.肇越.员工福利与退休计划.北京:中信出版社,2004.

39.虞慧兰.企业年金与人力资源管理.中国劳动保障报,2003.

40.刘军胜.反思工效挂钩.企业管理,2005.

41.周文,黄宝明,方浩帆.薪酬福利管理.长沙:湖南科学技术出版社,2005.

42.苏列英等.薪酬管理.西安:西安交通大学出版社,2006.

43.徐斌.薪酬福利设计与管理.北京:中国劳动社会保障版社,2006.

44.闫大海.薪酬管理与设计.北京:中国纺织出版社,2007.

45. http://bb. smrl. gov. cn/dvbbs/dispbbs. asp? boardid＝9＆Id＝2218＆page＝44

46. http://hi. baidu. com/％BF％EA％D7％D3％CA％F3％B1％EAblogitem/ 7d2931108415d8f7c3ce79d0. htm

47. http://www. wolai. comnews2009-09-03/16132/

48.中国政府网:http://www. gov. cn/jrzg/

49. http://www. nbd. com. cn

50. http://gcm1234. blog. hexun. com/31816226_d. html

51. http://blog. gxnews. com. cn/u/10353/a/130216. html

52. http://www. mie168. com/read. aspx

53. http://www. wesiedu. comHtml20090829192612. shtml

54. http://jgx. zjwchc. comqyglanlie/view. asp? id＝1126

55.中国薪酬调查网:http://www. xinchou114. com

56.中人网薪酬调查系统:http://www. chinahrd. net/